KB188024

이야기

당신은 그들의 종교를 얼마나 이해하는가

세계종교

이야기 세계종교

초판 1쇄 펴낸날 | 2015년 12월 30일
초판 3쇄 펴낸날 | 2021년 9월 15일

지은이 | 이길용
펴낸이 | 류수노
펴낸곳 | 한국방송통신대학교 출판문화원
　　　　우03088 서울시 종로구 이화장길 54
　　　　전화 (02)3668-4764
　　　　팩스 (02)741-4570
　　　　출판등록 1982년 6월 7일 제1-491호
　　　　홈페이지 http://press.knou.ac.kr

출판위원장 | 이기재
편　　　집 | 이근호·김경민
디 자 인 | 최원혁

ISBN 978-89-20-01804-6 03200

값 13,000원

이야기

당신은 그들의 종교를 얼마나 이해하는가

세계종교

이길용 지음

지식의날개

책머리에

이 책은 '세계종교'에 대한 소개서이다. 사실 세계종교에 대한 입문서는 기존에 나와 있는 것이 여럿 있으며, 그중에는 꽤 두꺼운 번역서도 있고, 국내 학자들에 의한 결과물 역시 적지 않다. 사정이 이러니 세계종교를 소개하는 글을 써야 하는 이들은 적지 않는 고민에 빠지게 된다. 기존 책들과 비교해 어떤 차별 점을 두어야 할까? 그렇다고 세계종교의 대강을 소개하면서 임의대로 무엇을 빼고 넣을 수는 없는 일이다. 설명하고 소개해야 할 것은 하고, 알아야 할 것은 소상히 밝혀야 하지 않겠는가. 바로 여기에서 고민의 골은 더욱 깊어진다. 그래서 무엇보다 글쓴이의 관점과 소개의 프레임이 중요하다고 판단했다.

이 책이 주목하고 있는 부분은 바로 '이해'이다. 많은 경우 종교 이야기를 할라치면, 종종 걷잡을 수 없는 '진리 논쟁'에 빠지게 된다. '어느 종교가 참되냐?'에서부터 '어느 종교의 교리가 진리인가?'까지 쉽게 접점을 찾을 수 없는 주장과 물음만이 애처로이 허공을 가르는 경우가 한두 번이 아니다. 정작 그런 방향 잃은 논의가 오가는 사이 바로 자기 옆에 살아 있는 종교의 실존을 제대로 알려고 하지 않는 악순환이 반복되고 있다. 나는 이것을 서늘하지 못한, '뜨거운' 종교담론의 한계라 진단한다.

종교는 진리 논쟁도, 윤리 논쟁도, 그리고 인성이나 덕성 교육의 마당도 아니다. 현대사회에서 종교에 대한 이야기는 철저히 '문화적'이고 '이해적'인 영역에서 이루어져야 한다. 그리고 이것만이 '종교문맹'이라 불리는 현대인의 문화적 질병을 치유하는 길이라 믿는다. 종교는 사람이 살아가는 모습이고, 가치관이며, 또 세계관이다. 따라서 종교 공부는 결국 신앙인을 이해하는 지름길이 된다. 바로 이 점에서 종교 공부와 교육은 '문화교육'이 되어야 한다.

이 책은 그런 기대와 목적하에 기술되었다. 우리 생활세계에서 만나는 다양한 세계종교, 그리고 그것의 뿌리가 되는 오래된 종교현상을 현대인의 관점에서 이해할 수 있도록 도와주는 안내서로 이 책은 기능하게 될 것이다. 그래서 무엇보다 각 종교의 핵심을 현대인의 언어로 설명하는 것에 집중하였다. 그러기 위해 세세한 역사의 전개과정이나 다양한 분파에 대한 구체적인 설명은 의도적으로 피했다. 그보다 해당 종교에서 말하는 중심내용을 파악하는 것이 최우선이 되어야 한다고 판단했기 때문이다. 보다 상세한 종교의 역사적 전개상황을 살피기 원한다면 이 책으로 세계종교의 구조를 이해한 뒤 각론으로 들어가면 될 것이다. 이를 위해 필요한 읽을거리를 뒤에 실어 두었다.

이 책에서는 가급적 국제적으로 적지 않은 영향력을 끼친, 말 그대로 세계종교를 다루고 있다. 그리고 그 전 이해로 고대사회의 종교와 자라투스트라의 종교를 다뤘는데, 이는 현 세계종교 인구의 3분의 2 이상을 차지하는 '아브라함의 세 종교', 즉 유대교·그리스도교·이슬람에 대한 이해를 좀 더 깊게 하기 위해서이다. 아시아 종교로는 인도의 힌두교와 불교, 그리고 중국의 유교와 도교를 다뤘다. 일본의 신도를 함께 설명에 넣을 것인가를 두고 고심했지만, 신도가 주로 일본 내에 머물러 있고, 중국과 인도의 종교들에 비해 국제적 영향력이 크다고 할 수 없기에 이 책에서는 다루지 않기로 했다.

이 정도의 구성이라면 애초의 구상, 즉 국제적으로 유력한 영향을 끼친 세계종교에 대한 소개가 어느 정도 충족되었을 것이라 생각된다. 한국종교와 기타 현대세계에서 활동하고 있는 종교에 대해서는 이 책의 후속작업이 될 〈이야기 한국종교〉와 〈이야기 현대종교〉를 통해 설명할 수 있는 기회가 있으리라 생각한다.

모쪼록 이 책을 통해 종교를 통한 인간 이해의 지평이 확장되기를 기대한다.

2015년 12월
忘羊齋에서 저자 씀

차 례

1

왜 종교를
공부해야 하는가?

여전히 '종교적'인 현대인과 현대사회

계몽주의가 서구에서 기승을 부리기 시작했을 때 적지 않은 이성의 예언자들은 종교가 인류사회에서 곧 밀려날 것임을 천명했다. 하지만 그들의 기대와는 다르게 계몽의 열풍이 지나간 지 수백 년이 흐른 21세기에도 여전히 종교는 지구라는 행성의 강력한 문화현상으로 자리하고 있다. 예서 잠시 객관적인 통계를 살피자면 지난날 계몽주의자들의 일갈이 무색해질 지경이다.

미국의 유명 여론조사기관인 '퓨 리서치센터'(The Pew Research Center)가 2012년에 발표한 『세계종교 경관』(The Global Religious Landscape) 보고서[1]에 따르면, 세계인구 69억 명 중 84%에 해당하는 58억 명이 종교생활을 하고 있다. 종교인 수가 많은 상위 그룹을 살펴 보면, 일단 그리스도교[2]가 22억 명으로 가장 많고, 그 뒤를 16억 명의

---

1) 이 자료는 2010년 6개 대륙의 232개 나라를 대상으로 조사하여 정리된 결과물이며, 다음의 웹 사이트에 게시되어 있고, 보고서 전체를 PDF 파일로 내려받을 수 있다.
http://www.pewforum.org/2012/12/18/global-religious-landscape-exec/
2) 이 통계에서 말하는 그리스도교는 로마 가톨릭과 정교회, 그리고 개신교 전체 교단을 포함한다.

이슬람이 따르고 있다. 그다음은 10억 명의 신도를 거느린 힌두교이고, 불교가 네 번째로 총 5억 5000만 명의 신도를 거느리고 있다. 물론 순수 무종교인 수도 적지는 않다. 종교가 없거나 무신론자임을 천명한 이는 세계인구의 16%에 해당하는 11억 명에 이른다. 흥미롭게도 무종교인의 비율이 가장 높은 지역은 아시아이다. 아마도 세계 최고의 인구수를 자랑하는 중국이 사회주의 국가여서 이런 결과[3]가 나왔을 것이다. 아무튼 이런 통계가 전하는 바는 여전히 인간은 종교적이고, 현대사회에서 종교의 영향력 역시 무시할 수 없다는 것일 게다.

그러면 왜 인간은 이처럼 종교로부터 좀체 자유롭지 못한 것인가? 대기권 밖으로 위성을 쏘아 대고, 달나라 표면에 발자국을 남기며, 지구촌 구석구석의 사건·사고를 실시간으로 살필 수 있는 이 개명한 세상에서 도대체 사람들은 또 무엇이 필요하고 아쉬워서 종교를 떠나지 못하는 것일까? 사물의 구성 원리도 이제 알 만큼 알았고, 생명공학과 의학의 발달은 복제인간의 등장과 불치병의 완치를 코앞에 두고 있다고 호들갑을 떨 정도인데, 여전히 사람들은 종교의 그늘에 머물러 있다니! 이는 도대체 무슨 이유인가?

종교와 죽음

인간이 여전히 종교적인 이유는 '개인'과 '사회'라는 차원에서 설명해 볼 수 있다. 먼저 개인 차원으로 우리는 종교의 존재 여부를 인간이 지닌 '인지적 특징'에서 찾을 수 있을 것이다. 이는 곧 죽음의 문제와 연결된다.

---

3) 실제로 아시아의 무종교인 수는 8억 6000명 정도에 이르는데, 그 가운데 중국인의 수가 7억 68만 명이었다.

이성을 지닌 인간은 자신이 '이해'한 세상을 '예측 가능한 것'으로 재구성하려 한다. 그래서 법칙과 규칙을 만들고, 이치를 따지고, 이유를 설명한다. 꽃이 피면 곧 봄이 왔음을 알게 되고, 피부에 와 닿는 공기가 후덥지근해지면 이내 여름임을 예측한다. 그리고 서늘한 바람과 익어 가는 알곡을 보며 가을을 예감하고, 나무들이 차례차례 옷을 벗어던지면 겨울이 임박했음을 이해하게 된다. 그렇게 인간은 편안하게 계절의 변화를 자신의 세계 속에 정리해 넣는다. 왜냐하면 그래야 마음이 편하고 알 수 없는 미래의 불안에서 벗어날 수 있기 때문이다.

생각해 보라, 처음으로 계절의 변화 앞에 느껴야 했을 저 먼 옛날 우리 선조의 공포를! 그들이 맞닥뜨렸던 극심한 홍수와 가뭄, 그리고 거대한 우박이 전해 주는 공포의 무게를 생각해 보라! 지금 비가 오고 눈이 내려도, 심지어 태풍이 도로 위 전봇대를 눕혀 버려도 사람들이 크게 동요하거나 공포에 사로잡히지 않는 것은 무엇 때문인가? 그건 바로 예측할 수 있기 때문이다. 평안하게 거실 소파에 몸을 기대어 화려한 옷으로 치장한 기상 캐스터의 일기예보를 보며 우리는 내일의 날씨를 예측한다. 미리 알고 있고, 그것이 규칙적이고 전례를 따라 반복된다는 '주술'에 우리는 편안히 내일을 맞이한다.

이처럼 우리는 세계를 '이해'했을 때 '세속적'이 될 수 있다. 그런데 우리가 속한 세계에서 '이해되지' 않는 부분이 있다면? 당연히 우리는 그것을 이해 가능한 영역으로 끌어들이기 위해 무진 애를 쓰게 될 것이다. 때론 학문이, 혹은 우리의 경험이 '미지의 대상'을 '이해의 영역'으로 모셔 오는 가이드 역할을 할 것이다. 하지만 아무리 기를 쓰고 용을 써도 제대로 이해하거나 경험해 볼 수 없는 것이 하나 남아 있다. 바로 '죽음'이다.

인간은 죽는다. 심지어 모든 인간이 그렇고 예외는 있을 수 없다. 하지만 그것이 어떤 것인지 인간은 알 수 없다. 모든 이가 경험하는 것이지만, 다시 돌아와 그 과정과 결과를 전해 줄 수는 없기에 여전히 죽음은 인간에게 알 수 없는 세계인 것이다. 만약 인간이 죽지 않거나, 아니면 적어도 죽음의 전 과정과 그 뒤의 이야기까지 소상히 알고 있다면, 그때에도 인간에게 종교가 남아 있을까? 결국 종교는 이처럼 인간의 죽음과 떨어질 수 없는 연관을 맺는다.

앞에서 우리는 인간이란 존재는 세상을 이해 가능한 것으로 만들려하는 인지적 특징이 있음을 지적하였다. 그렇다면 이 죽음을 어떻게 처리해야만 인간이 편안해질까? 과학으로, 학문으로, 인간의 경험으로도 이를 예측할 수 없다면 어떻게 해야 할까? 여전히 죽음은 미지의 영역에 머물며, 인간은 이를 부담스러워하며 공포의 나날을 보내야만 할지도 모른다. 이 얼마나 불편하고 고단한 삶이겠는가! 게다가 인간은 이해하지 못하는 것에는 공포까지 느끼지 않는가! 따라서 인간은 어떤 식으로든 죽음이란 것을 이해의 영역으로 끌어와야만 했다. 바로 이 빈자리를 종교가 채워 준다.

그렇게 종교는 죽음을 '이해'하고 예측 가능한 무엇으로 만들어 준다. 그리고 죽음 이후의 과정과 절차도 친절하게 가시화한다. 신과 함께라면 인간은 죽지 않는다고, 그리고 신이 내건 조건을 충실히 따르면 죽음 정도는 쉽게 넘어설 수 있다고, 혹은 죽음을 경험하는 주체가 존재하지 않기에 두려워할 필요가 없다고, 아니면 나는 죽어도 나의 후손은 끈질기게 살아남아 결국 죽음에 치이지 않을 수 있다고, 어떤 이는 아예 죽지 않게끔 몸을 튼튼히 유지할 수 있다고, 그도 저도 아니면 죽지 않고 영원히 살 수 있도록 해 주는 약을 만들어 버리면 되지 않느냐고 종교는 여전히 죽음을 이기는 지혜의 노래를 부르고 있다.

이렇게 생각하면 죽음이란 어찌 보면 신이 인간에게 준 가장 큰 선물이라고도 할 수 있겠다. 미지의 세계! 이 얼마나 흥미로운가! 실체를 모르기에 그처럼 많은 종교가 끊임없이 이런저런 답안을 작성하고 있지 않은가. 그리고 그런 다양한 답안지를 놓고 비교하는 것이야말로 '호모 렐리기오수스'(homo religiosus)로서 누릴 수 있는 인간만의 호사가 아니던가! 따라서 우리는 죽음이란 키워드를 통해 세계의 종교들을 살펴볼 것이다. 그들이 죽음을 어떻게 말하고, 또 넘어서려 하는지가 우리가 잊지 말아야 할 관찰 대상이다.

종교와 사회

인간이 종교를 떠나지 못하는 개인적 차원이 죽음의 극복이라면 사회적 차원은 무엇일까? 이는 오래된 명언 "인간은 사회적 동물"이라는 말과 이어서 생각해 볼 수 있다. 우리는 이 말을 아리스토텔레스(Aristotelēs, 기원전 384~322)가 한 것으로 알고 있다. 하지만 정작 그가 남긴 말은 "인간은 정치적 동물"(zōon politikon)이었다. 정치가 사회로 바뀌게 된 것은 번역이 만든 둔갑이다. 그리스어로 쓰인 아리스토텔레스의 글을 라틴어로 번역하는 과정에서 세네카(Lucius Annaeus Seneca, 기원전 4~기원후 65)가 '정치적 동물'을 '사회적 동물'(animal socialis)로 바꾸어 버린 것이다. 그 후 우리는 인간은 사회적 동물이란 명제를 입에 붙이며 살게 되었다. 그 과정이야 어떻든 이 말만큼 인간의 군집적 특징을 잘 가리키는 말도 없을 것이다. 인간은 홀로 존재하지 않는다. 함께 어울리며 모여 있음으로써 자신의 존재를 확인하는 동물이 바로 인간이다. 그 점에서 분명 인간은 사회적 동물이다.

이야기가 좀 샐 수 있긴 하지만, 예서 '사회'란 말의 어원을 잠시 살펴보도록 하자. 우리가 흔히 알고 사용하는 사회란 단어는 영어 '소사이어티'(society)의 번역어이다. 그리고 소사이어티란 말은 라틴어 '소시에타스'(societas)에서 유래하는데, 이는 '뜻이 같은 이들이 함께 모여 어울리는 것'을 말한다. 즉, 비슷한 생각과 행동양식을 지닌 이들이 함께 모여 생활하는 것을 일컬어 사회라 불렸던 것이다. 바로 이 단어를 메이지유신시대 일본의 학자들이 사회(社會)란 한자어로 번역하였다. 이때 사용한 '사'(社)는 토지의 신을 뜻하고, 이를 위해 제사 지낸다는 의미를 지니기도 한다. 거기에 모인다는 뜻을 담은 '회'(會)를 엮어 서구어 소사이어티를 대체하는 용어로 사용하였다. 그것이 소사이어티이든 사회이든 담고 있는 뜻은 결국 특정한 목적을 가진 두 사람 이상의 집단을 나타내기에 큰 무리 없이 두 단어를 연결 지어 생각할 수 있을 것이다.

그런데 사회와 종교는 무슨 관련이 있을까? 이에 대해서는 크게 고민할 필요는 없다. 사람이 모이기 위해서는 공동의 이해관계가 있어야 한다. 그것이 눈에 보이는 것이든, 보이지 않는 것이든 같은 목적, 같은 이해관계가 없으면 사람들의 결합은 쉽게 이뤄지지 않는다. 더군다나 규모가 큰 집단일수록 모이기가 더욱 간단치 않다. 사실 사람 둘의 만남에서는 복잡한 사귐이 필요 없다. 최소한의 의식주만 해결되어도 둘의 만남은 어느 정도 지속성을 가질 수 있다. 하지만 그 단위가 수백, 수천, 수만을 헤아리게 되면 공동의 목적이나 가치관을 공유하지 않으면 집단의 유지가 가능하지 않게 된다. 그래서 사람들은 집단의 유대감을 위한 공통요소를 끊임없이 찾게 된다. 혈연, 지연, 학연, 같은 직업 등의 모든 구실이 그 집단의 구심을 위한 것이다. 이때 종교 역시 큰 역할을 하게 된다. 게다가 종교는 앞에서 열거한 혈연, 지연, 학연 등의 제한을 훨씬 넓고 높게 뛰어넘어 버린다.

이렇게 종교의 사회적 역할을 눈여겨보고 학문적 담론으로 초대한 이가 프랑스의 사회학자 뒤르켐(David Émile Durkheim, 1858~1917)이다. 그는 종교의 기능을 사회유대감의 유지에서 찾았다. 그는 통합된 사회를 표현한 것이 바로 종교라고 생각했다. 당시 많은 이가 종교를 낯선 것, 미지의 대상, 혹은 신비한 것과의 만남에서 찾았던 것과 달리 뒤르켐은 매우 독특한 방식으로 종교를 해석하였다. 먼저 그가 주목한 것은 종교전통에서 보이는 비종교적 요소였다. 즉, 많은 진화론적 종교연구가들이 전가의 보도처럼 떠들어 댔던 초자연적 존재가 자리하지 않는 종교전통이 적지 않다는 점에 뒤르켐은 주목한다. 예를 들어 철저한 유일신 신앙을 지키는 히브리인의 경우를 살펴보자. '성결법전'[4](holiness code)이라 불리는 그들의 경전에 적힌 내용이 과연 초자연적 존재나 유일신과 어떤 직접적 연관성이 있단 말인가. 발굽과 비늘, 그리고 새김질 여부와 유일신은 어떤 관련이 있을까? 또 왜 사체와 피는 부정한 것이 되었을까? 뒤르켐은 이를 초자연적 존재와는 상관없이 공동체의 유지를 위해 종교가 적절히 '기능'하고 있을 뿐이라는 반증으로 받아들였다. 그러니 결국 종교는 사회를 유지하기 위한 구실이 되며, 종교의례 역시 구성원이 사회를 실존적으로 경험하는 시간과 공간이 되는 셈이다. 그렇게 사람들은 종교를 통해 구성원의 단결을 확인하고, 구심력을 더욱 공고히 다져 나갔을 것이다.

---

4) 히브리 성서의 토라에 속한 레위기 중 17장부터 26장까지를 특별히 '성결법전' 혹은 '성화법'이라 부른다. 이 부분은 주로 유대인의 일상생활과 종교생활에서 지켜야 할 정결 의례와 그와 관련된 규율 등을 집중적으로 다루고 있다.

이렇게 종교는 개인과 사회에서 없어서는 안 될 문화 중 하나로 인류의 역사와 함께하고 있다. 그러니 인간을 제대로 이해하기 위해서는 무엇보다 그들이 받아들인 신앙체계, 즉 종교를 살펴보아야 한다. 각 종교는 그들 문화권이 속한 인간에 대한 이해를 담고 있는 가장 오래된 가치체계이기 때문이다.

2

원시시대의 종교
문자 이전의 종교

우 리의 첫 여행지는 원시시대의 종교이다. 앞 장에서 우리는 인간의 입장에서 종교는 포기할 수 없는 것임을 살펴보았다. 그리고 그 이유는 바로 죽음 때문이다. 원시 종교라는 목적지를 여행할 때에도 이 포인트를 잊어서는 안 된다. '죽음을 넘어서기 위해 필요한 종교', 바로 이 요점을 안고 본격적으로 원시시대의 종교를 살펴보도록 하자.

'원시'라는 말의 뜻은?

'원시'(primitive)라는 낱말을 듣게 되면 무엇부터 떠오르는가? 혹시 주변에 어떤 친구의 모습이 떠오르지는 않은가? 아마 원시라는 단어와 함께 어두운 단칸방에서 자취하는 친구나 비좁은 고시원에서 지내는 친구의 모습을 떠올리는 이도 있을 것이다. 이처럼 원시라는 말은 우리에게 조금 부정적으로 들린다. '아주 옛날의 것', '미개한 것', '후진 것', '구린 것', '어리숙한 것' 등 원시와 관련하여 떠오르는 이미지는 썩 유쾌하지 않다. 그리고 누군가가 우리를 지칭하여 "넌 참 원시적이야!"라고 한다면 기분 좋아 할 이는 그리 많지 않을 것이다.

그런데 이렇게 원시라는 말이 부정적으로 쓰이게 된 데는 나름의 배경이 있다. 이를 살피기 전, 원시라는 말을 다르게 풀어 보자. 이 낱말을 미개하고 어리숙하다는 것 대신 '최초', '처음', '맨 먼저' 등으로 풀어 보면 느낌이 어떨까? 앞의 설명과는 달리 왠지 중립적 이미지가 생겨나는 것을 느낄 수 있을 것이다. 그래서 "넌 원시적이야!"라는 말이 "넌 최초의 인간 같아!", "넌 최초의 남자 같아!", "넌 최초의 여자 같아!"라는 뜻으로 들린다면 받아들이는 우리도 조금 다른 입장이 될 수 있을 것이다. 사실 단어의 뜻으로만 본다면 뒤의 표현이나 앞의 "넌 원시적이야!"라는 것이 큰 차이는 없지만, 듣는 이의 입장은 매우 다르다. 이렇게 된 것은 우리가 지금 사용하는 '원시적'이라는 단어에 특정한 의도와 목적을 지닌 해석이 들어갔기 때문이리라. 과연 그것이 무엇일까?

'원시'를 '미개한 것'으로 풀게 된 데는 18세기에 서구에서 기승을 부린 계몽주의가 자리한다. 사실 원시를 미개한 것으로 보려면 판단의 주체가 '잘났다'라는 생각과 함께 세계는 시간이 흘러감에 따라 점차 발전하고 진보한다는 긍정의 역사관이 전제되어야 한다. 바로 이런 관점이 계몽주의의 세계관이다. 그렇다면 계몽주의는 무엇일까?

계몽주의 하면 무엇이 떠오르는가? 보통 우리는 '이성'(理性, reason, Vernunft)을 떠올린다. 그렇다면 우리는 언제 '이성적'이란 수식어를 사용할까? 우리는 주변에서 막무가내의 행동을 보이는 이들에게 이 표현을 사용하지는 않는다. 자유롭고 어디로 튈지 모르는 이들보다는 무언가 규칙적이고 예측 가능한, 그리고 합리적인 이들에게 우리는 '이성적'이라는 레테르(Label)를 붙이게 된다. 사람의 행동이 예측 가능할 때, 즉 A 다음에 B가 나온다는 믿음이 있을 때 우리는 그를 이성적이라고 생각한다. 반면 A 다음에 Z가 나오고, X가 나오는 뒤죽박죽 예측 불가능한 상황에 대해서는 이성적이라고 하지 않는다.

이제 질문을 바꿔 보자. 인간에게는 이성이 있는가? 그리고 동물에게 는? 그러면 대부분 우리는 쉽게 대답을 내린다. 이성은 인간에게만 있 고 동물에게는 없는 그 무엇이다라고 말이다. 그렇다면 인간에게는 있 고, 동물에게는 없는 것이 무엇일까? 이때 거침없이 나오는 대답 중 하 나가 바로 '생각의 유무'이다. 인간은 생각하고, 동물은 그렇지 않다는 것이다. 그런데 과연 그럴까? 반려동물과 생활하는 사람들은 쉽게 느끼 겠지만 동물도 역시 어느 정도 생각을 한다. 물론 그 생각의 범위와 영 역을 어디까지로 할 것인가에 따라 달라질 수는 있겠지만, 동물도 기본 적으로 감정을 느끼며 생각이라는 것을 하고 있다는 것은 경험을 통해 충분히 추측할 수 있다. 배변훈련이 된 반려견이 어느 날 다른 곳에 거 사(?)를 치르기라도 하면 이전과는 다른 행동 패턴을 보이게 된다. 우 리 집에서 키우는 몰티즈 몽이도 같은 경우인데, 이 녀석의 배변훈련을 위해 우리는 강아지 때부터 이 녀석이 배변 판 위에 일을 치르도록 했 다. 그리고 볼일을 제대로 보면 상으로 간식을 주었다. 이것이 몸에 배 니 몽이 녀석은 배변 판에 일을 치르고 나면 보무도 당당히 우리 앞에 와 간식을 요구한다. 하지만 간혹 이런저런 이유로 (대부분 스트레스 때 문에) 다른 곳에 실례를 하는 경우가 있는데, 그런 경우에는 간식을 원 하기는커녕 우리 눈앞에 잘 나타나지도 않는다. 아침에 일어나면 제일 먼저 달려와 꼬리를 흔들며 반가움을 표하던 녀석인데 사람들 눈에 잘 띄지 않도록 집구석에 몸을 웅크리고 얼굴도 비치지 않는 경우는 무언 가 주인 마음에 들지 않은 일을 했을 때이다. 만약 이 녀석이 생각이 없 었다면 언제나 동일한 행동양식을 보일 텐데 그렇지 않다는 것은 동물 도 어느 정도 판단하고 생각한다는 것을 보여 주는 것일 게다.

또 다른 경우 인간에게만 있는 것으로 '자의식'을 꼽기도 한다. 그런데 최근의 연구들은 동물에게도 자의식이 있을 수 있다는 보고를 내놓고 있다. 1970년에 행한 고든 갤럽(Gordon G. Gallup, 1941~) 박사의 '거울 테스트'가 대표적인 사례이다. 침팬지를 대상으로 한 이 실험에서 상당수가 거울에 비친 대상을 자신으로 인지하는 것 같은 행동을 취했고, 이를 통해 갤럽 박사는 동물에게도 자의식이 있을 수 있다고 주장하였다. 갤럽 박사의 '거울 테스트'는 침팬지의 얼굴 한쪽 구석에 빨간색 표시를 해 놓고, 거울을 통해 피실험동물이 그 지점을 찾아내는가를 확인하여 자의식 여부를 추론하는 것이었다. 물론 이런 유의 실험 결과가 곧바로 동물의 자의식 존재 여부를 확증하는 것은 아니다. 일정 부분 이런 실험은 특정한 조건하에서 동물에게 반복된 행위를 조성한 흔적도 있기 때문이다. 그리고 더 나아가 거울 속의 투영체를 자신으로 인지하는 것이 곧바로 자의식을 뜻하는 것인가에 대해서도 여전히 논의가 진행 중이다. 하지만 여전히 적지 않은 수의 연구자가 인간 이외의 동물에게서 자의식을 찾을 수 있다는 데 주저하지 않고 있는 것 또한 사실이다.

인간과 동물을 구분하는 기준으로 또 무엇을 제시할 수 있을까? 어떤 이는 인간의 예측능력을 꼽는다. 그런데 한번 생각해 보자. 날아오는 공의 궤적을 예측한다는 점에서 인간과 동물의 능력 차이는 어느 정도일까? 이 역시 반려동물을 키워 본 이들은 금방 동의하게 될 텐데, 생각보다 동물의 예측능력과 대처하는 행동의 민첩성은 상당하다. 빠른 속도로 허공을 가르는 부메랑을 숙련되지 않은 비전문가가 단번에 잡아내기란 간단치 않다. 하지만 집에서 키우는 웬만한 애완견도 그 정도의 부메랑 궤적은 어렵지 않게 예측하여 잡아낸다. 따라서 이 역시 인간과 동물을 가르는 명확한 차이라고 단언하기는 곤란해 보인다.

혹자는 구분 기준을 행위에 대한 조정능력에서 찾으려고도 한다. 인간이야말로 가치관에 따라 하고 싶은 것을 하지 않고, 하기 싫은 것을 하기 때문이다. 하지만 어느 정도 반복된 훈련이 주어진다면 동물 역시 하고 싶은 것을 하지 않고, 하고 싶지 않은 것을 하는 것을 보게 된다. 그토록 먹고 싶은 사료를 눈앞에 두고도 주인의 명령에 따라 부동자세를 취하는 강아지를 생각해 보라. 물론 그런 행위의 결과를 가져오는 동인은 서로 다를 수 있겠지만, 본능적 욕구를 거슬러 자신의 행위를 조절하고 있다는 점에서는 큰 차이가 없다고 하겠다.

'계산'하는 이성

그렇다면 인간과 동물의 차이를 보다 극명히 설명할 수 있는 것은 무엇일까? 이는 아마도 '계산'이 아닐까 한다. 어느 정도 교육만 받는다면 인간은 자연스레 덧셈, 뺄셈, 곱셈, 나눗셈을 할 수 있다. 사실 이만큼 위대한 인간만의 능력이 또 어디 있던가! 아무리 지능지수가 높고, 능력이 출중한 원숭이라 하더라도 교육과 학습을 통해 계산능력을 가르치기는 쉽지 않을 것이다. 거기에 더해 탄젠트니 삼각함수니, 더 나아가 미적분까지 이해시키고 풀어 보도록 하는 것은 상상도 못 할 일이다. 그런데 인간은 그 일을 한다! 따라서 계산능력, 수학적 사고만큼 동물과 인간을 구분하는 결정적 요소도 없다 하겠다. 그래서인지 이성을 뜻하는 영어 단어 '리즌'(reason)은 라틴어 '라치오'(ratio)에서 유래하는데, 그 안에는 '계산'이라는 의미가 들어 있기도 하다.

사실 지금 우리가 누리고 있는 많은 문명의 이기들은 이 계산의 산물이기도 하다. 그리고 그 계산의 가치를 극대화하고 숭앙하고 있는 것이 바로 계몽주의라 할 수 있다. 심지어 그들은 계산을 통해 신 혹은 절대자의 존재도 알아낼 수 있다고 생각했다. 이런 맥락에서 계몽주의시대에는 이신론(理神論, deism)이 성행하였다. 이신론은 신의 세계 창조를 인정한다. 하지만 완벽한 신은 세계 역시 완전하게 만들었기에 더 이상 간섭할 필요가 없었다. 따라서 세계는 질서를 지닌 완벽체로서 계산능력을 지닌 인간은 이성을 통해 세상을 완벽히 이해할 수 있다고 보았다. 그렇게 이신론자들은 그들 세계에서 전통적인 그리스도교의 신관과 자연과학적 세계관을 절묘하게 결합하였다.

이렇게 계산능력을 강조하다 보니 계몽주의시대는 매우 편파적이고 편협한 인간관을 지니게 되었다. 제대로 계산하지 못하는 인간은 정상으로 보지 않게 된 것이다. 실제로 지적장애아나 정상적인 계산능력을 지니지 못한 사람은 제대로 된 인간으로 보지 않던 때가 있었다. 이들에게도 인권이 있으며 우리와 별반 다를 바 없는 인간임을 인정한 것은 최근의 일이다. 이런 관점에서 인간을 바라보다 보니 제대로 계산해내지 못하고 어둔해 보이는 이들을 '미개하다', '부족하다', '모자라다'고 규정하는 것은 당연한 일이라 하겠다. 그런 맥락에서 원시인 역시 계몽인의 눈에는 미개하게 보였을 것이다.

그런데 이후 사람들은 생각을 바꾸었다. 연이어 발굴되는 고대 유물과 기록 속에서 저 옛날, 심지어 문자가 없던 시대를 살던 이들 역시 현대인 못지않은 사상가요, 예술가요, 그리고 문학가임을 알게 되었다. 이러한 경험이 쌓여 가며 서서히 '원시=미개'라는 가치판단도 힘을 잃어갔다. 그래서 지금은 더 이상 이 낱말을 미개하거나 모자라다는 의미가 아니라, 시기적으로 오래되고 문자가 생겨나기 이전의 시대를 통칭하는 말로 사용한다. 따라서 지금 우리는 더 이상 원시에 부정적인 의미를 담을 필요도, 또 그렇게 해석해서 들을 이유도 없다.

원시 종교의 종류?

바로 그런 맥락에서 아주 오래된 문자 이전 시대의 종교를 일컬어 원시 종교라고 부른다. 그러나 원시 종교라는 말에는 또 다른 의미가 있는데, 그것은 문명세계로부터 동떨어져 살고 있는 부족들의 종교생활을 아우를 때도 이 단어를 사용하기도 한다. 남미의 원시림 지역이나 남태평양의 작은 섬들, 그리고 아프리카의 어느 부족에서 보이는 종교적 행태를 부를 때도 우리는 원시 종교라고 한다. 이는 이른바 '잔존이론'(survival theory)의 관점에서 생겨난 호칭이기도 하다. 그러나 지금 살아남은 원시 부족, 그러니까 문명의 밖에 거하는 이들의 종교에서 수천, 수만 년 전의 종교를 끌어낸다는 것은 너무 과도한 추정이기에 다소 무리한 주장이라고 할 수 있다.

원시 종교의 특징

어차피 추론이기는 하지만, 지금까지 발굴된 다양한 사료를 가지고 원시시대 종교의 특징을 살펴보면 다음과 같다. 먼저 원시 종교의 첫 번째 특징은 문자적 사료나 유물이 전혀 남아 있지 않다는 것이다. 이는 문자가 생기기 이전의 종교이니 당연하다 하겠다. 우리가 이 시대의 종교생활을 추정해 볼 수 있는 근거는 무덤, 벽화, 조각, 토기 등을 통해서이다. 두 번째 특징은 창시자가 없다는 것이다. 세 번째 특징은 세속 공동체와 종교 공동체가 따로 구분되지 않았다는 것이다. 지금은 대부분의 사회가 세속과 종교를 분리하고 있다. 우리나라를 비롯한 대부분의 서구 국가가 그렇다. 다만 이슬람 국가의 경우 종교법(샤리아)이 세속의 법을 대체하기도 하지만, 그 외 대부분의 종교와 세속이 서로 다른 길을 가고 있다.[1]

원시인의 종교(?)생활

그렇다면 원시시대의 종교생활은 어땠을까? 분명한 모습으로 그 시대의 종교생활을 재구성하기는 곤란하지만 이런저런 유물를 통해 원시시대에도 종교는 필요했을 것이라고 추정할 수 있다. 물론 당시 종교가 지금 우리가 생각하는 종교와 같은 것인가에 대해서는 좀 더 많은 고민이 필요하겠지만, 원시사회에도 종교는 필요했을 것이다. 왜냐하면 외부 환경과 접촉할 때 생길 수 있는 이해하지 못하는 현상이 주는 불안감을 해소하기 위해서라도 종교는 필요했을 것이기 때문이다. 이는 인간이 지닌 매우 독특한 인지적 특징에 기인하는 것이기도 하다. 사람들은 주위에서 일어나는 일을 예측할 수 있으면 심리적으로 안정감을 갖는다. 지금은 세계를 살아가는 데 큰 두려움이 없다. 왜냐하면 많은 자연현상의 원인과 과정을 다양한 분과학문을 통해 해명해 놓았기 때문이다. 이를테면 비가 내려도 우리는 두려워하지 않는다. 왜냐하면 그 까닭을 알고 있기 때문이다. 그리고 눈이 오고, 바람이 불고, 번개가 쳐도 우리는 놀라거나 무서워하지 않는다. 왜냐하면 교육을 통해 어느 정도 그것의 발생 원인과 구동 과정을 알고 있기 때문이다.

하지만 수천 년 전, 아니 더 거슬러 올라가 만여 년 전을 생각해 보자. 처음으로 거대한 태풍을 만난 이들은 무엇을 느꼈을까? 어쩌면 그것

---

1) 그 밖에 유대교나 동북아시아의 유교 같은 경우도 세속과 종교가 결합된 형태를 취하고 있다.

을 '신의 노여움'이라고 했을 수도 있을 것이다. 그들이 미개하고 모자라고 부족해서 그런 표현을 썼을까? 또한 만여 년 전에 홍수를 만난 이들은 그것을 또 뭐라고 불렀을까? 음이온과 양이온이 결합하여, 고기압과 저기압이 이러쿵저러쿵……. 태평양에서 생겨난 강력한 저기압대가 따뜻해진 바닷물의 온도에 에너지를 보충받아 거대한 바람을 일으키고 이러쿵저러쿵해 가며 바람과 비를 설명했을까? 사실 이 정도의 설명을 얻기 위해서 인류는 만여 년을 더 기다려야만 했다. 그렇다면 이른바 원시인은 이 엄청난 규모의 자연현상을 어떻게 설명해야 했을까? 그리고 그에 대해 아무런 설명이 없었다면 또 어떠했을까?

신화의 출현

앞에서 우리는 인간의 인지적 특징과 습관을 지적하였다. 만약 이런 현상에 대한 '적절한' 설명이 없었다면, 인류는 바람이 불고 비가 내릴 때마다 공포를 경험했을 것이다. 이런 현상에 대한 이해 가능한 설명과 해석이 없었을 경우를 생각해 보자. 그야말로 세상은 공포의 도가니였을 것이다. 하지만 인류는 그렇게 멍청하지 않았다. 그래서 이런저런 이야기를 통해 바람이 왜 부는지를 '해석'해 냈다. 이를테면 비가 내리면 '신께서 오늘 눈물을 흘리시네', 번개가 치면 '오늘 신들이 싸웠나?' 하면서 그들은 자연현상을 이해 가능한 그 무엇으로 재구성한다. 이런 해석된 이야기를 우리는 '신화'(myth)라고 부른다.

현대인은 종종 신화를 우습게 생각한다. 과거 무지한 인간의 허풍 정도로 신화를 가볍게 치부해 버린다. 하지만 신화는 결국 인류의 인지적 특징이 만들어 낸 사유의 결정체라고 할 수 있다. 설명되지 않는 것을 이해할 수 있는 것으로 해석해 낸 결과물이 바로 신화이다. 따라서 신화를 통해 인류는 전에는 잘 모르던 자연현상과 불가사의한 일을 '이해'할 수 있게 되었고, 그런 점에서 신화란 일종의 '유사 과학적 설명'(quasi-scientific explanation)이라고 할 수 있다.

이처럼 인간은 알지 못하는 것마저도 이해의 영역으로 끌어들이려는, 그래서 파생되는 공포감이나 불안감을 해소하려는 속성이 매우 강하다. 이런 추정 아래 원시인의 종교생활도 미지의 것을 수용하는 과정에서 성행했을 것으로 보인다. 그 결과 그들은 매번 만나게 되는 다양하고 불가사의한 자연현상 배후에 어떤 신적 존재가 있었을 것이라고 생각했을 것이다. 이렇게 형성된 신앙체계를 우리는 '자연종교'(natural religion)라고 부른다. 그리고 자연종교에는 다수의 '자연신'(natural gods)이 존재한다.

원시인의 장례문화

원시인의 종교생활을 유추해 볼 수 있는 것은 다양한 유물과 유적을 통해서이다. 대략 10만 년 전에서 2만 5000년 전 사이에 살았을 것으로 추정되는 고생인류의 유적에서 죽은 이들을 웅크린 자세로 매장한 흔적이 발굴되었다. 보통 웅크린 자세는 태아에게서 보이는데, 죽은 사람을 그렇게 매장했다는 것은 세상에 나온 그대로 보낸다는 의미였을 수도 있고, 죽은 이후에 새로운 탄생을 기대해서 그렇게 했을 수도 있을 것이다. 그 밖에 무덤 안에 음식물과 손도끼, 송곳, 돌 깎는 연장, 부싯돌 등 생활도구를 함께 넣어 두기도 했는데, 이를 통해서도 그들은 죽음을 완전한 끝이 아니라 새로운 시작이고, 혹은 생활의 연장이었다고 생각했음을 추론해 볼 수 있다.

원시시대 종교생활의 흔적은 10만 년 전에서 3만 5000년 전 사이

그림 1 네안데르탈인의 복원 그림

에 살았던 네안데르탈인(The Neanderthals)에게서도 살펴볼 수 있다.
그들의 매장지에서 붉은색으로 칠한 뼈가 발견되었는데, 아마도 붉은
색은 피를 상징하고, 또 이를 죽은 이의 뼈에 칠한 것은 죽음 이후의 세
계에 대한 믿음 내지는 그에게 생명이 지속되기를 바라는 염원에서 한
것으로 추정해 볼 수 있다. 또한 프랑스 도르도뉴(Dordogne)의 무스티
에(Moustier) 유적에서 오른쪽으로 넌 자세의 네안데르탈인의 유해가
발굴되기도 했다. 이 역시 특정한 목적과 의미를 지닌 매장 행위를 한
것으로 추정해 볼 수 있는 대목이기도 하다.

동굴 벽화에 담긴 뜻

원시시대의 종교생활을 유추해 볼 수 있는 것으로 우리는 몇 개의
오래된 동굴 벽화를 언급할 수 있을 것이다. 그 대표적인 것이 알타미
라(스페인 칸타브리아, 대략 기원전 15000년 전)와 라스코(프랑스 도르도

뉴, 구석기시대 후기, 대략 기원전 15000~13000년경 전) 동굴 벽화이다. 이 동굴 벽화에는 거대한 크기의 동물이 그려져 있다. 그리고 동물 몸에는 많은 창 자국이 나 있는 것도 확인할 수 있다. 원시인이 남긴 이 위대한 유물은 많은 분과학문의 주된 관심의 대상이기도 했다. 종교학자, 인류학자, 때론 민속학자, 예술사학자 등 다양한 분야의 전문가가 그들 전공의 시작으로 이 동굴 벽화를 꼽았으며, 그렇게 이 벽화는 최초의 종교를 알려 주는 자료이자, 최초의 사회 활동을 암시하는 교재이고, 또한 최초 예술 활동의 모범이 되기도 한다.

그런데 원시인은 무엇 때문에 이렇게 거대한 동물 그림이 필요했을까? 이에 대해서도 다양한 해석이 가능할 것이다. 그려진 동물을 많이 잡기 위한 주술적 행위의 결과로, 혹은 남는 시간에 한 일종의 예술적 유희의 결과물로, 때론 자신이 포획한 짐승을 기록해 두기 위해

그림 2 라스코 동굴의 벽면 그림

서 등 다양한 설명이 내려질 수 있을 것이다. 그러나 여기서는 대표적인 인류학자의 견해를 빌려 설명해 보도록 하겠다. 바로 프레이저(James George Frazer, 1854~1941)와 말리노프스키(Bronis ł aw Kasper Malinowski, 1884~1942)가 그들이다.

먼저 주술론으로 이름 높은 프레이저의 이론으로 이 동굴 벽화를 해석해 보자. 프레이저는 주술을 두 가지로 구분해서 이해하는데, '모방주술'과 '감염주술'이 그것이다. 먼저 모방주술은 원하는 결과를 얻기 위해 유사한 행위를 하는 것을 말한다. 기우제를 행할 때 물을 붓거나 쏟는 행위를 하는 것이 좋은 예이다. 즉, 하늘에서 비가 내리듯이 유사한 행위를 의례를 통해 함으로써 동일한 결과를 얻으려 하는 것이 바로 모방주술이다. 그렇게 원시인도 짐승 사냥의 성공을 기원하면서 동굴 벽화를 그렸을 것으로 추정해 볼 수 있다.

그리고 유심히 살펴보면 날카로운 무언가에 찍힌 자국이 여기저기 보인다. 왜 이런 자국이 생겼을까? 추측하건대 사람들은 이 그림 앞에 모여 무언가 의례적 행위를 반복적으로 행했을 것이다. 이와 관련해 프레이저의 모방주술에 대한 설명을 이어 가자면, 이들은 사냥할 대상을 그려 놓은 동굴 벽화 앞에서 희망의 주술을 행했고, 그 의례의 절차 중 하나로 짐승의 몸을 찌르는 행위를 했을 것이다. 그리고 이러한 의례의 반복은 자연스레 기술적인 사냥교육으로 이어졌을 것이다. 이렇게 이 동굴 벽화는 종교와 예술, 그리고 교육과 군사 훈련의 시초로도 해석될 수 있다. 물론 처음에는 우연히 시작되었겠지만 효과를 체득한 순간 그들의 행위는 의례가 되어 전통이 되었을 것이다. 프레이저는 이런 주술을 '유사과학'의 하나로 보았는데, 그 이유는 자연활동을 자신이 원하는 대로 만들어 내기 위해서라고 보기 때문이다. 지금 현대사회에서는 과학을 통해 이 일을 하지만, 원시인에게는 주술이 그 역할을 대신했다고 보는 것이다.

이와는 달리 말리노프스키는 '정서적 해석'에 집중한다. 그가 보기에 주술은 인간이 위기에 직면하여 긴장과 불안감이 강해질 때, 그것을 해소하기 위해 행하는 것이었다. 이러한 해석은 프레이저와는 확실히 궤적을 달리한다. 프레이저가 원시인이 주술을 통해 실제로 원하는 결과를 얻으려 했다고 본 것과는 달리, 말리노프스키는 원시인도 주술이 원하는 결과를 가져다주지 못한다는 것은 알고 있었다는 말이 되기 때문이다. 그렇지만 주술을 행하는 것은 그렇게 함으로써 마음이 편해지기 때문이라는 것이다.

같은 대상을 놓고도 전혀 다른 해석이 나올 수 있다는 것이 흥미롭다. 선택은 독자의 몫이다. 과연 누구의 설명이 더 그럴듯하게 들리는가. 먼저 프레이저의 시선은 자신의 입장에서 대상을 해석하고 설명하려는 태도를 취하고 있다. 반면 말리노프스키는 관찰 대상의 입장에서 문제를 풀어 보려고 하고 있다.

꼭 맞아 떨어지는 것은 아니겠지만 이들의 관점을 거칠게 비교해 보자면, 제국주의의 시선과 그것을 겪는 사람의 눈으로 유비해 볼 수 있다. 우리의 삶에도 이러한 관점과 시선의 차이는 언제나 존재한다. 학문의 세계도 마찬가지이다. 사람들은 기본적으로 자신이 살아가는 사회와 시대, 세대 등이 다르면 관점도 달리하게 마련이다. 그 다름과 차이는 우리가 인정하지 않을 수 없겠지만, 하나의 관점으로 통일하려거나 강요하려는 태도는 지양해야 할 것이다.

앞에서 살펴본 것처럼 같은 주술에 대해 프레이저와 말리노프스키는 전혀 다른 해석을 행한다. 어찌 보면 프레이저의 설명이 명쾌하게 들린다. 하지만 정작 주술행위를 하는 주체의 의도와 정서적 태도에 대한 설명이 빠져 있다는 점에서는 아쉬움이 남는다. 주술을 유사과학으로 해석하는 프레이저의 관점 저 밑에는 원시인은 초자연적 힘에 매몰되어 있는 미개한 사람이라는 판단이 자리하고 있는지도 모른다. 반면 말리노프스키는 주술행위에 집중하는 원시인의 심성에 더 관심을 두고 있다. 물론 두 사람의 관점 중 어느 하나가 완벽히 옳거나 잘못된 것은 아니다. 하지만 세상을 투영하는 이 두 관점의 의미를 읽어 낼 줄 아는 예리한 안목이 우리에게 필요할 것이다.

프랑스 남부 아리에주(Ariège)에 있는 트루아프레르(Trois Frères) 동굴에서 한 그림이 발견되었다. 아마도 주술사를 그려 넣은 것으로 보이는 형상이 있는데, 그림 속의 사람은 사슴의 뿔처럼 보이는 것을 머리에 쓰고, 동물의 가죽으로 온 몸을 덮고 춤을 추는 것 같은 모습이다.

그런데 왜 이 주술사는 동물의 모양을 하고 있었을까? 어쩌면 그 당시 사람들은 동물에게 신성한 힘, 혹은 인간의 능력을 넘어서는 뛰어난 능력이 있다고 생각한 것은 아닐지. 어쩌면 당시 사람들은 통찰력이 뛰어나거나, 혹은 다른 이에 비해 월등히 힘이 센 동료나 지도자들은 독수리, 들소, 뱀, 호랑이, 곰 등 특정 동물과 연관이 있다고 생각했을 수도 있

그림 3 트루아프레르 동굴의 주술사 그림

다. 이를테면 통찰력이 뛰어나면 높은 하늘에서 먼 곳을 바라보는 데 타의 추종을 허락하지 않는 독수리와 관련이 있다고 생각했을 수도 있다. 그리고 바위도 부술 만큼 막강한 힘을 갖춘 지도자가 있다면 그의 조상이 호랑이나 곰에서 시작되었다고 믿었을 수도 있다. 이렇게 개개인의 특출한 재능을 유사한 힘을 가진 동물과 관련해서 생각하며, 더 나아가 그 동물을 신성시하는 수준까지 올라간 것은 아닌지 추측해 볼 수 있다.

이러한 그림을 통해 우리는 원시인은 몸과 영혼, 인간과 동물이 정령을 중심으로 서로 연결되어 있다고 생각했을 것으로 추정해 볼 수 있다. 이러한 사유체계를 우리는 애니미즘(animism, '정령주의'라고도 부름)이라고 부른다. 모든 만물 뒤에는 혼령이 있어 그것을 조정하고 주재한다고 보는 애니미즘은 영국의 인류학자 타일러(Edward Burnett Tylor, 1832~1917)가 본격적으로 소개하였다. 타일러는 더 나아가 애니미즘이야말로 인류 최초의 종교 형태이며, 이것에서 시작하여 다신론 → 단일신론 → 최고신론 → 유일신론으로 신앙의 형태가 발전되었다고 보았다. 하지만 이러한 진화론적 종교 설명은 더 이상 정론으로 받아들여지지는 않는다.

최초의 신상

구석기시대에 이르면 인류문화에 유의미한 변화가 일어난다. 우선 여성성이 전면에 부각되며 인류 최초의 신상이라고 할 수 있는 것이 등장한다. 그렇다면 처음으로 나타나는 신의 모습은 남성일까, 여성일까? 바로 여성이다. 이는 당시 여성이 가진 특성, 즉 출산능력이 더 주목받았다는 증거이다. 아이를 낳을 수 있다는 것은 풍요와 직결된다. 또한 농경시대로 접어들면서 무엇보다 풍요로운 소출이 중요해졌다. 따라서 풍요와 다산을 상징하는 여성이 신의 모습으로 인간사회에 등장하기 시작한 것이다. 이는 그때 만들어진 신상을 보면 금시 눈치챌 수 있다.

[그림 4]에서 보듯이, 당시 여신상의 특징은 가슴과 둔부가 매우 강조되어 있다. 이 부분 역시 여성의 출산능력을 부각한 것으로 볼 수 있다. 이런 풍요와 다산을 상징하는 풍만한 여인상은 신석기 농경시대에도 자주 등장한다.

그림 4 빌렌도르프의 비너스 상
1908년 오스트리아의 빌렌도르프 근방에서 발견된 11센티미터 정도의 조각상이다.

고인돌과 죽음의례

원시인의 종교생활을 읽어 볼 수 있는 또 하나의 유적으로 고인돌이 있다. 고인돌은 흔히 북방식과 남방식으로 나눈다. 북방식은 받침돌과 올림돌이 있는데, 그 크기가 보통 180센티미터에서 190센티미터 정도에 이른다. 엄청난 무게의 이 돌을 어떻게 올려놓았을지 매우 궁금하다. 반면 남방식은 일자로 길게 놓인 형태이다.

흥미롭게도 고인돌은 한반도, 인도, 유럽, 영국, 네덜란드 등지에서 주로 발견되며, 우리의 이웃국가인 중국 등지에서는 고인돌 유적지가 발굴되지 않고 있다. 이에 따라 몇몇 학자는 재미있는 가설을 내놓는데, 이는 먼 옛날 한반도에 거주하던 이들이 지금의 몽골계가 아니었을 수도 있다는 것이다. 이는 한반도 거주민사회에 적지 않은 변화가 지속적으로 있어 왔다는 말과도 연결되는데, 이와 관련된 흥미로운 발굴이 몇 년 전에 있었다. 부산 가덕도 부근에서 여러 유골이 발견되었는데, 상태가 상당히 양호하였다. 그리고 이 두개골의 주인공은 지금으로부터 대략 7000년 전 이 땅에 살았던 것으로 측정되었다. 그래서 첨단기술로 두개골에 살을 붙이고 살아 있는 사람의 얼굴처럼 복원해 보았더니 당혹스럽게도 그 모습은 지금의 몽골계라기보다는 유럽계와 아시아계의 혼혈처럼 보였다는 것이다.[2] 물론 이 두개골의 주인공이 한반도의 정착민이 아닐 수도 있다. 하지만 만약 그가 정착민 중의 하나라면, 고대 한반도의 거주민은 우리가 생각했던 아시아계가 아니었을 가능성도

---

2) 부산 가덕도에서 발굴된 유골에서 모계 유전자 H형 집단을 발견하였는데, 이는 유럽형이어서 관심을 받았다. 이 내용은 2014년 9월 11일 KBS에서 〈코리아 이브 1편-가덕도! 7천년의 수수께끼〉로 방영되었다. 자세한 방송 내용은 다음 웹사이트를 참조하라.
http://www.kbs.co.kr/1tv/sisa/panorama/vod/view/index,1,list1,3.html

있다는 말이 된다. 우리나라 사람은 북방계와 남방계가 혼재되어 있는 것으로 알려져 있는데, 그 비율은 6:4 정도로 북방계가 많은 편이라고 한다.[3] 요컨대 다른 아시아 지역에서는 흔치 않은 고인돌이 한반도에서는 유독 많이 발견되는 것으로 미루어 보아 수천 년 전 이 지역의 거주 사회에 적잖은 변동이 있었음을 어느 정도 유추해 볼 수 있다.

다시 고인돌로 돌아가 보자. 왜 그 오래전 사람들은 이 무지막지한 돌덩어리를 특정 지역에 옮겨 와서 그런 형태로 세워 놓았을까? 아마도 이는 죽음과 관련된 장례의식을 위해서였을 것이다. 그렇다면 원시인은 죽은 사람을 어떻게 생각했을까. 우선 그들은 시신이 드러나게 방치하지 않고, 일정한 의례를 통해 매장한 흔적을 남겼다. 받침돌이 있고 그 위에 다시 돌을 옮겨 놓는 일을 단순히 심심풀이로만은 할 수 없는 일 아닌가. 또한 고인돌 주변에서 항상 사람의 유골이 발견되는 것으로 보아 고인돌은 매장과 관련된 유적임이 분명해 보인다.

그렇다면 왜 이리도 무겁고 큰 돌이 필요했을까? 물론 추정이기는 하지만 어쩌면 이는 죽은 사람이 산 사람의 세계에 다시 돌아오는 것을 막기 위함이 아니었을까. 사실 죽은 사람은 죽은 채로 있어야 산 사람이 편하다. 죽은 사람이 살아 나오게 되면 생활세계는 혼돈 그 자체가 될 것이다. 그런데 죽은 사람이 살아서 돌아다니는 날이 있다. 바로 핼러윈 데이이다. 이는 본디 아일랜드의 오래된 풍습인데 아일랜드인이 미국으로 건너가 이를 주류 문화에 편입시켰고, 이것이 다시 전 세계로

---

3) 단국대학교 생물과학과의 김욱 교수는 염색체 분석을 통해 한국인의 유전인자 비율이 북방계 60%, 남방계 40% 정도로 이루어져 있음을 밝혀냈다. 『한국경제』 2009년 10월 1일자 기사로 다음 웹사이트를 참조하라.
   http://www.hankyung.com/news/app/newsview.php?aid=2009092995501

확산되었다. 이는 아마도 죽은 사람이 세상에 돌아와서는 안 되지만, 그래도 일 년에 한 번쯤은 죽은 사람에게 산 사람의 세계에서 자유롭게 다닐 수 있는 기회를 주고자 한 것이 아닌가 한다.

지금의 장례문화와 산 사람 중심의 죽음 이해

산 사람과 죽은 사람의 세계를 구분하는 것은 동서고금을 막론하고 일반적인 현상이다. 우리의 경우는 죽은 사람을 대략 사흘 안에 처리한다. 죽자마자 그리 하지 못하는 것은 간혹 하루나 이틀 사이에 죽은 사람이 되살아나는 경우도 있기 때문이다. 하지만 경험상 사흘이 지나면 거의 돌아오는 경우가 없어서 삼일장이 주를 이루는 것으로 보이며 요즘에는 화장이 늘고 있다. 그렇게 부지런히 사흘 안에 죽은 사람을 화장하거나 매장하는 이유는 산 사람의 일상세계에서 죽은 사람의 흔적을 빨리 지우기 위해서이다. 죽은 사람이 돌아오거나 그가 남긴 자취가 여전히 산 사람의 공간을 지배하고 있다면 그것만큼 곤혹스러운 일은 없기 때문이다. 거기에다가 산 사람과 죽은 사람의 세계를 엄격히 구분하는 유교적 세계관이 자리하고 있어 우리 사회의 죽은 사람의 처리 방식은 매우 신속하게 이루어진다.

조금 거칠고 투박한 표현이기는 하지만 이는 매우 이기적인, 그러니까 산 사람 위주의 장례문화라 할 수 있다. 살아 있는 사람의 이익을 극대화하고, 또 살아남은 사람의 생존을 보다 확실히 하기 위해 죽은 사람을 우리의 일상세계에서 서둘러 치워 버리는 것이 지금 우리의 장례문화인 것이다.

사실 죽음은 언제, 어떻게 우리를 찾아오는 것일까? 의사의 전문적 판단하에 뇌나 심장이 멎으면 죽음에 이른 것일까? 그리고 그런 의학적 죽음이 우리 자신의 생물학적 죽음과 같은 것일까? 만약 우리를 구성하는 세포 하나하나에 삶의 의미를 부여한다면 죽음에 대한 진단은 좀 더 길어질 수도 있을 것이다. 간혹 이런저런 이유 때문에 무덤을 옮기기 위해 개장을 했는데 시신의 머리카락이 사망 당시보다 더 자라 있었다는 이야기를 듣는 경우가 있다. 이는 시신을 구성하고 있던 세포가 매장된 이후에도 계속 생존했기 때문일 것이다. 그렇다면 과연 우리는 우리의 죽음의 시기를 언제로 단정할 수 있을까?

지금 현대인이 내리는 죽음의 언도는 자연적이고 생물학적이라기보다는 사회적인 처리에 가깝다. 죽은 사람에게 가급적 빨리 죽음을 선고해야 할 필요성과 당위성이 가득한 사회적 에토스가 지금의 시대정신이다. 이는 철저히 산 사람 입장에서 치러지는 죽음의 의식이다. 이런 맥락에서 장기 기증에 대해서도 생각해 보자. 사실 죽음의 선고가 빨라질수록 이식 가능한 신선한 장기를 확보할 수 있게 된다. 어찌 보면 이는 산 사람이 죽었다고 선고된 사람에게 행하는 일종의 폭압적 행위라고 할 수 있다. 지금은 죽은 사람의 사권(死權), 즉 자연스럽고 편안하게 죽을 수 있는 권리는 잊은 지 오래된 것처럼 보인다. 자연적인 죽음과 소멸을 기대하기 전에 빨리 사회적, 법적으로 죽음을 선고하여 필요한 것을 취하는 조금은 산 사람 중심의 이기적 문화가 지금의 죽음을 다루는 풍경이다. 이는 자신의 생명 연장을 위해 남의 죽음을 재촉하는 모양새로 비칠 수도 있다. 이런 현대인의 모습을 수백년 전 사람들이 본다면 어떤 평가를 내릴까? 어쩌면 인간이 되고자 간을 원했던 구미호의 모습을 현대인에게서 찾아낼지도 모르겠다.

물론 자신의 장기를 타인에게 기증하는 것은 고귀한 행동이다. 그리고 그것이 가지는 인류애적 가치와 인간 존엄의 의미도 가볍게 여겨서는 안 될 것이다. 여기서 지적한 것은 다만 죽음을 다루는 의식과 과정이라는 차원에서 보자면 조금은 산 사람 중심이라는 것이다.

죽음에 대해 말이 나왔으니 하나만 더 짚어 보자. 지금의 임종문화가 가지는 비인간성에 대해 지적하고 싶어 이 말을 꺼낸다. 요즘 죽음에 이른 사람은 열에 아홉이 병원으로 향한다. 집에서 앓고 있다가도 임종이 가까워지면 서둘러 병원으로 보내지는 것이다. 물론 정확한 사망 진단이나 이후 진행되는 장례 절차를 생각한다면 병원에서의 죽음은 이해할 수 있는 것이기는 하다. 그러나 죽은 사람의 입장에서 생각해 보면, 병원에서의 임종은 좀 낯설다. 이 세상과 마지막 이별을 하는 순간에 자신을 돌보는 이들이 타인이다. 사랑하는 가족과 평생 머물던 정든 집이 아니라, 낯선 사람, 어색한 공간, 복잡한 기기에 휩싸여 최후를 맞이하는 모습 또한 얼마나 비인간적인가! 이런 모습을 보노라면, 현대인이 삶과 죽음을 얼마나 값싸고 부자연스럽게 만들어 버렸는지 실감한다. 오히려 고인돌을 놓고 평소 익숙했던 물건을 함께 매장한 원시인의 장례가 더 자연스럽고 인간적으로 보이기까지 한다. 이러한 점에서 '원시적'이라는 말이 이제는 '인간적'이라는 말로 들린다.

3

고대사회의 종교

문자 종교의 시작

이제 고대 중근동의 종교를 살펴볼 차례이다. 그런데 우리는 어떤 기준을 가지고 원시와 고대를 나눌까? 어떤 이는 그 기준이 '기록'이라고 말한다. 물론 고대사회는 원시사회에 대해 풍부한 기록을 남기고 있다. 하지만 그렇다고 원시사회가 전혀 기록을 남기지 않은 것은 아니다. 이미 앞에서도 살폈듯이 원시사회도 거대한 동굴 벽화와 일정한 의미를 담은 매장 장소, 그리고 다양한 생필품과 거대한 석조물을 통해 나름대로의 기록을 남겼다. 하지만 고대의 기록은 '문자'로 이루어졌다는 점에서 원시시대의 기록과는 분명히 다른 모습을 하고 있다. 결국 무엇보다 '문자'야말로 원시와 고대를 나누는 결정적인 기준이라고 할 수 있겠다.

문자시대의 문자종교

그렇다면 문자는 어떤 특징을 지니고 있을까? '함축성', '엄밀성', '정확성', '표준성' 등 문자가 지닌 많은 특성을 제시할 수 있겠지만, 무엇보다 문자가 인류의 역사에 남긴 가장 큰 족적은 바로 시공의 제약을 넘어서도록 한 것에 있을 것이다. 즉, 인류는 문자를 통해 시간과 공간을 조절할 수 있게 되었다. 먼저 시간이란 측면에서 보자면, 문자를 통해 인류는 자신의 정보와 지혜를 세대를 넘어 전달할 수 있게 되었다. 물론 전에도 동굴 벽화나 물품을 통해 어느 정도 정보의 전달이 가능했지만, 문자가 등장함으로써 정확성과 풍부함에서 이전과는 비교할 수 없을 정도의 규모를 갖추게 되었다. 문자의 등장으로 인류는 정보의 저장 단위를 무한정으로 늘려 놓았다. 그 결과 우리는 지금도 수천 년 전에 기록된 문헌을 동일한 기호 상태로 읽을 수 있게 되었다.

예를 들어 현대인이 신앙하는 많은 종교가 주로 기원전에 생겨났고, 그들의 경전 역시 비슷한 시기에 만들어졌다. 따라서 지금 우리는 경전이란 이름의 3000~4000년 전 문헌을 보유하고 있는 셈이다. 물론 형편에 따라 각 지역의 언어로 번역된 형태를 취하고 있기는 하지만, 문헌을 통해 수천 년 전의 고대인과 소통하고 있다는 것 역시 엄연한 사실이다. 이는 참으로 대단한 일이다! 인간의 생물학적 수명으로는 도저히 가늠해 볼 수 없는 시간을 우리는 문자를 통해 경험하고 있기 때문이다. 셰익스피어(William Shakespeare, 1564~1616)를 보라. 그는 450여 년 전에 활동했던 사람이다. 하지만 세월의 흐름에도 그가 남긴 문자와 그 안에 담긴 의미는 여전히 우리에게 유효하지 않은가. 이렇게 보면 문자 야말로 '문명의 타임캡슐'이다. 인간의 생물학적 수명은 한계가 있지만, 문자를 이용하면 몸이 담아냈던 사유체계를 거의 무한정 살아남게 할 수 있기 때문이다. 문자는 이렇게 인간이 시간의 한계를 넘도록 도와 준다.

문자는 또한 공간의 한계도 넘어서도록 해준다. 문자가 없다고 생각해 보자. 문자가 없어도 말은 소문이 되어 전 세계를 돌아다닐 수는 있다. 예컨대, 아시아 동쪽 끝에 자리한 한반도의 한 소년에게 지구의 저

반대쪽 지중해에 맞닿은 이탈리아라는 곳의 파스타 요리가 끝내준다는 소리가 들려왔다고 하자. 호기심이 발동한 이 소년 음식탐험가가 파스타를 먹기 위해서는 일생일대의 굳은 결심을 해야 할 것이다. 물론 조리법이라는 것이 문자만이 아닌 입에서 입으로 전달될 수도 있을 것이다. 하지만 본래 파스타 맛이 어떤지를 확인할 길이 없는 이 소년은 결국 커다란 가방을 싸들고 수천 킬로미터나 떨어져 있는 낯선 나라로 향하는 여행길에 나서야만 할 것이다.

종교의 경우도 마찬가지이다. 역시 한반도의 한 소년에게 저 멀리 지중해와 아시아를 잇는 관문에 위치한 팔레스타인 지역에 어떤 종교가 훌륭하다는데 한번 믿어 보지 않겠냐는 권고의 말이 전해졌다고 하자. 그런데 이때 문자가 없다면 어떻게 해야 할까? 지금은 문자시대이기에 관심이 가는 종교가 있다면, 그에 대한 해설서도 사고, 경전도 구해 자기가 사는 곳에서 일단을 살피고 공부할 수 있다. 굳이 괴나리봇짐을 싸들고 종교의 원천지까지 찾아갈 필요는 없는 것이다. 물론 경우에 따라 신심이 깊어져 성지순례라는 명목으로 직접 해당 종교의 유적지를 여행할 수는 있을 것이다. 하지만 신앙의 초기부터 단지 관심이 있다는 이유로 직접 종교의 발상지까지 가려고 하는 이는 극히 드물 것이다.

이 모두 문자의 은혜이다. 만약 문자가 없다면 우리는 종교생활을 위해 수천 킬로미터가 넘는 순례의 길을 반복해야만 할 것이다. 한반도에서 팔레스타인까지 가는 길은 멀고도 험하다. 게다가 제대로 된 운송수단도 없던 시절이라면 이는 목숨을 건 여행이기도 할 것이다. 8000킬로미터를 헤아리는 거리에 이런저런 위기의 순간은 한두 번이 아닐 것이다. 험한 산과 강을 지나야 할 것이고, 그 기나긴 길을 가며 먹고 자는 문제를 해결하는 것도 간단치 않을 것이다. 가는 길에 또 강도나 산적을 만나지 말라는 보장도 없고, 게다가 질병 역시 여행길을 막아서는 강력한 훼방꾼이 될 것이다. 바닷길을 이용해도 위험은 매한가지이다. 비용도 만만치 않으려니와 가는 길에 어떤 풍랑이나 태풍을 만날지도 모른다. 종교에 관심 한번 가졌다고 이러한 목숨을 건 행동을 반복해야 하는 일, 바로 문자가 없었으면 충분히 생길 수 있는 것이다.

이처럼 문자가 준 혜택은 크다. 스탠더드, 즉 표준을 제시해 주고, 오래도록 남을 수 있는 타임캡슐 역할까지 문자는 아낌없이 제공한다. 그러니 지금은 문자시대요, 문자종교시대이다. 문자가 없었다면 종교는 여전히 부족이나 지역 공동체 단위로 묶여 있었을 것이다. 갑이라고 하는 동네에는 갑신을, 을이라고 하는 동네에는 오로지 을신만을 믿었을 것이다. 문자가 있음으로써 사람들은 자신들의 지역과 세대를 넘나드는 새로운 신과 종교에 대해 들을 수 있게 되었다.

이처럼 문자의 발견은 대단히 획기적이고 혁신적 사건이었다. 그리고 고대사회는 문자를 통하여 이전 원시시대와는 비교도 되지 않을 정도로 상세한 자신들의 삶과 생각, 그리고 종교에 대한 기록을 우리에게 남겼다. 따라서 이후에 소개될 고대사회의 종교는 대부분 당시 기록을 통해 알려지고 소개된 것들이다.

[그림 1]은 지금 이라크 지역에서 발견되는 지구라트(Ziggurat) 중 하나이다. 지구라트는 고대 바빌로니아어로 '높이 솟아오른' 혹은 '높이 쌓아올린'이란 뜻을 지닌다. 오랜 세월 속에 지금은 본래 형태가 많이 훼손되어 있지만, 그 높이는 대략 30~40미터에 이른다. 그런데 이 건축물이 세워지기 시작한 때가 기원전 2000년경이다. 지금으로부터 대략 4000년 전에 높이 40미터에 이르는 대형 석조구조물을 세웠다는 것은 사실 말도 안 되는 일이다. 이 정도 높이면 요즘 건물로도 아파

그림 1 지그라트의 유적

트 20층 정도가 될 텐데, 4000년 전에 이런 규모의 건물을 세웠다니! 당시 주로 인력과 그에 의존한 장비만으로 건축을 했을 텐데, 그리고도 이 정도 규모의 건물을 세웠다는 것은 정말 대단한 일이다. 한 건축가가 이 지구라트를 보고 경탄해 마지않으면서 지금의 건축술로도 도저히 이러한 건물을 세우기 어렵다며 한탄했다는 이야기가 과장처럼 들리지 않는다. 지금 건축 현장마다 보이는 곤돌라, 포클레인, 불도저, 기중기 등 다양한 현대 건축 장비도 없이 도대체 어떻게 이런 규모의 건물을 세웠을까? 이걸 보고도 과연 현대인은 과거보다 스스로가 진화했고 모든 면에서 뛰어나다고 자부할 수 있을까? 이처럼 고대인은 결코 어리숙하지 않으며, 그들의 지혜와 도구 이용능력도 현대인 못지않게 뛰어났다는 것을 우리는 인정해야만 한다. 단순히 도구를 다루는 법만이 아니라, 그들의 문장력과 표현력도 무시할 수준이 절대 아니다. 여러 종교의 경전을 생각해 보라. 줄잡아 수천 년 전에 기록된 그 책들을 가득 채우고 있는 수려한 문장과 아름다운 표현은 현대의 감각으로도 따라잡기 간단치 않지 않은가!

고대종교의 특징

고대종교는 그 시대의 사회 변화와 맥을 같이한다. 우선 고대사회로 접어들면서 나타난 가장 큰 변화는 공동체의 규모가 커졌다는 점이다. 이전에는 주로 부족 단위로 수백, 수천의 사람들이 모여 살았다면, 고대사회로 접어들면서 부족 간의 연맹국가가 등장하기 시작한다. 즉, 규모가 수천에서 수만을 헤아리게 된다. 이전과는 비교할 수 없을 정도로 늘어간 인구를 거느리게 되면서 사회는 점점 복잡해졌을 것이다.

우선 계급이 생겨났을 것이다. 그래야 대규모 공동체를 효율적으로 관리할 수 있을 것이기 때문이다. 예를 들어 구성원이 100명 정도라면 따로 지배계급이 필요 없다. 왜냐하면 한 명의 지도자만 있어도 충분히, 그리고 효율적으로 공동체를 관리할 수 있기 때문이다. 하지만 단위가 1000명을 넘어서게 되면 어쩔 수 없이 중간 관리자가 필요해진다. 50명씩 묶든지, 아니면 100명을 단위로 그들을 통괄하는 중간 관리자가 있을 때 보다 효율적으로 공동체를 운영할 수 있기에 사회규모가 커지면 중간관리자는 없어서는 안 될 계급이 된다.

그렇게 해서 사제계급과 지배계급, 생산계급 등이 생겨났을 것이고 그중 사제계급은 종교와 세속사회가 분리되어 있지 않던 당시 특성상 사회적으로 높은 신분을 유지했을 것이다.

당시 종교가 사회를 끌고 갈 수 있었던 것도 앞에서 이미 지적한 인간의 인지적 특징에 기인한다고 볼 수 있다. 즉, 설명되지 않는 다양한 현상을 이해할 수 있도록 해 주고, 또 그것을 인간이 원하는 방향으로 끌고 가는 데 결정적 역할을 했던 종교와 거기에 귀속된 사제들은 당연히 지배세력으로 기득권을 유지할 수 있었을 것이다. 그에 못지않게 또 중요한 계급이 군사지도자였을 것이다. 크지 않은 규모의 공동체였기에 부족 간 전투와 전쟁이 잦았을 것이다. 이때 이들을 통솔하여 효율적으로 전쟁에 임하게 하는 지도자가 필요했을 것이고, 그들은 점차 그 사회의 지배계급으로 자리를 잡았을 것이다. 그리고 또 중요한 것이 생산계급이다. 그들이 정상적으로 농사를 지어서 세금을 내고, 사회적 의무를 수행해야만 그 공동체가 제대로 유지될 수 있기 때문이다.

생존만이 절대적 가치였던 이전 시대에 비해 고대사회에서는 늘어난 공동체 구성원만큼이나 사회구조도 복잡해진다. 단위가 커지니 이를 효과적으로 관리할 계급이 생겨나고, 계급에 따라 각종 문화적 구별을 하다 보니 더 복잡한 사회구조가 생겨난다. 계급은 내부에서 더욱 세분되고, 그에 따라 직위에 대한 호칭과 그들이 사용하는 말도 달라지고, 입는 옷의 모양과 색깔, 그리고 거주하는 지역과 집의 형태 등도 다양화되며 사회 구조는 점점 더 복잡해진다.

사회구조의 변화에 따라 신에 대한 이해도 달라졌다. 물론 여전히 자연신 중심이기는 하나 이전과는 다르게 더욱 초월적이고 독립적인 성격의 신도 등장하게 되며, 아울러 이들을 섬기기 위한 제의 중심지가 세워지기도 한다. 주로 이런 성격의 신전은 도시의 중심지에 건립되었다.

그리고 정기적으로 이곳에서 행해지는 신화 의례를 통해 구성원의 구심점을 재확인하였다. 고대사회 신전에서 행해지는 신화 의례는 단순하지 않다. 그것은 공동체의 기원을 설명하는 공적 행위로, 의례의 중심에는 그들의 수호신이 자리하는 경우가 대부분이다.

이러한 배경하에 고대사회의 종교활동은 대부분 공식적인 것이 된다. 그 안에 개인의 선택이 자리할 곳은 없다. 자기가 태어나 속한 공동체라면 당연히 선택이 아니라 필연적으로 자신이 속한 지역의 수호신을 믿는 신앙인이 된다. 이것이 현대사회의 종교생활과 확연히 구별되는 점이다. 지금은 부모의 종교를 자식세대가 그대로 따를 필요나 의무가 없다. 하지만 고대사회에서 종교는 선택이 아니라 필수 사항이다. 그 지역에 태어났으면 끝까지 그곳의 수호신을 믿고 따라야 했다. 예외로 종교를 바꾸는 경우는 다른 수호신을 따르는 부족에게 자신이 속한 공동체가 병합되거나 자신이 그 공동체에서 영구 추방될 때 정도일 것이다.

하지만 세련된 철학적, 신학적 사고는 나타나지 않고 있다. 그것은 아마도 '비교적 사고'가 고대사회에서는 강하지 않았기 때문일 것이다. 부족연맹이라고는 하나 문화와 역사적으로 유사한 경험을 하고 있는 이들 사이의 결합이었지, 전혀 이질적인 공동체가 하나로 묶이는 사례는 흔치 않았기 때문에 문명 간 비교적 관점은 활발하지 않았다. 그렇기에 명칭은 다르지만 자연종교 배경 아래 주로 자연신을 섬긴 고대사회에서는 신에 대한 반성적 사고나 철학적 논변은 아직 발달되지 않았다. 결국 이런 신과 종교에 대한 철학적, 신학적 사고는 전혀 다른 이질적 문명의 충돌 내지 만남을 통해 가능했을 것으로 추정된다.

메소포타미아와 고대 근동의 종교세계

세계에서 가장 먼저 문명의 꽃을 피우며 고대사회를 이룬 지역 중의 하나가 메소포타미아이다. 메소포타미아는 그리스어로 '두 개의

그림 2 고대 메소포타미아 지역도

강 사이'라는 뜻[1]이다. 여기서 말하는 두 개의 강은 지도에서 보듯이 유프라테스와 티그리스 강을 말한다. 주변에 큰 강이 있기에 이 지역은 자연적으로 비옥한 토지를 갖고 있었고, 그 때문인지 지금으로부터 8000~9000년 전 무렵 인류 최초로 밀농사가 이곳에서 시작되었으며, 그 결과 다른 어떤 지역보다도 문명의 발달이 일찍 일어난 곳이기도 하다.[2]

　메소포타미아 문명의 선구자는 수메르(Sumer)이다. 수메르는 작은

---

1) 더 정확히 말하면, 메소는 '중간', '사이'라는 뜻이고, 포타미아는 '강'이다. 따라서 이 말은 '강들의 중간'을 뜻하며, 기원전 4세기 후반 알렉산드로스 대왕 시대 이후 이 지역을 통칭하는 용어로 자리를 잡았다.

2) 메소포타미아 문명은 그 밖의 문명인 이집트 문명, 인더스 문명, 황하 문명보다도 시기적으로 앞선다.

도시국가로 이루어진 연합체였다. 수메르 문명은 점령국인 바빌로니아로 이어진다. 그런데 수메르의 멸망이 좀 흥미로운데, 역설적이게도 수메르는 문명이 발달한 탓에 멸망하게 된다. 예서 그 대강을 살펴보면 다음과 같다.

수메르인의 농사법과 치수능력은 상당했다. 당시 수메르인의 수확률은 75배에 달했다고 한다. 그러니까 밀 한 알을 심으면 75알 정도의 수확을 할 수 있었다는 것이다. 이는 상당한 비율인데, 유럽의 경우 수확률이 2배에 이른 것이 중세에 들어서야 가능했다는 것을 생각해 본다면, 수메르인의 농업기술은 매우 뛰어났다고 하겠다. 이는 그들이 경작물에 대한 이해도가 높았다는 말이기도 하다. 수메르인은 밀농사를 위해 밭이랑을 만들고, 일정한 거리를 두고 씨를 뿌리기 위해 파종기를 제작했으며, 더 나아가 손쉽고 수월하게 농사를 짓기 위해서 집 근처까지 운하를 건설했다고 한다. 50~70센티미터 깊이의 운하를 집 앞까지 끌어온 그들은 최초의 재택근무 환경을 조성했다고도 할 수 있다. 하지만 그 때문에 그들은 쇠락의 길을 걷게 된다. 강력한 태양열이 내리쬐는 메소포타미아 지역에 그리 깊지 않은 물줄기를 인공적으로 내고, 그것에 의존하여 밀농사를 지은 것이 패착이었다. 처음엔 성공적인 것 같았으나, 시일이 지나면서 환경에 변화가 생기기 시작했다. 다소 얕은 운하는 지속적으로 대지가 지닌 염기를 지표면 가까이 끌어내는 역할을 했고, 결국 이 때문에 그들의 밀농사는 처절하게 실패하고 말았다. 알려진 것처럼 밀농사와 소금기는 최악의 조합이다. 염기가 많아진 토양에서 밀은 제대로 자라나지 않았다. 갈수록 소출이 줄어들게 되니 도시에 모여들었던 이들도 서서히 터전을 잃거나 버리고 다른 지역으로 뿔뿔이 흩어졌다. 이렇게 쇠약해질 대로 쇠약해진 도시국가를 신흥 강국인 바빌로니아가 점령해 버린 것이다. 그때가 기원전 2000년경이다. 그렇게 수메르 문명은 그들이 만들어 놓은 문명 때문에 역사의 무대에서 퇴장했다.[3]

섣부른 자연통제가 인간에게 어떤 재앙이 될 수 있는지를 알려 주는 역사의 교훈이기도 하다. 자연의 규모는 인간이 통제하기에는 너무나도 크다. 그래서 성급한 자연에 대한 통제 시도는 종종 인간에게 불행으로 다가오기도 한다. 이는 과거나 지금이나, 그리고 앞으로도 잊어서는 안 될 지혜이기도 하다. 고대 수메르인은 국가의 쇠망을 통해 지금 우리에게 자연을 대하는 지혜를 일깨워 준다.

수메르를 점령한 바빌로니아의 문명은 아시리아와 신바빌로니아를 거쳐 페르시아로 이어졌다. 그리고 페르시아는 고대 중근동의 최강자로 그들의 국교였던 자라투스트라의 종교로 이 지역 종교세계에 큰 영향을 끼친다. 그리고 지중해 쪽으로는 가나안과 페니키아가 있었고, 이들은 아프리카 북부의 카르타고국까지 이어지는 문명선을 구축했다. 그리고 북쪽에는 인도유럽어족의 하나인 히타이트인이 자리하고 있었고 이들은 메소포타미아인과는 조금 다른 성향의 종교를 갖고 있었다. 그리고 다른 한쪽을 차지하고 있었던 것이 이스라엘인데, 당시 이스라엘은 팔레스타인의 작은 나라에 지나지 않았다.

수메르와 바빌로니아, 그리고 아시리아의 종교문화는 거의 일치한다고 본다. 그들이 부르는 신의 이름에서 약간의 차이는 나타나지만, 신의

---

3) 수메르의 밀농사와 토양의 관계에 대해서는 다음 책을 참조하라. 김동욱, 『세계사 속 경제사』(글항아리, 2015), 「관리가 너무 어려웠던 흙의 '경제학'」 장. 아울러 다음 책도 고대 문명과 농사에 관한 좋은 정보를 제공하고 있다. 데이비드 몽고메리(이수영 역), 『흙: 문명이 앗아간 지구의 살갗』(삼천리, 2013).

역할이나 성격 같은 것은 크게 다르지 않았다. 마찬가지로 가나안 지역의 종교도 페니키아와 거의 같은 것으로 평가된다. 하지만 팔레스타인 지역의 이스라엘은 앞에서 살핀 두 개의 종교문화권과는 전혀 다른 종교생활을 하고 있었다. 그리고 흥미로운 것은 이스라엘보다 훨씬 크고 강력했던 국가의 종교는 지금 우리 곁에서 사라졌지만, 작고 보잘것없던 유대인의 종교는 유대교–그리스도교–이슬람을 통해 여전히 막강한 영향력을 유지하고 있다는 사실이다. 놀랍게도 이들 세 종교의 신도 수를 합하면 전체 세계 인구 중 3분의 2에 달한다.

왜 이런 일이 생긴 것일까? 추론컨대 이스라엘이 지닌 탈자연종교적 성격 때문은 아닐까? 이 부분은 후에 이스라엘의 종교를 다룰 때 좀 더 깊게 살피기로 하고, 여기서는 간단하게 정리해 보자. 당시 이스라엘을 제외한 대부분 나라의 종교는 자연신을 섬기는 자연종교적 성격이 강했다. 그래서 많은 신이 필요했고, 각각의 신은 각 지역마다 특화된 성격과 이미지를 갖게 되었다. 이와는 달리 이스라엘 종교의 신은 최고신을 넘어 유일한 신이라는 이미지가 강했고, 형상을 만들지도 않고 이름마저 갖고 있지 않았기에 부족, 민족, 종족의 한계를 뛰어넘을 수 있는 잠재력이 컸다고 하겠다. 이런 이유로 시간과 공간을 넘어 오래도록 인류의 종교로 자리한 것으로 추정된다.

이제 구체적으로 고대사회의 종교 중 가장 오래된 수메르부터 개략적으로 살펴보자.

수메르의 종교

지금부터 살펴볼 수메르의 종교는 꽤 자세히 알려져 있다. 왜냐하면 수메르의 생활상이 문자로 잘 기록되어 있기 때문이다. 수메르의 문자는 '쐐기문자'(cuneiform)로 불리는 상형문자이다. 지금까지 알려진 문자 중에서 가장 오래되었고, 점토판에 갈대로 만든 펜으로 기록한 것으로 알려져 있다. 점토판에 기록된 이 문자를 볼 때마다 기이한 생각이 든다. 이런 모양의 문양을 보고 어떻게 글자라고 생각했고, 또 이를 위한 문법책이나 해설서도 없었을 것인데 어떻게 의미를 찾아내어 해석해 냈는지 볼 때마다 놀랍다는 생각이 든다.

그림 3 쐐기문자가 기록된 점토판

수메르의 쐐기문자는 기원전 3000년경부터 폭넓게 사용되었다. 그러나 기원전 1세기를 전후로 그리스 문자가 등장하면서 서서히 역사의 뒤안길로 물러나게 되었다. 그러다 '베히스툰 비문'(Behistun Inscription) 덕분에 다시 생명력을 이어 갈 수 있게 되었다. '베히스툰 비문'은 같은 내용의 글이 각각 고대 페르시아어와 엘람어, 그리고 바빌로니아어로 기록되어 있었다. 이를 1802년에 독일인 그로테펜트 (Georg Friedrich Grotefend, 1775~1853)가 해독하기 시작하여 1843년 영국인 롤린슨(Henry Creswicke Rawlinson, 1810~1895)이 페르시아어 부분을 완전히 해독하였다. 이것을 기점으로 엘람어, 바빌로니아어, 수메르어 해독에도 성공하였고, 그 결과 지금 우리는 상당한 양의 쐐기문자로 이루어진 문서를 해독하게 되었다. 사실 말이야 쉽지 전혀 모르는 문자를 해독하기까지 얼마나 많은 수고와 노력이 있었는지 가늠조차 하기 힘들다. 우선 3개의 다른 언어로 병기된 비문을 하나하나 옮겨 적어야 했겠고, 그것을 기반으로 각 언어의 단어장을 만들고, 이후 단어와 단어 사이의 규칙을 문법으로 재구성해야만 하는 고단한 작업이 이어졌을 것이다. 바로 이런 집요한 연구자들의 땀과 노력 덕분에 우리는 수천 년 전 인류의 삶을 소상히 알 수 있게 되었다. 지금 살펴보는 수메르 종교의 대강도 바로 그들의 노력과 땀 덕분이다.[4]

---

4) 크래머(Samuel Noah Kramer)는 1958년에 쐐기문자를 통해 얻은 수메르 문명의 모습을 『역사는 수메르에서 시작되었다』(History begins at Sumer)란 책으로 펴냈고, 이 책은 2000년에 박성식에 의해 우리말로 번역되었다. 그런데 흥미로운 것은 쐐기문자를 통해 해독된 수메르어가 우리말과 같은 교착어계통이라는 것이다. 그래서인지 세계적인 수메르어 연구자 중에 한국인으로 조철수 박사가 있다. 조 박사가 쓴 책 『수메르 신화』는 수메르 토판에서 중요한 내용을 직접 발췌하여 번역 소개한 귀중한 자료이기도 하다.

수메르 종교의 특징

그렇게 해독된 내용을 가지고 당시 종교생활을 재구성해 보면, 우선 수메르는 자연종교적인 성격이 강했음을 알 수 있다. 자연종교에서는 앞에서도 언급했듯이 자연물 배후에 신적 존재가 있다고 믿는다. 따라서 수메르인도 다신적 환경 아래에 있었다. 또한 정기적으로 그들의 신에게 제사를 지냈고, 이를 주관하는 전문 사제계급도 이미 자리 잡고 있었다. 제사 의례를 행할 때는 특정한 짐승의 고기나 곡물을 사용하여 제물로 바친 것으로 알려져 있다.

그런데 왜 이런 제물이 필요했을까? 이에 대해서는 노르웨이의 종교학자 크리스텐센(William Brede Kristensen, 1867~1953)이 흥미로운 해석을 제시하고 있다. 주로 지중해와 이집트 지역의 고대 종교를 연구한 크리스텐센은 고대인의 제의 행위를 그들의 세계관에서 찾았다. 고대인이 제의 때 동물이나 곡식을 제물로 바치는 이유는 그것이 생명을 담고 있기 때문이다. 그리고 생명은 신으로부터 온 것이다. 이는 매우 유기적인 고대인의 세계관을 엿볼 수 있는 대목이기도 한데, 생명의 원천인 신은 동물과 식물을 먹고 키우기 위해 자신의 힘을 소진하게 된다. 그래서 정기적으로 쇠락한 신의 힘을 보충해 줄 필요가 있었고, 그렇게 신의 에너지를 충전하는 역할은 신에게서 혜택을 입고 있는 인간이 맡을 수밖에 없다고 생각했다. 그래서 그들은 살아 있는 동물과 잘 여문 곡식을 신에게 돌려줌으로써 그의 힘을 보충해 주고, 이를 통해 지속적으로 풍요와 다산을 기대할 수 있었던 것이다.[5]

이런 세계관을 갖고 있으니 제의 행위를 비롯한 종교생활이 일상과

---

5) 이 내용은 다음의 책을 참조하라. W. B. Kristensen, The Meaning of Rligion (The Hague, M. Nijhoff, 1960), p. 241.

분리될 수 없었을 것이다. 종교적 행위는 곧 그들의 생존과 직결된 중차대한 것이기 때문이다. 그러니 이런 종교 의례를 독점적으로 주관하는 사제계급은 곧 그 사회의 중심부를 차지하고, 따라서 수메르도 이들을 중심으로 종교와 정치가 결합되어 있는 신정체제를 유지하고 있었다. 왕은 있었지만 권한은 그리 강하지 않았던 것 같고, 오히려 원로 모임과 같은 의결기구가 중요한 역할을 했던 것 같다.

이런 종교 환경에서 그들은 자연을 대표하는 신의 뜻을 거스르기보다는 순종하는 것을 미덕으로 여겼다. 이렇게 고대 수메르에는 다분히 자연친화적인 세계관이 주를 이루었다.

수메르의 여러 신

이런 수메르에는 다양한 종류의 자연신이 존재했다. 여기서 대강을 한번 살펴보도록 하자. 먼저 안(An, 아카드어로는 아누[Anu]로 불림)이란 신이 있다. 하늘의 신이기도 하고, 수메르에서는 가장 높은 신으로 알려져 있다. 따라서 의례의 중심이기는 하지만 인간의 입장에서는 좀 거리감이 있는 신이기도 하다. 이런 현상은 많은 종교전통에서 나타나며 이를 종교학에서는 '데우스 오티오수스'(deus otiosus), 즉 '멀어진 신'이라 부른다. 이는 어찌 보면 우리 일상세계에서도 쉽게 경험되는 것이기도 하다. 아무래도 우리는 만만한 존재와 관계를 이어 가는 것이 마음이 편한데, 이를테면 직장인이 매일 회사 대표에게 불려 다닌다면 그 스트레스가 장난이 아닐 것이다. 신앙세계도 그와 크게 다르지 않다. 언제나 무지막지하게 강하고 위대한 신보다는 쉽게 접하고 서로 도움을 주고받을 수 있는 존재가 친근하기 마련이다.

수메르인에게 인기가 높던 신은 최고신 안보다는 엔릴(Enlil)이었다.

이름의 뜻은 글자대로 하면 '바람의 주인'이며, 수메르인은 엔릴을 높은 산으로부터 비를 몰고 와 내리게 하는 존재로 이해하였다. 따라서 농사가 주업이던 메소포타미아에서는 매우 중요한 신으로 숭앙되었다. 엔릴에게는 배우자로 닌릴(Ninlil, 바람 마님)이라는 여신이 있었다. 엔릴의 모습은 수메르 문명에서는 인자한 아버지의 모습으로 종종 그려져 그가 수메르에서 얼마나 중요한 존재인지를 가늠해 볼 수 있다.

또 중요한 신이 있는데 바로 엔키(Enki, 아카드어로는 에아[Ea]로 불림)이다. 그는 세계에 질서를 부여한 존재로 알려져 있다. 엔키가 중요한 것은 그가 지하수의 신이기 때문이다. 지하수는 담수로 인간이 먹을 수 있는 물이다. 따라서 생명을 이어 가는 데 있어 엔키는 빼놓을 수 없는 중요한 신적 존재가 된다. 당시 수메르인은 지하수가 땅 밑에 있는 바다에서 나온다고 믿었다. 바로 이 지하수 덕분에 식음도 하고, 땅도 비옥해져 인간은 농사를 지을 수 있게 된다. 그러다 보니 점차 엔키에게는 생장과 번식의 이미지가 덧입혀진다. 따라서 메소포타미아를 있게 한 유프라테스 강과 티그리스 강도 엔키의 정액으로 만들어진 것이며, 가축과 작물의 성장과 번식에도 그의 역할이 지대하다고 생각했다.

수메르의 대표적인 여신으로는 인안나(Inanna, 아카드어로 이슈타르[Ishtar], 셈족 계통에서는 아스타르테[Astarte]로 불림)를 꼽을 수 있다. 이름의 뜻은 '하늘의 여주인'이며 풍요와 다산을 상징하며 금성이라 불리는 별과 관련이 있다고 보는데, 이는 금성이 보이는 불규칙한 움직임 때문으로 추정된다. 그처럼 수메르인은 여신 인안나에게 변덕스러움과 엉뚱함의 성격을 부여했다. 그래서 인안나는 소나기와 비구름의 신이기도 하고, 때론 전쟁의 신으로 불리기도 했다. 그리고 매춘부 역할을 하고, 또 매춘부의 시중을 받는 존재로 묘사되기도 한다. 이때 언급된 매춘이라고 하는 것이 지금의 개념과는 다르다는 것을 기억해야 한다. 그 당시 연례행사의 하나로 봄을 알리는 춘분축제 때 인안나의 최고 여사제는 한 해의 풍요와 다산을 기원하는 신성한 혼례식을 치러야 했다. 이때 그녀의 침실에 들어올 수 있는 이는 인안나의 남편으로 알려진 두무지를 상징하는 젊은 남성이나 그 지역의 최고 통치자였다. 따라서 그들의 혼례 의식은 공식적인 것이며 종교적인 의미가 강한 것이라 하겠다. 이를 단순히 탐욕과 욕망의 행위로 해석해서는 당시의 상황을 제대로 이해할 수 없을 것이다. 인안나 역시 다른 신과 마찬가지로 남편 신이 있었는데, 이미 언급했듯이 두무지의 아내로도 알려져 있고, 하늘의 신 안의 부인으로도 묘사된다. 전설에 따르면, 인안나는 지하계의 여왕이 되려다가 패해서 죽었다는 이야기도 있다. 여러모로 매우 개성이 강한 여신이라고 하겠다.

마지막으로 두무지(Dumuzi, 아카드어로 탐무즈[Tammuz]로 불림)란 이름의 신이 있다. 두무지 역시 수메르에서 매우 대중적인 신으로 농업과 밀접히 관련되어 있다. 그는 양치기의 신이며, 곡물의 생장을 관장하는 신이고, 죽음에서 부활하는 신이기도 하다. 그의 죽음과 부활은 의례로 정비되어 대중의 종교생활에 큰 영향을 미쳤다. 그의 일생은 한 편의 드라마처럼 꾸며져 있는데 그 내용의 대략은 다음과 같다.

두무지는 인안나를 두고 엔키두(Enkidu)와 경쟁을 벌여 드디어 사랑을 쟁취하는 데 성공한다. 하지만 인안나는 곧 죽어 버리고, 죽음의 세계로 간 그녀를 위해 두무지는 별다른 행동을 하지 않았다. 후에 생명계로 돌아온 인안나는 자신의 고통에 무덤덤했던 두무지를 자신대신 죽음의 세계로 보내 버린다. 그러자 사람들은 사라진 두무지로 인해 슬퍼하며 그의 부활을 고대하는 의식을 치르게 되었다.

이런 신화적 구성은 두무지의 삶을 농업활동과 연계하여 도식화한 결과라고 할 수 있다. 사실 죽음과 부활이란 상징은 농업에서는 매우 익숙한 것이다. 봄 - 여름 - 가을 - 겨울의 순환이 곧 삶의 시작과 죽음과 그대로 대체될 수 있기 때문이다. 봄은 생명의 시작이고, 여름은 그 것의 성장, 가을은 결실, 겨울은 죽음이다. 그리고 농업은 이런 계절의 바뀜과 매우 밀접하게 연결되어 있다. 계절마다 반드시 해야 할 농사일이 있는 것이다. 그런데 이를 어떻게 기억하고 농업에 종사하는 이들에게 교육할 수 있을까? 이때 신화와 의례는 매우 요긴한 해결책이 된다. 그래서 농사와 매우 관련이 높은 성격의 신을 선택하여 그의 일생과 농업의 절기를 일치시켜 의례와 농사일이 결합되도록 한다면, 어렵지 않게 농사에 대한 교육을 행할 수 있을 것이다. 이런 점에서 당시 종교는 농업기술과 매우 밀접하게 연결되어 있다고 볼 수 있으며, 바로 그 정점에 두무지라는 신이 자리한다.

이들 수메르의 신은 앞에서 살펴본 지구라트라는 커다란 신전에 모셔지고 또 정기적으로 의례의 대상으로 숭배되었다. 높게 솟아오른 지구라트는 하늘과 땅을 잇는다는 상징적 의미가 있으며, 그 당시 사람들은 신전의 가장 높은 곳에 신이 머문다고 생각한 것으로 보인다.

바빌로니아의 종교

바빌로니아는 기원전 2000년경 메소포타미아 지역의 남동쪽에 자리 잡은 셈족의 제국이다. 수도 바빌론에서 바빌로니아라는 이름이 나왔고, 함무라비(Hammurabi, 기원전 1810?~1750?) 왕 때 전성기를 맞이했다. 함무라비 왕은 바빌로니아의 여섯 번째 통치자로서 재위 시 메소포타미아 지역의 패권을 장악했고, 유명한 『함무라비 법전』을 편찬하기도 하였다. 당시 바빌로니아의 영향력은 지중해 지역까지 미쳤으나 기원전 16세기경 히타이트의 왕 무르실리 1세(Muršili I, 재위 기원전 1620~1595)의 침공을 받은 후 쇠락했다. 그 후 북쪽 지역의 아시리아가 강성해지고, 이 나라에 의해 이스라엘 왕국이 기원전 722년경에 멸망한다. 하지만 기원전 612년경 아시리아도 멸망하게 되고, 이후 이 지역은 신(新)바빌로니아가 차지하였다. 그리고 신바빌로니아는 네부카드네자르 2세(Nebuchadnezzar Ⅱ, 재위 기원전 630~562) 때 이르러 전성기를 맞이하였고, 그는 재위 시 유다 왕국을 점령한 것으로 알려져 있다. 이후 이 지역의 패권은 페르시아가 차지한다.

바빌로니아시대의 종교도 크게 보면 수메르의 전통을 따르고 있다. 신의 이름은 조금 달라졌지만 주로 발음상의 차이였고, 주어진 성격은 그대로 이어지고 있음을 확인할 수 있다. 하지만 그렇다고 바빌로니아의 사회환경이 수메르와 동일했던 것은 아니다. 가장 큰 차이는 수메르가 작은 규모의 도시국가 연합체였다면 바빌로니아는 제법 규모를 갖춘 제국이었다는 점이다. 국가의 규모가 커지면 당연히 사회의 여러 부분에서 변화가 생기게 된다.

그렇다면 종교계에는 어떤 변화가 일어났을까? 여러 부족과 도시국가가 결합하고 병합되다 보니 신의 수가 계속 늘어났다. 이미 살펴보았듯이, 고대국가의 종교는 공식적 성격이 강했고, 각 도시나 부족은 그들의 수호신을 섬기고 있었다. 그런데 한 부족이 다른 부족을 병합하게 되면 수호신이 둘이 되어 버린다. 이런 경우 신의 세계에도 일정한 질서가 있어야 할 필요가 생긴다. 본격적으로 신의 계보, 즉 '신통기'(神統記, theogony)가 필요해진 것이다. 어느 신을 정점으로 삼을 것인가? 물론 지배자의 수호신이 최고신이 되어야 할 것이다. 하지만 이를 제국의 시민이 받아들이게 하기 위해서는 신들의 이야기로 포장해야만 했다. 그 이야기 속에서 신들은 서로 전쟁을 치르며 최고의 존재를 찾아가는 작업을 진행하는데, 우리는 이를 '신화'라고 부른다.

바빌로니아인은 이러한 신의 이야기를 기록으로 남겼고, 그 앞에 '에누마 엘리시'(Enuma Elish)라는 제목을 붙여 놓았다. 아카드어로 점토판에 기록된 이 에누마 엘리시는 단어적으로는 '저 높은 곳에 있었을 때'(when on high)라는 뜻이며 세상의 창조 이야기를 다루고 있다. 이 신화는 매년 바빌론의 신년 축제 때 재연되었다. 고대사회의 신화는 공식적이었다. 지금은 신화가 일종의 스토리텔링이 되어 여가 시간에 즐기는 문화콘텐츠처럼 받아들이지만 고대사회에서 신화는 그 나라의 기원과 왕의 정통성을 만인 앞에서 천명하는 매우 중요한 공적 행사였다. 따라서 신년 축제 때 행하는 에누마 엘리시의 창조 이야기는 바빌론의 정통성과 영광, 그리고 무궁한 발전과 영광을 기원하는 국가 차원의 의례라고 할 수 있다.

이 에누마 엘리시의 주인공은 당연 마르두크(Marduk)라 불리는 신이다. 이 신은 여러모로 인도의 인드라[6](Indra)와 비슷한 점이 많다. 인드라 신은 인도 신화에 등장하는 하늘의 신이며, 수미산[7](須彌山)에 머무는 신들의 왕이며 날씨와 전쟁을 관장한다. 이와 비슷하게 마르두크 역시 신들의 왕이며, 폭풍우의 신이기도 하다. 그리고 젊은 황소로 나타나는 강력한 신이다. 여기서 잠시 에누마 엘리시에 기록된 마르두크의 이야기를 살펴보도록 하자.

태초에 두 신이 등장한다. 바로 각각 단물과 쓴물을 상징하는 아프수(Apsu)와 티아마트(Tiamat)였다. 이때 아프수는 남성을 그리고 티아마트는 여성을 대표하기도 한다. 이들의 결합으로 최초의 신들이 생겨나게 된다. 점차 신들의 수가 늘어나게 되자 적잖은 문제가 생겨났다. 이때 아버지 신 아프수의 입장에서는 어린 자식들이 자신의 생활을 침범하는 것이 못 견디게 싫었다. 충분한 휴식을 취할 수도 없었고, 일에 집중할 수도 없었던 아버지 신 아프수는 결국 자신이 생산한 자식들을 없앨 계획을 세우게 된다. 하지만 아프수의 비서 역할을 하던 이가 이 사실을 미리 장자였던 아누에게 알리게 되고, 아누의 계략으로 아프수는 오히려 왕좌에서 밀려나 지하 감옥에 갇히고 종국에는 목숨까지 잃고 만다. 이렇게 신들의 전쟁은 싱겁게 자식들의 승리로 막을 내렸다. 남편의 죽음을 목도한 여신 티아마트는 그 후 변두리로 밀려나고 아누를 중심으로 신들의 세계는 태평성대를 이루게 된다. 그사이 신들의 세계에 마르두크라 불리는 엄청난 괴력

---

6) 불교의 경전에서는 이 인드라를 제석천(帝釋天), 제석천왕(帝釋天王), 제석천존(帝釋天尊) 등으로 표현한다.

7) 세계의 중심에 서 있다는 상상 속의 산을 말한다.

Bible History Online

그림 4 마르두크와 티아마트의 싸움을 표사한 그림

의 아이가 태어나지만, 엄청난 힘 때문에 할아버지 아프수처럼 지하 감옥에 갇혀 지내는 신세가 되고 만다. 세월이 지난 뒤 무료하기 짝이 없던 신들의 세계에 변화가 생기기 시작한다. 서서히 아누를 중심으로 형성된 신들의 체계에 불만을 품은 이들이 늘어나게 되었다. 그리고 이들은 자신들의 어머니 신인 티아마트를 꼬드겨 신들의 세계를 재편하고자 한다. 이때 남편을 잃고 한을 달래던 여신 티아마트는 강력한 힘을 지닌 킹구(Kingu)를 새로운 남편으로 삼아 아프수를 죽게 한 자식 신들과 한판 대결을 벌인다. 초반 기세는 군 사령관 킹구와 아프수가 만든 여러 괴수를 앞세운 반란 세력이 가져갔다. 아누의 군대는 점점 밀리고 이제 함락은 시간문제였을 때, 그들은 티아마트를 상대할 신을 찾아냈다. 바로 지하에 갇힌 마르두크였다. 엄청난 힘 때문에 자신들의 공간에서 추방한 외로운 영웅이었다. 하지만 마르

두크도 어리숙하지는 않았다. 승리에 대한 담보를 조건으로 걸었다. 마르두크는 싸움에서 이기면 자신을 신들의 왕 자리에 앉혀야 한다는 조건을 내걸었고, 별다른 선택이 없었던 신들은 이를 받아들인다. 그 후 전장에 나선 마르두크. 그는 할머니뻘인 티아마트의 평정심을 깨는 심리전을 통해 싸움에서 승리를 거머쥔다. 그리고 죽은 티아마트의 몸을 갈라 하늘의 궁창과 땅을 만들었고, 킹구의 피와 뼈를 가지고서는 인간을 만들어 신들을 섬기게 한다. 그리고 신들에게는 각각의 지위에 맞는 하늘의 자리를 제공해 주고, 스스로는 신들의 왕이 된다.

이 장엄한 창조의 이야기는 우리에게 여러 생각을 하게 한다. 첫째, 고대 바빌로니아인이 생각했던 창조는 무로부터의 창조가 아니라 '혼돈으로부터의 질서'였다는 것이다. 모든 것이 혼돈 상태에 있을 때 바닷물(쓴물)과 지하수(단물)의 상징이 등장하여 세상을 질서 정연하게 만들어 주었기 때문이다. 둘째, 이들에게서 태어난 신들은 각자 맡은 자연물을 관장하며 세상을 이해 가능한 대상으로 만들어 주었다. 셋째, 고대인은 인간의 기원을 신으로 잡고 있다는 사실이다. 에누마 엘리시는 인간이 만들어지기 위한 기본 재료가 바로 신의 피와 뼈라고 기록하고 있다. 이는 신과 인간은 존재론적으로 연결되어 있다는 말이기도 하다.

고대 바빌로니아에서는 이러한 창조 이야기를 신년 축제 때 무언극 형식으로 재연했다. 인간이 생겨나기 아주 오래전 저 높은 곳에서 신들 사이에 있었던 이야기를 드라마로 만들어 많은 이가 보는 가운데 재연한 것이다. 그리고 축제의 정점에서는 마르두크를 상징하는 신상을 가지고 가두행진을 하였다. 그래서 왕의 궁전에 초대받지 못한 일반 시민에게도 수호신의 위대함을 알리고 그를 통한 정체성 확보와 유대감 강화를 위한 도구로 사용하였다. 이처럼 고대사회의 신화와 신년 축제, 그리고 신화 의례와 무언극은 공식 행사로서 치러졌다.

이런 신년 축제가 반복되는 것은 고대인의 시간 이해도 한몫한다. 고대사회는 여전히 자연과 인간을 유기적 관계 속에서 파악하려는 힘이 강했다. 아직 과학적 지식이 충분하지 않기에 세상을 이해하기 위해서는 신화적 설명이 우위에 있을 수밖에 없었을 것이다. 그러다 보니 시간에 대해서도 유기체적으로 이해하였다. 즉, 다른 생명체와 마찬가지로 시간도 흘러감에 따라 그 힘이 약해진다고 보았다. 그래서 코스모스(cosmos, 질서 정연한 우주)의 세계도 시간이 흘러가고 세월이 쌓이면 카오스(chaos)가 된다고 보았다.

그렇다면 시간을 어떻게 되살릴 수 있을까? 고대인의 해결책은 바로 신화 의례였다. 태고의 질서 확립 과정을 주 골자로 하는 신화의 내용을 재연함으로써 그들은 약해진 코스모스의 힘을 되돌려 놓으려 한 것이다. 이는 왕과 관련된 의식으로도 이해될 수 있다. 신년 의례에서 왕은 폐위와 즉위를 반복한다. 즉, 왕은 매년 신년 의례를 통해 새로운 왕으로 즉위하는 것이다. 이렇게 혼돈을 다시 질서로 만드는 역할, 그리고 그것을 공적으로 반포하는 기능을 신년 축제의 신화 의례는 수행하고 있었고, 그 중심에는 바로 앞에서 언급한 마르두크 신화가 자리한다.

고대 이집트의 종교

이집트 하면 무엇이 떠오를까? 가장 먼저 피라미드와 스핑크스일 것이다. 또 미라도 빼놓기는 어려울 것이다. 피라미드, 스핑크스, 미라. 이 모든 것은 한 방향을 가리키고 있는데, 바로 죽음이다. 우선 피라미드는 고대 이집트 왕의 무덤으로 알려져 있다. 그리고 스핑크스는 그 무덤을 지키는 존재이고, 미라[8]는 시신이 부패하지 않도록 처리한 것이다.

피라미드는 왜 만들었을까?

피라미드 건축 이유에 대해서는 여러 가지 설명이 있다. 그중 가장 오래된 것이 그리스의 역사가인 헤로도토스(Hērodotos, 기원전 480?~420?)가 쓴 『역사』(Histories Apodexis)란 책의 두 번째 권이다. 이 책에서 헤로도토스는 엄청난 규모를 자랑하는 쿠푸(Khufu, 재위 기원전 2589~2566) 왕의 피라미드[9]를 건설하기 위해 10여만 명의 노예가 3개월마다 교체되며 20년 동안 일했다고 기록하고 있다. 헤로도토스

---

8) 미라를 만드는 과정을 보면 우선 코를 통해 뇌를 모두 체외로 빼낸다. 그들의 해부학적 지식에서 뇌는 그리 중요한 장기가 아니었다. 고대 이집트인에게서 뇌란 심장의 열기를 식히는 기능을 하는 부수적 기관에 지나지 않았다. 그들에게 중요한 장기는 바로 심장이었다. 따라서 그들은 개복하여 심장을 비롯한 내부 장기는 따로 항아리에 잘 보관하였다. 그 후 남은 신체는 특수 약품 처리를 하여 부패하지 않도록 하였다.

9) '대피라미드'라 불리는 이 건축물은 147미터 정도의 높이에, 밑변은 230여 미터에 이른다. 이 피라미드를 건축하는 데 들어간 돌의 무게는 5900만 톤에 이르고, 대략 230만 개의 돌이 이용되었다. 돌의 무게도 적게는 2톤에서 큰 것은 50여 톤에 이를 정도로 다양하다. 이 피라미드의 주인은 이집트 제4왕조의 파라오인 쿠푸로 알려져 있으며, 건축은 기원전 2560년경에 이루어졌고, 공사기간은 14년에서 20년 정도로 추정된다.

의 이 기록 때문에 한동안 피라미드 노예 동원령은 정설처럼 인정되어 왔다. 헤로도토스의 기록을 보면 피라미드는 파라오의 무덤으로 등장한다. 물론 피라미드가 왕의 무덤일 수도 있다는 것은 부정할 수 없다. 실제로 피라미드 안에는 왕과 왕비를 위한 공간이 있으며 그 안에는 그들의 시신을 보관한 것으로 추정되는 관도 있기 때문이다. 하지만 그렇다고 곧바로 피라미드를 파라오의 무덤으로 단정하는 것은 조금 무리가 있다. 왜냐하면 피라미드가 왕의 무덤이었다면 각 시대의 파라오별로 하나의 피라미드만 건설했을 터인데, 어떤 경우에는 한 명의 파라오가 여러 개의 피라미드를 세웠기 때문이다. 그리고 널리 알려진 쿠푸의 대피라미드에 있는 왕의 방에는 정작 유골은 발견되지 않았다. 물론 발굴 이전에 소실될 수도 있겠지만, 여러 정황상 무덤 자체가 비어 있었다고 보는 것이 합리적 추론이라 하겠다. 이런 역사·고고학적 정황은 피라미드는 왕의 무덤이라는 등식을 더 이상 정설로 받아들이지 못하게 만든다. 이런 와중에 최근 헤로도토스의 가설이 사실이 아닐 수도 있음을 보여 주는 고고학적 발굴이 있었고, 그 대강은 다음과 같다.

한 관광객이 낙타에 몸을 싣고 이집트의 사막지대를 지나가다가 우연히 낙타가 돌부리에 걸려 넘어졌는데, 마침 그곳에 고대 유적지의 흔적이 있었다. 곧바로 탐사 팀이 꾸려지고 그 지역에 대한 대대적인 발굴 작업이 진행되었는데, 그 과정에서 그 지역이 과거 피라미드를 건축한 이들의 거주지였음을 알리는 기록물이 발견되었다. 그 문서에는 피라미드 노동자의 출결관리와 임금 지급 현황 등에 대한 정보도 기록되어 있었다. 그리고 거주 지역에는 건장한 남성의 유골뿐만 아니라, 여성, 그리고 심지어 아이의 뼈도 발견되었다. 이 모든 것이 설명하고 있는 바는 이집트 피라미드를 건설한 장본인은 헤로도토스의 설명과는 달리 노예가 아니었다는 것이다. 남성뿐만 아니라, 여성과 아이의 유골이 발견되고, 심지어 이들에게 임금까지 지급되었다는 것은 이들이 노예가 아닌 자유 시민이었음을 보여 주는 것이기 때문이다.

이 발굴 때문에 기존 '피라미드는 왕의 무덤이고, 이는 노예를 동원하여 건축하였다.'는 가설은 역사적 사실이라 말하기 어려워졌다. 이제 새로운 설명이 요청되었고, 학자들은 그 대강을 다음과 같이 추론하였다. 단적으로 말해 고대 이집트의 피라미드는 나일 강 때문에 생겨난 대형 사회간접자본(SOC) 사업이라고 할 수 있다. 나일 강은 이집트의 젖줄이기도 하다. 강 주변에 비옥한 토지를 제공하여 풍성한 작물을 수확할 수 있었던 이 지역은 다른 곳에 비해 일찍 문명이 발달할 수 있었다. 그리고 이 모든 것이 나일 강의 범람에 있었다. 홍수가 시작되면 강은 넘치기 시작하는데 보통 3~4개월 정도 지속되었다. 범람이 멈추고 물이 빠지면 당연히 다양한 유기물이 침전됨으로써 비옥한 토지를 이루어 농사에는 최적의 환경을 제공하였다. 그런데 문제는 물에 잠겨 있었던 3~4개월이다! 결코 이 시기가 짧지는 않다. 그렇다고 아무 일도 하지 않고 몇 개월을 허송세월할 수도 없는 일이다. 가장 큰 문제는 시민에게 생활비를 지속적으로 제공해 주는 일인데, 물론 조건 없이 시민에게 돈을 나눠 줄 수도 있겠지만, 이는 결코 현명한 대처는 아니다. 예나 지금이나 인간은 적절한 노동과 그에 응당하는 보상을 줌으로써 유의미한 삶을 이어 갈 수 있기 때문이다. 이 문제를 해결할 수 있는 길은 대규모의 토목공사를 국가 차원에서 일으키는 것이었는데, 이때 피라미드는 아주 좋은 선택안이 되었다.

이 점에 착안하여 이집트 연구가들은 피라미드의 건축을 정부 주도의 사회간접자본 사업의 하나로 해석하였다. 즉, 나일 강이 범람하여 더 이상 농사를 지을 수 없을 때, 국왕의 위대함을 드높이고, 백성에게 필요한 생활비를 제공할 목적으로 그들은 피라미드 건축을 제안했다는 것이다. 그리고 나일 강의 범람은 피라미드의 주요 재료인 석재를 이동할 때도 유용했을 것이다. 학자들의 추정에 따르면, 대부분의 피라미드는 나일 강의 범람했을 때를 기준으로 물길 바로 옆에 위치했다. 그러니 석재의 운송도 뱃길을 이용했을 것이고, 백성은 물이 빠지지 않은 기간 동안 안정된 수입을 보장받았기에 자발적으로 피라미드 건축에 참여했을 것으로 추정된다.

이렇게 나일 강은 이집트를 이해하기 위한 필요충분조건이 된다. 주기적으로 넘쳐났던 나일 강 덕분에 이집트는 농업에 최적화된 비옥한 토지를 확보할 수 있었고, 이를 토대로 매우 풍족한 경제생활을 누릴 수 있었으며 이는 정치의 안정에도 큰 역할을 하였다. 그리고 이런 환경 속에서 사람들은 더욱 적극적이고 능동적인 삶의 자세를 갖게 되었을 것이다.

이제 다시 문제의 처음으로 돌아가 보자. 우리는 고대 이집트가 남긴 여러 문화 유적에 대해 언급하고 있었다. '미라', '스핑크스', '피라미드', '죽은 자의 책' 등 이집트의 여러 문화는 죽음의 문제에 집중하고 있음을 지적하였다. 그런데 왜 이리도 고대 이집트인은 죽음에 관심을 기울였을까? 역설적으로 들리겠지만, 그건 그들이 먹고살 만했기 때문이다. 사실 먹고살기에 급급한 이들에게 죽음은 관심의 대상이 아니다. 그건 회피의 대상이거나, 관심의 주제가 될 수조차 없다. 살아야 하니까, 살아남아야 하니까 죽음에 대해서 생각하거나 관심을 둘 여유나 여력이 있을 수 없다. 하지만 삶이 여유롭고 풍족할 때는 죽음을 생각한다. 왜냐하면 죽기 싫기 때문에! 그것이 사람의 마음이다. 따라서 고대 이집트인이 유별나게 죽음에 대해 많은 관심을 보이고 있다면, 이는 그들의 생활환경이 풍족했다는 반증이 된다. 먹고살 만하니 죽기 싫었고, 그래서 사람들은 죽음을 생각했을 것이다.

그런데 여기서 우리가 잊지 말아야 할 사실은 고대 이집트인이 생각하고 관심을 둔 것은 죽음이기는 하지만, 더 정확히 이야기하자면 '죽은 다음의 삶'이라고 해야 할 것이다. 만약 죽음으로 모든 것이 끝난다고 생각했으면 이처럼 집요하게 죽음의 문제에 집착하지는 않았을 것이다. 그들이 미라를 만들고, 죽은 자를 위한 책을 만든 것 등은 결국 죽음 이후에도 또 다른 삶이 이어질 것이라는 강한 믿음이 있다.

고대 이집트의 종교문화를 설명하기 전에 개략적이나마 그들의 역사를 살펴보면 다음과 같다. 우선 고대 이집트는 시기별로는 고왕국(기원전 2686~2181), 중왕국(기원전 2055~1650), 신왕국(기원전 1550~1069)으로 나뉜다. 여기서 각 왕국의 특징을 살펴보면 다음과 같다.

우선 고왕국은 최초의 통일왕국이다. 알려진 바에 따르면, 메네스(Menes, 기원전 3000년경 이집트를 통치)가 상이집트와 하이집트[10]를 병합하여 멤피스 지역을 새 도읍으로 정하고, 강력한 중앙집권적 왕국을 세웠다고 한다. 그리고 메네스는 호루스[11](Horus)의 화신으로 그에게서 왕좌를 상속받은 존재로 받아들여졌다. 그리고 4왕조 시절에

---

10) 당시 이집트는 나일 강을 중심으로 상이집트(Upper Egypt), 하이집트(Lower Egypt)로 구분해서 불렸다. 먼저 상이집트는 나일 강의 삼각주와 누비아 지역 사이로 남쪽 지역에 위치한다. 이 지역에서 이집트 초기 왕조가 들어서기도 했다. 그리고 하이집트는 지금의 카이로 남부에서 지중해까지의 나일 강 삼각주 지대를 말한다.
11) 매의 머리에 인간의 몸으로 표현된다. 날개로 온 대지를 덮어 버리는 하늘의 신이며, 이집트의 유명한 신의 가족에서 아들 신에 해당한다. 신화에 따르면 호루스는 죽음에서 소생한 오시리스와 그의 아내 이시스의 아들로 태어났다.

는 거대한 피라미드를 건축하기 시작하였다. 대피라미드를 세운 쿠푸가 바로 4왕조 시대의 파라오였다. 고왕국 말기에는 수도였던 멤피스 근처의 헬리오폴리스(Heliopolis)라는 곳에서 태양신 숭배가 시작된다. 그리고 파라오를 태양신 레(Re, Ra, 혹은 Rah로도 불림)의 아들로 간주하였다. 이는 이집트 고왕국의 왕권에 모종의 변화가 있었음을 보여 주는 대목이기도 하다. 왜냐하면 초반부에는 신의 화신으로 불리다가 서서히 그의 아들이 되었다는 것은 왕권이 약해진 것으로 볼 수 있기 때문이다.

아무튼 여기에서부터 왕은 '신의 아들'이란 도식이 형성된다. 따라서 고대세계에서 '신의 아들', '하느님의 아들'이라는 표현은 강한 정치적 함의를 지닌다. 현대인의 감각으로는 신의 아들이라고 하면 무언가 초자연적인 능력을 지닌 영웅적 존재를 상상하겠지만, 고대 이집트인에게 그 말은 파라오를 지칭하는 대명사였다.

이런 사상은 점차 고대 중근동 지역 전반으로 확대되었고, 알렉산드로스 3세(기원전 356~323)의 이집트 정복 후에는 지중해 지역으로까지 전파되었다. 그리고 당시 알렉산드로스는 '아문의 아들'이란 신탁을 받은 것으로 전해지는데, 아문이란 이름의 신은 중왕국의 대표신이다. 이렇게 이집트의 신의 아들 사상이 로마로 이어져 황제숭배 사상의 정초가 되었다. 그리고 이는 초기 그리스도교가 로마사회에 확산되는 데 유리한 환경을 조성하기도 했다. 왜냐하면 초기 그리스도교 공동체는 예수를 신의 아들로 선포했고, 또 그와 관련된 기록을 복음서라 불렀기 때문이다. '복음'(εὐαγγέλιον)이란 본디 왕에 대한, 그리고 왕과 관련된 소식이기 때문이다. 왕의 방문이나 도착도 복된 소식이었다. 그런데 초기 그리스도교 선교사는 이집트에서 로마사회로 이어지는 '신의 아들은 왕'이란 도식을 예수를 중심으로 재해석하여 포교의 소재로 이용하였다.

중왕국에서는 태양신 대신 테베의 신이었던 아문(Amun, 혹은 아몬 [Amon]으로도 불림)이 주목받기 시작했다. 바람과 공기의 신으로 신비롭게 빛나는 신이었던 아문은 태양신 레와 결합하여 '아문-레' 신앙이 시작되었다.

신왕국에서는 아메노피스 4세(Amenophis IV, 기원전 1367~1334)의 종교개혁이 주목된다. 그는 아문을 섬기는 신관의 세력이 점점 커지는 것을 견제하기 위해 유일신 중심의 종교개혁을 단행하였다. 그래서 또 다른 태양신 아텐(Aten)만을 인정하는 정책을 펴며, 이를 위해 왕조의 발상 지역인 테베를 버리고 아케타텐(Akhetaten, 태양이 떠오르는 지평이란 뜻)을 세운다. 그리고 자신의 이름도 아케나텐(Akhenaten, 아텐을 기쁘게 하는 이)으로 고쳐 부르게 하였다.

이집트의 역사에서 흥미로운 부분은 중왕국와 신왕국 사이의 중간기라고 할 수 있는 기원전 1750~1580년 사이에 아시아계의 히스코스 (Hyksos)족의 침입이 있었다는 것이다. 이들은 100여 년 동안 이집트의 일부를 통치했고, 이후로 이집트는 지속적으로 아시아의 관문 역할을 하는 팔레스타인 지역에 대한 지배권에 관심을 두게 되었다. 혹자는 히스코스족의 정복기간이 히브리 성서의 창세기와 출애굽기의 역사적 배경을 이룬다고 보기도 한다.

죽은 자의 책

이집트의 종교생활을 살필 수 있는 중요한 자료 중의 하나가 바로 『죽은 자의 책』(Book of the Dead)이다. 이 문서는 대략 중왕국 시대인

그림 5 대영박물관에 소장되어 있는 〈휴네퍼의 죽은 자의 책〉의 한 장면
죽은 자의 심장을 저울에 달고 있고, 심판하고 있는 오시리스의 모습이 그려져 있다.

기원전 2050년에서 1750년경부터 등장하기 시작한다. 아마도 이 책
은 이전에 존재했던 『관의 문서』(Coffin Texts)를 참고해서 만들어졌을
것이다. 이는 죽은 사람을 위한 일종의 안내서이다. 죽은 이후에 진
행될 일에 대한 소개로 내용이 이루어져 있다. 책에 따르면, 보통 죽
은 사람은 오시리스 심판대 앞에서 서서 양심선언을 하게 된다. 그
러면 그의 심장을 저울에 올려 살아생전의 행위에 대한 평가를 하게
되는데, 이때 사용되는 측량 도구가 정의와 지혜의 여신으로 알려진
마트[12](maat)의 깃털이다. 만약 죽은 사람이 생전에 많은 죄를 지었다
면 심장의 무게가 마트의 깃털보다 무거워진다. 그러면 암무트[13]라는

---

12) 고대 이집트의 대표신 중 하나이다. 처음에는 우주와 자연의 질서로 인식되며 숭배되었다.
    그러다 점차 원리로서의 신적 존재가 인격화되면서 여신의 모습을 가지게 되었다. 그래서 신
    왕국에 들어서 태양신 레의 딸로 묘사되며 진리와 지혜, 그리고 정의의 여신으로 숭앙되었다.
13) 암무트(Ammut)는 고대 이집트에 나오는 여신으로 사자와 하마, 그리고 악어의 모습을 합한
    형상을 하고 있다.

괴물이 그의 심장을 먹어 버리고, 심장을 잃은 죽은 사람의 영혼은 이승을 떠도는 존재가 된다고 믿었다. 그리고 심장과 깃털의 무게가 같으면 죽은 사람의 영혼은 부활의 기회를 얻는다고 생각했다.

이렇게 『죽은 자의 책』은 죽음 이후에 대한 망자용 안내서이기는 하지만, 아마도 실제로는 살아 있는 이들의 윤리적 행위 진작을 위해 쓰였을 것이다. 그리고 이 책을 통해 고대 이집트의 재판장 풍경을 엿볼 수도 있다. 고대 이집트의 재판 풍경도 지금과 크게 다르지 않아 보인다. 판결은 지하세계의 지배자 오시리스가 맡고, 호루스는 검사 역할, 그리고 암무트는 집행관 역할을 담당한다. 즉, 고대 이집트의 재판도 재판관, 검사, 서기관, 원고, 피고로 구성되었음을 이 『죽은 자의 책』은 말해 준다.

오시리스 신화

고대 이집트인이 죽음에 관해 언급할 때 빠지지 않고 등장하는 신이 있는데, 바로 오시리스(Osiris)이다. 물론 고대 이집트는 태양신을 주신으로 섬기기는 하나 실제 생활세계에서 더 많이 언급되고 또 중시되는 신은 바로 오시리스이다. 통치자 파라오는 바로 이 오시리스의 아들인 호루스의 화신으로 간주되었고, 파라오가 죽으면 오시리스가 된다고 믿었다.

본디 오시리스는 전형적인 농업의 신이라 할 수 있다. 나일 강의 운동을 상징하는 신이기도 하며 녹색의 피부를 가지고 있다. 그리고 풍요를 관장하며, 죽음과 부활을 경험한 신이기도 하다. 이러한 오시리스의 삶과 죽음은 계절의 변화와 농업의 대응을 신화적으로 재구성한 것으로 여기서 잠시 오시리스의 신화를 간단하게 살펴보자.

그림 6 이시스와 호루스 모자상

　오시리스는 땅의 신 게브(Geb)와 하늘의 신 누트(Nut)의 아들이다. 그리고 누이동생이었던 이시스(Isis)와 결혼하였다. 나일 강의 신이자 풍요의 신이기에 오시리스의 대중적 인기는 신 중 최고였다. 그런데 그의 동생 세트(Seth)가 이를 대단히 질시하여 모략을 짜내 형 오시리스를 살해한다. 신화에 따르면 세트는 오시리스의 몸을 14조각으로 만들어 이집트 전역에 뿌렸다고 한다. 하지만 아내 이시스가 그의 모든 조각을 찾아 맞추자 죽은 오시리스는 다시 부활하였고, 두 사람은 아들 호루스를 보게 된다. 그 후 성장한 호루스가 세트를 물리치고 지상의 권력을 장악하자 오시리스는 다시 지하세계로 내려가 그곳의 지배자가 된다.

이 신화의 흥미로운 부분은 생명의 힘이 죽음의 세계에서 비롯한다고 이야기하고 있는 점이다. 마치 나일 강이 넘쳐 죽은 듯 잠겨 있던 땅이 몇 달이 지난 후에 옥토로 바뀌어 농사에 적합한 최적의 토양이 되어 있듯이, 고대 이집트인은 겉으로 보면 모든 것을 삼켜 버린 죽음이 결국 새로운 생명을 주는 소중한 것이라고 파악한 것 같다. 이는 그대로 왕에 대한 생각에도 이어지는데, 현세의 통치자 파라오는 오시리스의 아들 호루스의 화신으로 인정되었다. 그런데 왕이 죽으면 지하세계의 오시리스가 된다고 믿었다. 신화 속 오시리스는 죽지 않는 영생의 몸이 되어 지하계의 지배자가 되었다고 전해진다. 따라서 왕이 오시리스가 되었다는 말은 영생을 기원하는 또 다른 표현이라고 볼 수 있다. 후에 이런 생각은 일반인에게까지 이어져 기원전 2000년경부터는 왕뿐만 아니라, 일반인도 일정한 자격만 갖추면 죽은 뒤에 오시리스가 된다고 믿게 되었다.

오시리스는 그의 아내 이시스, 그리고 아들 호루스와 더불어 매우 인기가 높은 신의 가정을 꾸렸다. 특히 여신 이시스가 그의 아들을 품고 있는 형상은 마치 그리스도교의 피에타(pieta) 상을 보는 듯하다. 인자한 어머니가 아들에게 젖을 물리려는 모습에서 마리아와 그리스도의 관계를 유추하는 것은 그리 어렵지 않아 보인다. 실제로 많은 유럽의 그리스도교도는 사전 지식 없이 이집트 여행 중에 이 이시스-호루스 상을 보고 피에타 상을 연상했다고 한다.

고대 이집트인이 이해한 영혼

죽음에 큰 관심을 보인 고대 이집트인은 영혼에 대해서도 많은 생각을 하였다. 사람이 죽으면 다음 세상에서 모습을 바꾸어 존재하는 것이

영혼이라 생각했다. 그리고 대표적인 영
혼으로 바(ba), 아크(akh), 카(ka)가 있다
고 생각했다.

그림 7 바

먼저 '바'는 사람의 머리(보통은 죽은 사
람의 것)를 한 새의 모습으로 표현된다.
고대 이집트는 살아 있는 사람의 몸을 움
직이는 것은 바이며, 사람이 죽으면 이 바
는 몸을 떠난다고 생각했다. 그 때문인지
바는 새의 모습으로 표현되었고, 날개를 가지고 자유롭게 하늘과 저승
을 오가는 존재로 생각되었다. 또한 죽은 사람의 얼굴을 하고 있는 것
으로 보아 바는 남과 자신을 구별하는 특징을 상징한다고 해석할 수 있
다. 따라서 현대적 개념으로 바는 인격(personality)에 가까운 용어라
할 수 있겠다. 고대 이집트인은 사람이 죽으면 바와 몸이 분리되어 바
는 하늘로 날아가고, 몸은 저승을 향한다고 믿었다.

다음으로 '아크'가 있는데, 이 말은 '유효한 존재' 혹은 '빛나는 존재'
란 의미를 지닌다. 고대 이집트인이 생각했던 영혼 중에서는 가장 높은
위치에 있는 것으로 볼 수 있다. 그들은 아크가 몸이 죽은 이후에도 존
재하는 것으로 생각했고, 심지어 살아 있는 이들에게 영향을 끼칠 수
있다고 믿었다. 그래서 죽은 뒤에도 훌륭한 아크로서 남는 것을 큰 영
예로 알았다. 그러기 위해 그들은 살아 있을 때부터 아크를 위한 수행[14]
도 마다하지 않았다고 한다.

마지막으로 '카'(ka)가 있는데, 이는 인간의 생명력을 뜻한다. 하지만

---

14) 그 예로 주문을 외우는 것 같은 행위가 있다.

인간의 육체와는 독립적으로 존재할 수 있다고 보았고, 따라서 죽은 사람의 몸에 매여 있지 않다. 사람이 죽으면 자유롭게 하늘로 이동하는 바와는 달리, 카는 조상에게로 간다고 믿었다.

이처럼 고대 이집트인은 죽음과 관련된 많은 이야기와 문화유산을 남겼는데, 역설적으로 이는 그만큼 죽음을 넘어선 영생을 기원했기 때문이라고 볼 수 있다. 『죽은 자의 책』이 그렇고, '오시리스 신화'가 그렇다. 죽는다고 해서 세상은 끝나는 것이 아니며, 더 넓고 풍성한 세계가 그들을 기다리고 있고, 바로 그 세계에서 다시는 죽지 않는 영생의 꿈을 고대 이집트인은 꾸고 있었던 것이다.

반복되는 이야기이지만, 생각보다 종교는 현실과 매우 밀접하다. 고대인의 종교나 신화 역시 그렇다. 그들은 자신들의 농업적 세계를 적절히 신화 속에 녹여 가며 종교에 자신들의 삶과 생활을 담아냈다. 어찌 보면 문자가 대중화되지 않은 세계에서 공동체의 가치관과 생활양식을 교육할 수 있는 최적의 선택이 바로 신화였다고 할 수 있겠다. 그래서 신화는 매우 극적이고 자극적인데, 그래야만 더 오래도록 사람들에게 기억될 수 있기 때문이다. 그래서 고대 이집트인은 오시리스의 신화를 접하며 인생을 어떻게 살아야 할 것인가를 가늠해 볼 수 있었을 것이다. 그런 점에서 고대인의 신화는 단순한 이야깃거리에 멈추지 않고, 공동체의 유대감과 정체성 강화를 위한 이념의 교육장이자, 생활에 필요한 정보를 담고 있는 직업교육의 통로였을 것이다. 그러니 매번 정기적으로 신화는 만인 앞에 공표되었고, 또 지겹도록 반복되었을 것이다. 그리고 사람들은 그 신화의 재연에 매번 노출되면서 알게 모르게 신화가 전하는 세계관과 정보에 충실한 수행자가 되었을 것이다.

고대 가나안의 종교

가나안은 지금의 시리아와 팔레스타인 지역을 아우르는 명칭으로서 지중해를 놓고 보면 동해안 지방을 말한다. 따라서 이 지역의 종교는 지중해 문화와 밀접한 연관이 있고, 농업을 중심으로 하고 있어서 목축업을 근간으로 한 이스라엘의 종교와 여러 점에서 비교되기도 한다. 히브리 성서에는 이들 종교 간의 많은 갈등과 충돌의 역사가 기록되어 있다. 이렇게 이 지역의 종교는 대부분 그들과 경쟁관계에 있던 히브리인의 경전을 통해서만 간접적으로 알 수 있을 뿐 오래도록 미지의 세계에 머물러 있었다. 그러다 20세기에 들어 현 시리아의 북쪽에 위치한 라스 샴라(Ras Shamra)라는 곳에서 고대도시 우가리트(Ugarit)가 발굴되면서 그 전모가 알려졌다.

가나안의 신

가나안 지역의 신을 살펴보면 최고신 엘(El)이 있다. 바알(Baal)을 비롯한 모든 신의 아버지로, 어원적으로는 '강하게 하다'라는 의미를 가지며 신들의 왕으로 불린다. 고대신화에서 늘 그렇듯이 엘에게도 역시 배우자가 있으며, 그 이름은 아세라타(Athirat, 히브리 성서에서는 '아세라'로 불림)이다. 하지만 실생활에서는 최고신 엘보다는 바알이 더 인기가 높고 또 중시되었다. 바알은 날씨와 비를 관장하고 풍요를 주관하는 신으로 알려져 있다. 고대 이집트의 오시리스처럼 바알 역시 농업적 성격이 강한 신이다. 바알 역시 배우자가 있었는데, 그는 여자 형제이기도 한 전쟁과 사랑의 신 아낫(Anat)이었다. 여기서 잠시 우가리트 유적을

그림 7 곤봉을 들고 있는 바알

통해 복원된 바알 신화[15]의 골자를 살펴보도록 하자.

바알은 힘이 센 신으로 곤봉을 주 무기로 사용한다. 그는 신 중 으뜸이 되길 원했고, 그래서 혼돈과 통제할 수 없는 바다의 신 얌(Yam)을 곤봉으로 내려쳐 죽인다. 이제 그에게 남은 상대는 가뭄과 죽음의 신 모트(Mot). 바알은 그에게 사신을 보내어 자신도 죽을 수 있는가를 묻는다. 돌아온 대답은 바알 역시 죽는다는 이야기였다. 이에 바알은 구름과 번개, 비 등을 지닌 채 죽어 버리고 만다. 그 후 아내 아낫이 정성껏 남편 바알의 장례를 치른 후 복수를 위해 모트를 공격한다. 아낫은 모트를 칼로 조각내어 채로 치고, 불에 태운 후 맷돌에 갈아 밭에 뿌려 버린다. 그러자 죽었던 바알이 되살아났다.

이때 아낫이 자신의 남편을 살리기 위하여 모트에게 한 행위, 즉 조각내고, 채로 치고, 불에 태우고, 갈아서 밭에 뿌리는 것은 농사일과 매

---

15) 바알 신화가 기록되어 있는 우가리트 문서는 기원전 1400년에서 1200년경에 작성되었을 것으로 추정한다.

우 밀접한 것임을 짐작해 볼 수 있다. 다시 말해서, 수확을 위해 씨를 뿌리고, 김을 매고, 거름을 주고, 땀을 흘리는 인간의 노력을 유추해 볼 수 있는 표현이기도 하다. 그렇게 인간은 농사를 통해 쉼 없이 지하세계의 누군가에게 헌신하고 달래 주어야만 수확이라는 달콤한 열매를 얻을 수 있기 때문이다. 이런 맥락에서 본다면 고대인의 입장에서 땅은 죽은 바알과 같을 것이다. 그를 살려내기 위해서는 아낫이 모트에게 했던 일을 반복할 수밖에 없었을 것이다. 이를 통하여 바알과 연결된 신앙과 종교생활은 곧 그들의 생업과 매우 밀접하게 묶여 있다는 것을 알 수 있다. 아직 농사에 대한 객관적 정보와 지식이 체계화되어 있지 않았던 시대에 농부들은 바알을 살려내기 위한 상징적 행위를 통해 농사의 수고로움을 이겨 냈던 것이다.

바로 이 지점에서 '오직 야훼 유일주의'를 가지고 이집트를 탈출하여 가나안으로 들어왔던 히브리인이 정착민의 종교에 계속하여 빠질 수밖에 없었던 이유를 살필 수 있다. 당시 종교는 생활과 밀접한 연관 속에 있었기에 농사를 배우기 위해서는 자연스레 바알과 아낫의 사랑 이야기를 들어야 했고, 또 적절한 시기에 제대로 농사를 짓기 위해 바알 신화의 구성을 현실 속에서 재연해야 했기 때문일 것이다. 즉, 먹고살기 위해 그들은 낯선 이의 종교를 배우지 않을 수 없었던 것이다. 이처럼 종교와 현실은 매우 밀접한 관계를 가진다.

페니키아의 종교도 그 중심부에는 바알이 자리하고 있다. 다만 해양민족이었던 페니키아답게 바알에게 농업 신의 기능뿐만 아니라 항해의 안전을 보장하는 역할까지 덧씌운 것에서 다소 차이가 있다. 그리고 여신 중에는 전쟁과 풍요의 신 아스타르테(Astarte)가 중시되었는데, 그는 메소포타미아의 이슈타르, 가나안의 아낫과 유사한 여신으로 평가된다.

4
자라투스트라의 종교
윤리적 유일신관의 등장

정확하지는 않지만 기원전 1400년에서 1200년경 사이에 옛 페르시아(지금의 아프가니스탄 지역)에서 매우 독특한 형태의 종교가 등장하였다. 지금까지 살펴본 고대사회의 종교는 대부분 다신숭배를 하고 있었고, 또 그들이 섬기는 신은 각자 관할하는 자연물에 따라 하늘, 땅, 바다, 산, 강, 태양, 달의 신 등으로 나뉘었다. 또한 고대사회의 종교는 당시 주산업인 농사와 밀접히 관계되어 있음도 살펴보았다.

그런데 기존 자연종교의 틀을 벗어나 유일한 창조신을 숭배하는 종교운동이 비슷한 시기에 동과 서에서 생겨났다. 그것이 바로 동쪽 자라투스트라의 종교와 서쪽 히브리인의 종교이다. 자연종교에서의 주된 종교생활은 주기적으로 신들에게 의례를 통해 제물을 바치는 것이다. 하지만 유일신 종교에 들어서면 의례와 제물뿐만 아니라, 자신의 의지로 신에게 최선을 다하여 헌신하는 모습과 신과의 약속을 지키기 위한 노력 등이 강조된다. 이를 우리는 '윤리적 유일신교'라고 부른다. 물론 엄밀히 보자면 자라투스트라와 히브리인의 종교가 똑같은 것은 아니다. 특히 세계관에서 그러한데, 같은 유일신을 강조하는데도 자라투

그림 1 페르세폴리스 유적지의 파라바하르(faravahar) 문양
파라바하르는 아후라 마즈다의 상징이기도 한데, 본디 독수리의 두 날개만 그려져 있다가 후대에
사람의 형상이 첨가되었다.

스트라는 선신과 악신을 상정하여 이원론적 성격이 강한 반면,[1] 히브
리인의 야훼는 유일신적 성격이 더욱 강조된다.

　같은 유일신 종교인데도 굳이 지금은 거의 사라진 자라투스트라의
종교를 먼저 언급하는 이유가 있을까? 그건 바로 해당 종교가 활동하
던 당시의 영향력을 감안해서이다. 인류의 역사에서 등장한 최초의 국
제 종교를 꼽으라면 많은 이들이 자라투스트라의 종교를 앞세우는 데
주저하지 않는다. 당시 세계 최강이었던 페르시아의 국교로서 지중해

---

1) 이런 자라투스트라의 이원론적 세계관은 후에 영지주의를 통해 종교전통 쪽에 그리고 플라
　톤에 의해서는 사상계에 지속적인 영향력을 유지한다. 세상을 두 개의 축으로 나누어 해석하
　려는 시도는 어찌 보면 인간의 인지적 성향에 익숙한 것이라고도 할 수 있겠다. 선과 악, 빛과
　어둠, 영과 육, 하늘과 땅, 낮과 밤, 해와 달, 남과 여 등 우리가 사물과 가치를 인지하는 방식
　은 실제로 상당히 이원론적이다.

까지 영향을 끼친 것이 자라투스트라의 종교이다. 기원전 6세기 페르시아제국과 메디아제국이 하나가 되면서 자라투스트라의 종교는 세계에서 제일 큰 규모가 되기도 했다.

　서구 철학의 기초를 놓은 플라톤이 자라투스트라교의 사제들과 함께 연구를 했다고 알려져 있는 것으로 보아 사상적인 측면에서의 영향도 무시할 수 없을 것이다. 그리고 플라톤의 유명한 이데아론도 자라투스트라의 이원론적 세계관에 연원한다고 보아도 지나치지 않는다. 플라톤은 참된 세계는 이데아계라고 보았다. 이데아계는 순수 정신의 영역으로 인간의 감각기관으로는 파악할 수 없는 세계이다. 물론 그 역시 현상계를 완전히 부인하지 않는다. 왜냐하면 현상계는 완벽한 세계인 이데아의 복사본이기 때문이다. 하지만 진리의 세계는 분명 아니다. 이성을 지닌 인간은 이데아 세계를 알 수 있고 또 맛볼 수 있지만, 육체 때문에 적지 않은 제약을 받는다. 따라서 플라톤은 육체의 감옥에서 탈출하여 본향, 즉 이데아의 세계를 지향하는 것이 인간이 살아야 할 참된 삶이라고 생각했다. 그렇게 본향을 그리워하고 갈망하는 마음, 바로 '에로스'를 신적 존재로까지 추켜세우며 높게 평가하고 있는 사상가가 바로 플라톤[2]이다. 플라톤은 그처럼 이데아의 세계를 열망하는 것이 제대로 된 참된 사랑이라고 보았다. 반면 남녀의 사랑은 인정하지 않았다. 그것은 종족 보존을 위한 의무적 행위에 지나지 않고, 육체적 결과를 남기는 여성과의 사랑은 인정하지

---

2) 이 점에서 플라톤은 욕망을 긍정하고 있는 사상가라고 볼 수 있다. 물론 이때 플라톤의 욕망은 세속적이고 육체적인 욕망이 아닌 참된 진리의 세계, 이데아에 대한 욕망이다. 그러나 욕망을 긍정하고 있다는 것은 분명하며, 이런 맥락에서 프로이트의 욕망론과 구조적으로는 매우 닮아 있다. 즉, 욕망이라는 동기와 과정을 중시했다는 점에서 플라톤과 프로이트는 매우 닮아 있다.

않았다. 심지어 플라톤은 여성이라는 존재를 악마보다도 낮게 취급하는 인식을 보이기도 하였다.

이렇게 자라투스트라의 종교는 지금까지 살아남은 종교 가운데 가장 오래된 것 중 하나이고, 전성기 때뿐만 아니라 그 이후에도 다양한 모습으로 그리스도교, 유대교, 이슬람교 등에 특히 유의미한 자극을 주었다. 이제 자라투스트라의 종교를 살피기 전에 그들이 처했던 역사적 상황을 개략적이나마 살펴보도록 하자.

역사적 개관

앞에서도 살폈듯이 자라투스트라의 종교는 페르시아에서 시작된다. 그리고 페르시아 사람은 인도유럽어족에 속하며 기본적으로 힌두교를 일으킨 이들과 같은 뿌리를 지닌 것으로 알려져 있다. 기원전 2000년경 한 무리의 인도유럽어족이 이동 중에 있었다. 그러다 카스피 해 부근의 갈림길에서 두 무리로 나뉘는데, 한 무리는 아무다리야 강[3](Amu Darya)을 거슬러 인도지역으로 흘러들어 갔고, 다른 무리는 아르메니아와 아자르바이잔을 거쳐 이란 고원 지역으로 넘어갔다.

그 결과 같은 민족이었는데도 전혀 다른 풍토와 기후를 접하면서 상당한 차이를 보이게 되었다. 우선 인도로 넘어간 이들은 농사짓기 좋은 따뜻한 곳에서 풍요로운 일상을 누리며 사색을 즐기게 되었다. 반면 척박한 사막지대와 건조한 기후로 이루어진 이란 고원으로 들어간 이들은 생존을 위해 긴장 속에 살아가야 했고, 이 때문인지 인도보다는 좀더 현실적이고 공격적인 기질을 갖게 되었다. 이란 지역으로 들어간 이

---

3) 길이가 무려 2540킬로미터에 달하는 중앙아시아에서 가장 긴 강이다. 고대 그리스에서는 옥수스 강(Oxus)이라고도 불렀다.

들은 종교생활에서 큰 변화를 보이기 시작했다.

우선 동물공희가 문제였다. 그들의 종교전통에 따라 주기적으로 다양한 신에게 동물을 제물로 바쳤는데, 새로운 지역에 정착을 하면서 유목생활이 농경 중심으로 바뀌면서 적잖은 문제가 생겨났다. 무엇보다 농경생활을 하면서 정기적으로 제의에 사용할 동물을 준비하는 것이 경제적으로 부담이 되었다. 그리고 국왕의 입장에서도 동물공희를 중심으로 하는 종교생활은 특정 사제계급에 권력과 금력이 집중되도록 하여 중앙집권제를 구축하는 데 장애가 되었다. 바로 이런 시대적 배경 하에 자라투스트라의 종교개혁이 시작된다.

자라투스트라의 삶과 가르침

자라투스트라의 종교는 '조로아스터교'로 더 많이 알려져 있다. 본디 자라투스트라(Zarathustra)라는 이름은 아베스타어로 '낙타를 잘 다루는 사람'이란 뜻이다. 재미있게도 인류 최초로 유일신 종교를 소개해 준 이들은 농경인이 아니라, 유목민이다. 자라투스트라가 그렇고 히브리인도 기본적으로 유목민이었다. 아무튼 자라투스트라라는 이름이 조로아스터가 된 것은 고대 그리스어 표기 때문이다. 이 예언자를 그리스인이 '조로아스트레스'(Ζωροάστρης)로 옮겨 적으면서 옛 아베스타어의 발음이 잊힌 것이다.

자라투스트라의 생애는 정확히 알려진 바가 없다. 그의 생몰연대도 여전히 오리무중이다. 어떤 이는 기원전 1400년경에 활동했다고 하고, 혹자는 1200년경이라고도 한다. 그리고 기원전 6세기 인물이라고 보는 이도 있고, 심지어 자라투스트라의 실존 여부마저 의심하는 이도 있다. 실제로 그의 생애 대부분이 전설과 설화 형식으로 채색되어 있어 구체적인 역사성을 찾아내기가 곤란하긴 하다. 여기서 잠시 전설로 소개되는 그의 생애를 살펴보면 다음과 같다.

자라투스트라가 20세 되던 해 큰 결심을 하게 된다. 그는 종교적 문제를 풀기 위해 결혼을 약속한 여인과 아버지의 곁을 떠나 구도를 위한 방랑길에 나선다. 그러다 30세에 이르러 고향 근처의 강변에서 기이한 경험을 통해 계시를 받게 된다. 그때 자라투스트라는 천사장 보후 마나(Vohu Manah)를 만났는데, 그는 자라투스트라에게 순수한 영혼의 상태에서 아후라 마즈다를 찾아갈 것을 명한다. 결국 자라투스트라는 우여곡절 끝에 아후라 마즈다를 만나 그에게서 예언자의 소명을 부여받고, 아울러 참된 종교의 가르침도 받게 된다. 자라투스트라는 총 8년간 6명의 천사장에게서 교육을 받았고 마침내 세상에 나가 설교를 시작한다. 하지만 성과는 미미했고, 이때 악령이 나타나 아후라 마즈다에 대한 신앙을 버리라고 유혹한다. 하지만 이에 굴하지 않고 자라투스트라는 결국 왕비 후타오사(Hutaosa)의 도움으로 임금 비슈타스파(Vishtaspa)를 자신의 종교에 귀의케 한 다음, 기존 제사 중심 종교의 사제와의 싸움에서 승리를 거둔다.

자라투스트라 종교의 특징

자라투스트라의 종교는 한마디로 윤리적 유일신관으로 정리할 수 있다. 그의 논리는 다음과 같다. 우선 창조주는 선하다. 하지만 우리가 현실에서 경험하는 악 역시 부인할 수 없다. 여기서 자라투스트라의 종교는 세계의 선과 악의 존재를 인정한다. 그런데 선과 악은 다르기에 선이 악의 기원이 될 수 없다. 따라서 선한 창조주와 맞서는 악한 존재가 필연적으로 있기 마련이다. 세상은 바로 이런 선과 악의 투쟁의 현장이므로 우리는 선한 창조주를 돕기 위해 도덕적, 윤리적으로 선한 행위를 선택해야 한다. 바로 이런 구도하에 그들은 선한 창조주가 사람에게 의로움을 위한 도덕규범을 주었다고 본다.

자라투스트라가 전한 아후라 마즈다는 이전부터 널리 알려진 존재로 완전히 새로운 신은 아니었다. '아후라'(Ahura)는 '빛'을, '마즈다'(Mazda)는 '지혜'를 뜻하므로 이름으로는 '빛과 지혜의 존재'이다. 자라투스트라는 아후라 마즈다에 대한 윤리적 헌신을 중심으로 기존 데바[4] 중심의 자연종교적 신앙을 부인했다. 그는 데바야말로 참된 신 아후라 마즈다를 따르지 못하도록 사람들을 미혹하는 악령이라고 매섭게 쏘아붙였다.

자라투스트라가 믿은 아후라 마즈다의 특성은 다음 찬송시에 잘 드러난다.

"애초에 의로움 아샤(Asha)를 낳은 이 누구인가? 태양과 별의 길을 정한 이 누구인가? 달이 차고 기울도록 만든 이 누구인가? 땅과 하늘을 떠받쳐 내려앉지 않도록 하는 이 누구인가? 물과 식물을 만든 이 누구인가? 재빠른 바람과 구름을 만든 이 누구인가? 빛과 어두움, 자고 깸을 만든 이 누구인가? 아침과 낮과 밤을 만들어 현명한 사람들로 하여금 의무를 깨닫게 하는 이 누구인가? 이 모든 것으로써 당신, 오 마즈다, 성령을 통하여 만물을 창조하신 이를 알고자 하나이다."[5]

---

4) 데바(daeva)는 힌두교의 『리그베다』(ṛg-véda)에 나오는 데바(deva)와 같은 존재로 이해되며, '빛나는 (신적) 존재'란 뜻을 지닌다. 이는 자연의 힘을 인격화시킨 것으로 보이며, 고대 이란과 인도 종교의 보편적인 신적 존재를 지칭한다.

5) J.B. 노스(윤이흠 역), 『세계종교사(상)』(서울: 현음사, 2009), 167쪽에서 재인용.

위 인용문을 통해서도 아후라 마즈다는 이미 자연신의 속성을 넘어서고 있음을 확인할 수 있다. 이전엔 태양, 별, 물, 식물, 바람, 구름, 빛, 어두움 등 모든 것의 배후에 각각 독립된 신이 존재한다고 믿었다. 하지만 지금 자라투스트라는 그 모든 것을 창조한 선한 유일신을 선포하고 있다.

그런데 문제는 이 지고하고 순선한 신 아후라 마즈다에게도 강력한 상대자가 있다는 것이다. 이 점이 자라투스트라 종교에서 중요하면서도 독특한 것이기도 하다. 왜냐하면 이런 논리를 통해 자라투스트라의 종교는 독특한 이원론적 일신론(dualistic monotheism)을 주장하기 때문이다. 선한 신과 더불어 악신 '앙그라 마이뉴'(Angra Mainyu)도 우주의 한 축을 맡고 있다. 이런 식의 이원론적 세계관은 오히려 우리에게는 일반적이고 상식적인데, 실제로 우리가 경험하는 세상이 그렇게 선하지만은 않기 때문이다. 앞의 인용문에서도 나오듯, 세상에는 우주의 근본 질서인 아샤가 있는 반면, 이를 위험에 빠뜨리는 존재인 드루이(Druj, 혼란, 거짓)도 있다. 이 드루이로부터 세상의 모든 악한 말, 악한 생각, 악한 행동이 나온다. 한쪽은 창조하고 질서를 유지하려 하는데, 다른 한쪽은 끊임없이 그것을 흔들고 비틀어 파괴하려 한다. 그렇게 세상은 창조와 파괴의 대립으로 흘러간다.

그런데 이 힘의 균형이 한쪽으로 기울게 되는데, 그것은 바로 자라투스트라 때문이다. 아후라 마즈다의 예언자가 세상에 나와 사람들로 하여금 강력한 윤리적 선택을 하도록 하여 선신 편에 서게 함으로써 우주의 균형이 아후라 마즈다에게 유리하게 돌아갔고, 그 때문에 선한 신이 승리하는 결과를 얻을 것이라는 기대가 생겨났다. 이런 점에서 자라투스트라의 독특한 이원론적 일신론은 사람들의 윤리적 선택을 독려하는 성격을 지닌 것이라 하겠다.

그러니 당연히 자라투스트라 종교에서는 인간의 역할이 강조된다. 인간은 선한 쪽과 악한 쪽을 스스로 선택할 수 있다. 그리고 그의 선택에 따라 그 편이 승리할 수도 있으니, 그만큼 인간은 우주의 대립에 능동적으로 참여할 수 있는 적극적 존재가 된다.

종교 의례 부분에서는 오직 예배만을 남기고 다른 나머지 요소는 과감히 없애 버렸다. 즉, 각종 주술과 동물 공희 시에 수반되는 광란적 요소 등 미신적 요소는 철저히 배제하였다. 그리고 신성함의 상징으로 불을 소중하게 생각했다. 그들은 불 자체가 가장 순수한 원소이고, 그것이 곧 아후라 마즈다의 속성을 공유한다고 보았다. 그래서 사제들은 사원의 성스러운 불이 꺼지지 않도록 관리하며 인간을 통해 나오는 숨이 성스러운 불에 섞이지 않도록 각별히 주의하였다. 이런 자라투스트라 종교의 모습을 보고 사람들은 불을 숭배하는 종교란 뜻으로 '배화교'(拜火敎)라고 부르기도 했으나, 이는 적절한 호칭은 아니다. 왜냐하면 그들에게 불은 하나의 상징일 뿐 숭배나 신앙의 대상은 아니기 때문이다.

자라투스트라 종교의 특징 중 하나로 최후 심판과 종말의 이미지를 빼놓을 수 없다. 그들은 언젠가 아후라 마즈다에 의해 선이 승리할 것으로 믿어 의심치 않았다. 그리고 모든 인간은 두 번의 심판을 받게 되는데, 한 번은 개인이 죽었을 때이고, 다른 한 번은 종말할 때 받는다고 하였다. 우주가 종말에 이르면 아후라 마즈다가 승리하게 되고, 그때 모든 이가 부활하여 낙원이 보이는 한자리에 모인다고 믿었다. 멀리 보이는 아름다운 낙원에 이르기 위해서는 반드시 '친바트(Chinvat)의 다리'를 지나야만 한다. 다리 한가운데에서 타오르는 불과 뜨거운 쇳물을 통과해야만 낙원에 이를 수 있는데, 선인은 아무런 해도 당하지 않고 낙원에 이르게 되지만, 악인은 불에 타든지 쇳물에 녹아 버리게 된다고 믿었다. 그리고 이를 피해 다리를 벗어나게 되면 날카로운 창이 바닥에 기다리고 있다고 하였다. 이 강렬한 종말과 심판의 이미지는 고대 중근동의 다양한 종교에 많은 영향을 주었고, 거기에 히브리인의 종교(유대교, 그리스도교)도 예외는 아니었다.

마지막으로 자라투스트라의 메시아사상도 지적하지 않을 수 없다. 이들은 사오쉬안트(Saoshyant, 인간에게 유익을 가져다줄 자)가 3000년에 한 번씩 나타나며, 그것도 자라투스트라의 핏줄에서 나올 것이라고 믿었다.

후대의 자라투스트라 종교

자라투스트라의 종교는 다리우스 1세(Darius I, 기원전 550~486)와 크세르크세스 1세(Xerxēs I, 재위 기간 기원전 486~465) 시기에 이미 변형되기 시작하였다. 그 이전까지는 철저히 배격해 온 주술적 요소를 다시 수용하였는데, 이때 주도적 세력이 바로 마기(Magi)족이다. 그리고 국교로 자리 잡은 사산왕조(226~651) 시절에는 기존의 윤리적 유일신 종교와는 상당히 다른 모습이 되었다.

우선 자라투스트라 자체가 신격화되었다. 다양한 설화로 자라투스트라의 생애가 포장되기 시작했다. 그의 탄생부터 성장, 그리고 예언자로 인정받기까지의 과정을 다양한 신비적 요소로 채색하기 시작했다. 비슈타스파 왕을 자신의 신자로 만들게 된 것도, 그가 아끼는 말을 신비한 힘으로 고쳐 주었기 때문이라고 설명하게 된 것도 이런 변형의 결과라 할 수 있다.

기원전 4세기경에는 기존 이원론과는 다른 주르반교(Zurvanism)라는 새로운 해석이 등장한다. 이는 아후라 마즈다와 앙그라 마이뉴를 쌍둥이로 보려는 기존 해석의 논리적 해결책으로 등장했다고 볼 수 있다. 이 선신과 악신을 쌍둥이 영으로 본다면 이들의 근원이 되는 존재가 필요하다고 생각한 것이다. 그래서 제시된 것이 바로 주르반(Zurvan, 시간, 때)으로, 이는 무한하고, 영원하며, 모든 만물의 근원이 된다. 이렇게 주르반교는 정통 자라투스트라의 이원론적 세계관을 넘어서고자 하였다.

이슬람시대 이후의 자라투스트라 종교

651년 사산왕조가 무슬림에 의해 멸망한 뒤에 자라투스트라의 종교도 큰 변화를 겪게 되었다. 일단 국교로서의 지위를 잃어버린 것은 물론, 8세기 이후에는 많은 자라투스트라 종교의 신자들이 이슬람 지배하에 들어간 페르시아를 버리고 인도로 이주하기 시작했다. 이들을 지금도 '파르시인'이라 부르는데, 인도에 거주하는 이들은 높은 교육열과 뛰어난 사업능력으로 부유한 생활을 하고 있다고 한다.

무슬림은 그들의 통치지역에 있던 자라투스트라 종교의 신도를 '이교도'란 의미의 가바르(Gabars), 이라니(Iranis) 등으로 불렀다. 하지만 자라투스트라 종교의 신도는 지금도 성인식, 결혼식, 조장(鳥葬)[6]으로 특징되는 장례의식, 정화 의례 등 전통적 의례와 관습을 유지하며 여전히 그들의 전통신앙을 지키고 있다.

---

6) 불을 신성시하는 자라투스트라 종교의 신도는 시신을 화장하는 것을 꺼려 했고, 또한 매장은 땅을 더럽힌다고 생각했다. 이 때문에 그들은 무덤으로 만든 높은 탑 위에 시신을 안치하여 맹금류로 하여금 죽은 자의 몸을 먹게 하였고, 그 후 남겨진 뼈로 장례를 지냈다.

5
이스라엘의 종교
유대교라 불린 종교

고 대 이스라엘의 종교를 일컬어 보통 유대교라 부른다. 하지
만 여기서는 의도적으로 그 단어의 사용을 피하고 있다. 이유
는 고대 이스라엘의 종교를 단순히 하나의 유대교로 묶어 버리는 순간
그 참모습을 놓칠 가능성이 크다고 판단했기 때문이다. 물론 고대 이스
라엘의 종교는 유대교이다. 그리고 또 유대교가 아니다. 알쏭달쏭한 이
말은 사실 잘못된 표현은 아니다. 왜냐하면 그만큼 유대교를 정의하는
것이 간단치 않기 때문이다.

유대교라는 용어의 시작과 의미

사실 유대교라고 하는 말은 특정한 종교를 지칭하기 위해서 사용된
것이 아니다. 이 말이 최초로 등장한 것은 그리스인이 팔레스타인 지역
을 점령했을 때 그 지역에 거주하고 있던 유대인의 독특한 삶의 자세와
방식을 통칭하여 '유대적인 것'(Ιουδαϊσμός)이라 부르면서이다. 따라
서 '유대교'라는 단어에는 단순히 종교만 포함된 것이 아니라, 고대 이
스라엘과 관련된 모든 것이 들어가 있다. 이런 의미에서 고대 이스라엘
의 종교를 유대교라고 한정해 버리면 이해의 시작부터 삐걱거릴 수 있

기에 의도적으로 이 단어를 피한 것이다.

이런 맥락에서 종교 역사가들은 고대 이스라엘의 종교를 '성서 유대교'(Biblical Judaism)와 '랍비[1] 유대교'(Rabbinic Judaism)로 구분한다. 앞의 것은 히브리 성서에 등장하는 유대인의 종교생활을 지칭하며, 뒤의 것은 예루살렘이 함락된 이후 형성된 랍비가 주도한 공회당 중심의 유대교를 말한다.

유대교와 그리스도교

또 우리가 오해하고 있는 것 중의 하나가 유대교와 그리스도교의 관계이다. 우리는 단순히 그리스도교가 유대교의 한 지파로 시작되었을 것이라 생각한다. 물론 유대교를 큰 그림으로 본다면 그렇게 해석할 수도 있겠지만, 좁은 의미의 유대교는 기원후 2세기 후반에야 등장한다. 기원 후 1세기경 새로운 성격의 유대 종교인 그리스도교가 점차 그 영향력을 펼쳐 나가자 정통 유대 공동체는 당황하기 시작한다. 그들 입장에서는 지류가 본류를 거스르는 것이요, 이단이 정통을 위압하는 것이기 때문이다. 이렇게 위기의식을 느낀 정통 유대인이 새로운 그리스도교 운동에 대항하기 위해 시작한 것이 바로 유대교이다.

초기 그리스도교 공동체의 구성원은 대부분 유대인으로 주로 헬레니즘의 영향이 강한 대도시에 거주했던 해외파였다. 그런 탓인지 그들은 분명 유대의 혈통을 지녔고, 사용하는 언어와 개념, 그리고 용어도 히브리적이기는 했지만 정통 유대인 입장에서는 뭔가 석연치 않는 점도 있었다. 그건 바로 그리스도교 유대인은 이미 그리스도적으로 해석된

1) 랍비는 히브리어 라보니(rabboni)에서 유래했고, '나의 선생', '나의 주인'이란 뜻이다. 이 말은 기원후 1세기 이후에 널리 사용되기 시작했다.

이야기를 하고 있었기 때문이다. 야훼, 말씀, 계약, 성서까지는 그렇다 쳐도 이들 그리스도교 공동체에서 나오는 예수, 십자가, 은총 등의 개념은 정통 유대인의 입장에서는 매우 낯설고, 거북하고, 문제적인 것으로 보지 않을 수 없었다. 이런 상황을 정통 유대인은 어떻게 받아들였을까? 그들은 이런 현상이 자신들의 전통을 흔들고 뒤틀리게 할 수도 있다고 보았을 것이다. 가령 어느 날 갑자기 일단의 해외 교포가 약간은 꼬부라진 발음으로 한국의 전통문화에 대해 이렇다 저렇다 평가를 하고, 게다가 그것도 우리가 알고 있는 것과는 다른 식의 설명을 해댄다면 어떨까? 아마도 본토에 있던 이들은 더 보수적으로 자신들의 전통을 해석하고 설명하려는 자세를 보일 것이다. 유대인도 그 상황에서 크게 다르지 않았다.

탈무드, 전통 수호를 위한 경전 해석 운동

같은 유대인이었지만 그리스도교도는 히브리 성서를 기독론적으로 해석하기 시작한다. 그리고 심지어 그들의 경전에 새로운 이름, 즉 '구약'(Old Testament)이라는 낯선 이름까지 붙여 버렸다. 정통 유대인이라면 이런 그리스도교도의 시도에 저항하는 운동을 펼 수밖에 없었을 것이다. 그리고 이는 경전에 대한 해석학적 운동으로 나타났다. 그것이 바로 토라(Torah)에 대한 정통적 해석과 설명으로 이어지고 이것이 바로 미슈나(Mishna), 게마라(Gemara)등을 거쳐 탈무드(Talmud)로 정리된다. 바로 이런 전통 위에 서 있는 것이 랍비 유대교이다. 따라서 고대 이스라엘 종교의 역사적 진행과정을 엄밀히 설명하자면, '고대 히브리인의 종교'(성서 유대교) → '그리스도교' → '랍비 유대교' 순으로 보아야 할 것이다. 바로 이 점을 분명히 짚기 위해 의도적으로 유대교란 용어를 피하려고 했던 것이다.

고대 이스라엘 종교의 특징

앞에서 인류 역사의 특정 시점에서 자연종교적인 특성을 넘어서는 초월적이고 유일한 신을 섬기는 새로운 종교운동이 동쪽과 서쪽에서 시작되었다는 사실을 지적하였다. 그리고 먼저 동쪽의 유일신 종교운동인 고대 이란 지역의 자라투스트라 종교를 살펴보았다. 이제 서쪽의 종교를 살펴볼 차례이다. 바로 고대 이스라엘의 종교인데, 이들 종교의 특성은 다음 인용문에 잘 드러난다.

"내가 누구의 모습이라도 닮았다는 말이냐? 내가 누구와 같다는 말이냐?" 거룩하신 이께서 말씀하신다. 눈을 들어 하늘을 쳐다보아라. 누가 저 별들을 창조하였느냐? 그 군대를 불러내시어 하나하나 이름을 불러 점호하시는 이는 그분이시다. 힘이 세고 기력이 장사이신 그분의 부르심에 누가 빠질 수 있으랴? (이사야 40:25-26)

이 문장을 기록한 이는 제2 이사야로 알려져 있다. 제1 이사야에 비해 제2 이사야는 명확한 유일신 사상을 전면에 내세우는데, 위의 인용문이 그렇다. "눈을 들어 하늘을 쳐다보아라."는 예언자의 일갈, 그리고 그 모든 것의 주인이 누구인가를 묻는 것은 이미 자연종교와 자연신의 제약을 넘어서 유일신 사상의 정수를 전하고 있다. 그렇다면 이런 선포를 자신의 신앙으로 받아들인 사람의 입장을 한번 생각해 보자. 그에게는 더 이상 마르두크나 오시리스, 그리고 바알이나 아세라가 큰 의미가 없었을 것이다.

그런데 저 발언이 나오던 역사적 상황을 제대로 기억해 보자. 당시 사람들은 모든 자연물 배후에는 신이 있다고 생각했다. 그리고 인간이 제대로, 그리고 행복하게 살아가기 위해서라도 신들과의 관계는 잘 유지되어야 한다고 생각했다. 그래서 제의를 반복했으며 그것을 통해 신에게 잘 보이려고 노력했다. 그런데 지금 그렇게 자신들의 삶을 지탱해 주던 신적 존재를 순식간에 피조물로 만들어 버리는 저 발언을 접했을 때, 그들은 과연 어떤 표정을 지었을까? 전에는 하늘 신, 바다 신, 땅 신, 강 신, 산 신 등으로 불리며 많은 이의 숭배를 받았던 존재가 지금은 그저 다스리고 정복할 하나의 피조물로 전락한 것이다.

모두가 자연신을 섬기며 자연종교적 환경을 당연시하던 때에 그와는 전혀 다른 세계관을 가지고 눈에 보이지도 않고, 형상도 없으며, 이름도 없는 신을 믿는 이들이 등장했다는 것은 사실 간단한 일이 아니다. 그런데 바로 그 혁신적 변화가 서쪽 팔레스타인에도 생기고 있는 것이다. 바로 동쪽 페르시아 지역에서 생겨난 것처럼! 이렇게 자연물 배후에, 아니 그 모든 것을 관할하고 주관하는 유일한 존재가 참된 신인 것을 선포하면서 등장한 것이 바로 고대 이스라엘 종교였다!

사실 이는 종교의 역사에서는 매우 혁명적 변화라고 할 수 있다. 비를 내려 달라고 바람의 신에게 기도했던 그들에게, 목이 마르니 강의 신에게 물을 달라고 기도하던 그들에게, 풍성한 수확을 달라고 나일 강의 신 오시리스에게 기도하던 그들에게 "너희는 눈을 높이 들어 누가 이 모든 것을 창조하였나 보라!"라고 선포하고 있다니! 지금 우리에게 제2 이사야의 선언이 큰 감흥으로 다가오지 않을 수도 있겠지만, 수천 년 전 그 시절 그 사람들에게 저 선언이 지녔던 파격과 충격은 실로 엄청났을 것이다. 바로 그렇게 유대인의 종교가 시작되었다.

더 이상 자연은 신이 아니다!

이를 히브리인은 그들의 성서 제일 첫머리에 기록해 놓는다. "태초에 하느님이 천지를 창조하시니라."(창 1:1) 사실 그 당시 하늘과 땅은 가장 위대한 신 중의 하나였다. 그런데 태초에, 즉 신의 사건적 활동이 시작되면서 하늘과 땅을 만들었다고 하는 것은 매우 상징적 선언이었다고 할 수 있다. 바로 이런 맥락에서 우리는 히브리 성서의 첫 장을 이해할 수 있어야 한다.

그렇게 자연의 신들은 창조주의 이름 앞에 피조물이 되어 갔다. 이제 자연은 더 이상 경배와 숭배의 대상이 되지 못한다. 자연은 이제 그 성스러움을 벗어 버리고 세속의 대상이 되었다. 자연이 신적 지위를 잃어버리니 인간의 가치가 올라간다. 인간은 이제 더 이상 자연을 섬길 필요가 없어졌고 오히려 만물의 영장으로 그들을 다스리는 의무과 능력을 지닌 존재가 되었다. 이제 인간은 피조물이 아니라, 그를 창조한 신과 직접 관계하는 존재가 되었기 때문이다. 그리고 스스로 선택권을 갖고 자유롭게 자연을 정복하는 존재가 된다. 몇몇 환경론자는 이 자연을 정복하라는 명령이 환경 파괴적인 세계관을 가져왔다고 보기도 한다. 그러나 이는 조금 과장된 해석이고 정확히 이 부분을 보자면, 이는 탈성화(脫聖化)된 자연에 대해 인간의 시각이 바뀌었음을 나타내는 표현이지, 환경 파괴적 이념의 출발을 뜻하는 것은 아니다.

신은 오직 한 분이시고 역사를 통해 활동하신다!

이제 인간이 신과 관계를 맺는 현장은 더 이상 자연이 아니다. 이전의 신들은 자연을 통해 활동했지만, 이제 신은 역사를 통해서 활동한다. 역사는 사건의 연속이고, 사건은 인간이 결부된 관계 속에서 이루어진다. 따라서 이제 관계가 중요한 화두가 된다. 역사와 (신과의) 관계! 이제 바야흐로 코드는 역사가 된다! 이제 인간은 역사 속에서 신을 만나게 되며, 신은 그 역사의 중심이 된다. 그러다 보니 인간은 살아가는 일상 속에서도 '신의 뜻'을 찾는다. 그리고 인간은 신의 뜻, 즉 일상의 의미를 해석하게 된다. 그렇게 인간은 자연을 향한 '제의 행위자'에서 신의 뜻과 섭리를 묻는 '해석자'가 된다.

이런 변화 속에서 이제 인간과 세계, 그리고 신의 존재론적 지위는 뚜렷이 구분된다. 이제 신은 더 이상 자연물로 비교되거나 상징되는 존재가 아니다. 전에는 불꽃이 이는 떨기나무 자체가 신이었다면, 지금은 신의 성스러움을 드러내는 도구가 된다. 그렇게 역사의 신은 완전히 질적으로 다른 존재이며 피조물과는 비교불가의 대상이다. 그러니 그를 형상화하는 것은 죄가 된다. 왜냐하면 신을 형상 속에 가두면 이미 그건 더 이상 그러한 신이 될 수 없기 때문이다. 따라서 신상은 우상이기에 파괴되어야 했다. 이를 통해 고대 유대인사회에서는 진지한 종교비판이 일어나게 된다. 진짜 신과 거짓 신을 구별하는 투쟁이 일어나며, 이제 더 이상 신은 둘일 수 없고 오직 유일한 참신만이 존재할 뿐이다. 즉, 제대로 된 유일신관(monotheism)이 등장한 것이다.

사실 히브리 역사의 초기만 해도 야훼는 다양한 부족의 신과 경쟁을 해야 하는 존재였다. 바알이나 두무지 등 기존 가나안 지역 정착민이 신앙하던 신들과 어깨를 겨루어야 했고, 이런 종교적 상황을 우리는 '일신숭배'(monolatry)라 부를 수 있다. 일신숭배, 혹은 일신교란 여러 다양한 신 가운데 오직 특정한 신에게만 숭배를 하는 것을 말한다. 하지만 점차 히브리인은 자신들의 신을 유일한 신으로 간주하고 고백하게 된다. 이제 남은 것은 신 사이의 경쟁이 아니라, 어떤 신이 진짜이고 어떤 신이 가짜, 즉 우상에 지나지 않는가를 판단하는 일뿐이다. 그리고 신은 특정한 장소에 고정된 존재로 보지 않았다. 그래서 고대 히브리인은 구태여 번거롭게 매번 성막을 세우고 성궤를 들고 다녔다. 왜냐하면 그들이 고백한 신은 이방인의 신처럼 신전이라는 공간에 제한된 존재가 아니기 때문이다. 신에 대한 이런 고백은 유대인의 신이 민족의 신이면서 동시에 모든 이의 신이 될 수 있는 가능성을 보여 준다. 신의 창조성과 유일성, 그리고 초월성이 강조되기에 이제 더 이상 특정 민족의 신으로만 묶여 있을 수 없게 된 것이다.

직선적 역사관의 시작

역사의 주인을 신이라 고백하고, 또한 역사는 그 신이 활동하는 무대이기에 이제 더 이상 미래는 두려움의 대상이 되지 않는다. 이 역시 인류의 역사에서 매우 낯선 변화이기도 하다. 사실 인류에게 익숙한 것은 시간의 순환성이다. 계절은 바뀌지만 반복되듯이 시간 역시 돌고 도는 순환의 고리에 있다고 보았다. 그래서 낳고 자라고 죽는 것처럼 시간 역시 그렇게 순환한다고 본 것이 일반적인 고대인의 시간관이었다. 하지만 히브리인은 신을 시간의 주인으로 인정하고 고백하면서 직선적인 역사관을 전면에 내세우게 된다. 이제 시간은 시작이 있고, 끝을 향해 가는 직선적 과정으로 이해된다. 그리고 그 시간의 주인이 자신들과 계약을 맺은 신이기에 이제 더 이상 미래는 미지의 대상으로 두려워할 존재가 아니다. 인간은 더 이상 시간과 그것의 종착지인 죽음을 두려워하지 않게 되었다. 왜냐하면 그들이 믿는 신은 과거 – 현재 – 미래의 하느님으로 시간을 지배하는 존재이기 때문이다. 이제 인간은 역사 앞에 당당히 단독자로 설 수 있게 되었다. 왜냐하면 그들은 역사의 주인인 신을 체험했기 때문이다. 그래서 그들은 역사를 해석하는 자로서 그 안에 스며 있는 신의 의미를 찾는 의무를 가지게 된다.

YHWH, 자음뿐인 신의 이름

히브리인은 이런 신을 출애굽이라는 사건을 통해 공동체적으로 경험한다. 그리고 사실 출애굽에 등장하는 열 가지 재앙이라고 하는 것도 단순히 모세와 이집트 제사장 사이의 주술적 대결로만 이해해서는 안 된다. 그것은 당시 이집트의 대중적인 신들을 모세의 신이 제압하는 과정을 서사적으로 묘사한 것으로 보아야 할 것이다. 그 과정에서 모세는 자신을 따르는 이들에게 신의 이름을 '야훼'라고 알려 주었다. 이는 '나는 스스로 있는 자'('ehyeh 'sher 'ehyeh)(출 3:14)라는 말에서 파생한 것이다. 바로 저 유명한 모세가 떨기나무의 불꽃으로 신을 만났을 때 그에게 계시된 신의 이름이다. 이전의 신들이 각자의 특징에 따라 고유한 이름을 갖고 있는 것과 달리, 모세의 신은 일종의 언어유희와도 같게 '나는 나'라는 이름으로 불렸다. 이는 일종의 '이름 없음'을 상징한다. 자연신이 가득한 세계에서 본격적인 이름 없는 신의 등장이라는 것이 히브리인의 야훼가 가지는 독특함이라고 말할 수 있겠다.

물론 히브리인이 신을 하나의 이름만으로 부른 것은 아니다. 랍비의 전통에 따르면 신을 지칭하는 이름이 줄잡아 70개에 이른다고 한다. '야훼', '아도나이', '엘', '엘로힘', '샤다이' 등 많은 이름이 그들의 신을 지칭했다. 하지만 모세 이후에는 서서히 야훼란 이름이 대표로 자리를 잡아갔다. 아울러 야훼란 이름은 기존 토착 신을 비롯해 다양한 신의 능력과 기능을 흡수하면서 히브리인의 신명으로 자리를 잡아 갔다.

그런데 문제는 '테트라그라마톤'(Tetragrammaton)[2)]이라 불리는 신의 이름은 단 4개의 자음으로만 이루어졌다는 것이다. 그것이 바로 YHWH이다. 자음 위주인 히브리어의 특징 때문에 신을 나타내는 이름은 분명히 특정할 수 있지만, 그것의 발음은 복원하기가 간단치 않았다. 그리고 신의 이름을 함부로 부르지 말라는 계명을 지키기 위해 오래도록 히브리인은 신의 고유한 명칭 대신에 '주님'(Adonai)이라는 단어를 선호해 왔다. 그래서 한동안 YHWH의 발음은 주님을 지칭하는 아도나이의 모음을 따와서 사용하게 되었다. 이런 까닭에 일부는 YHWH를 '여호와'라고 발음하기도 했지만, 19세기 히브리의 학자 빌헬름 게제니우스(Heinrich Friedrich Wilhelm Gesenius, 1786~1842)의 연구 결과 '야훼'가 원래 발음에 더 가깝다는 것이 알려졌고, 그 이후에는 '여호와'보다는 '야훼'가 보편적으로 사용되고 있다.

히브리 성서의 구성

히브리인은 이런 그들의 고백을 기록으로 남겼는데 그것이 바로 히브리 성서이다. 그리고 그것의 주제는 신이 인간, 특히 히브리인을 어떻게 구원했는가에 집중된다. 이를 우리는 히브리 구속사의 시작이라 부른다. 따라서 히브리 성서는 유일신 신앙의 눈으로 역사를 재해석한 문헌적 결과물이라 볼 수 있다. 이런 점에서 히브리 성서를 객관적인 역사 기록서로만 봐서는 곤란하다. 그것은 히브리인의 구속사이며, 역사적 사실과 그에 대한 신학적 해석이 결부된 일종의 고백서이기에 히브리인은 이 성서를 통해 그들의 정체성을 공유하고 유지할 수 있었다.

히브리 성서는 흔히 '타나크'(Tanakh)라고 부른다. 이는 성서를 구성

---

2) 신의 이름을 지칭하는 거룩한 네 글자를 말한다.

하는 세 부분의 앞머리를 따서 만든 일종의 약칭이다. 히브리 성서를 이루는 세 부분은 바로 율법서(토라, Torah), 예언서(네비임, Nevi'im), 그리고 성문서(케투빔, Ketuvim)이다. 여기서 토라는 히브리 성서의 처음 5권을 말하며 세간에는 모세오경으로도 많이 알려진 창세기, 출애굽기(탈출기), 레위기, 민수기, 신명기로 이루어져 있다. 지금 우리는 이 5권의 책이 각각 독립된 것으로 생각한다. 하지만 더 엄밀히 보자면, 이들은 토라, 즉 율법서라는 하나의 범주에 포함되어 있는 5권의 시리즈로 봐야 한다. 즉, 소설책 '해리포터'가 여러 권으로 이루어져 있지만 결국 하나의 '해리포터'일 수밖에 없듯이 토라도 몇 개로 구성되어 있든 그건 토라일 뿐이다.

그런데 왜 토라는 5권으로 구성되었을까? 그건 토라를 기록한 파피루스 두루마리의 한계 때문이다. 파피루스가 제일 먼저 생산되기 시작한 곳은 이집트였다. 고대 이집트인은 커다란 키의 갈대를 이용해 파피루스를 만들었는데 그 과정은 다음과 같다. 우선 갈대 껍질을 세로로 얇게 벗긴다. 그리고 그것을 납작한 곳에 나란히 놓은 뒤 다시 한 번 껍질을 물에 적셔 겹치도록 한 다음 햇볕에 말리면 작은 크기의 파피루스가 된다. 그 크기는 대략 지금 우리가 사용하는 A4 정도일 것이다. 이것을 계속 이어 붙이면 파피루스 두루마리가 만들어지는데, 보통 20장 정도의 파피루스를 가지고 4미터 정도의 두루마리를 만들었다고 한다. 그리고 두루마리 양 끝에는 나무 봉을 붙여 보관하기 쉽게 만들었다. 따라서 히브리 성서의 율법서는 같은 주제로 파피루스 두루마리에 쓰이기 시작했고, 총 5권으로 마무리가 된 것이다.

율법서라 불리는 토라는 '신이 히브리 백성을 어떻게 구속했는지'를 기록하고 있다. 따라서 이 책은 비록 율법이란 제목이 붙어 있긴 하지만, 그렇다고 법조항을 다루는 전문적인 책이 아니라 히브리인의 구속사를 다루는 역사적 교훈을 담은 책이라고 봐야 한다. 아담과 하와로부터, 가인과 아벨을 지나 노아와 아브라함을 거쳐, 그리고 요셉과 야곱, 그리고 모세로 이어지는 히브리인의 역사 속에 신이 어떻게 이들과 계약을 맺으며 또 어떻게 이들을 구원하고 있는지를 적고 있는 것이 바로 히브리 성서의 토라이다.

히브리 성서의 두 번째 부분은 예언서인데, 이는 다시 대예언서[3]와 소예언서[4]로 나뉜다. 그리고 마지막 성문서는 주로 시와 지혜문학 등으로 이루어져 있는데 시편, 잠언, 욥기 등이 여기에 속한다.

JEDP 문서설

히브리 성서는 단일 작가에 의해 통일된 관점으로 기록된 책은 아니다. 아주 오랜 기간에 걸쳐 다양한 신분의 작가, 혹은 작가집단을 통해 편집된 결과물이 바로 히브리 성서이다. 그리고 이런 결과물을 얻게 된 것은 성서를 원어로 연구하기 시작한 이후이다. 에라스무스(Desiderius Erasmus, 1466~1536)를 위시한 많은 인문주의자가 라틴어 번역에만 의존하던 기존의 성서연구에서 벗어나 과감히 원어를 통한 연구에 집중하면서 생겨난 일이다. 그 후 많은 연구자가 히브리 성서의 일관성에 일정한 틈이 있다는 것을 인지하게 되었고, 그 이유 찾기를 위해 노력

---

3) 대예언서는 다시 전기 예언서와 후기 예언서로 구분하는데, 전기 예언서에 속한 책은 여호수아, 사사기(판관기라고도 불림), 사무엘기(상·하), 열왕기(상·하)이고, 후기 예언서는 이사야, 예레미야, 에스겔이다.

4) 소예언서는 히브리 성서에서는 한 권으로 보지만, 그리스도교 전통에서는 각각 독립된 책으로 구분한다. 여기에 속한 예언서는 호세아, 요엘, 아모스, 오바디야, 요나, 미가, 나훔, 하박국, 스바냐, 학개, 스가랴, 말라기이다.

하였다. 그리고 나온 결과가 바로 'JEDP 문서설'이다. 즉, 히브리 성서는 다양한 문서의 묶음이라는 것이다. 처음 5권을 구성하는 토라만 해도 적어도 4개 이상의 문서가 연대와 주제에 따라 편집된 것으로 보는 것이 지금은 일반적이다.

J문서(Jahwistic Document)는 모세 이전에 신의 이름을 '야훼'로 적은 일단의 작가 집단이 생산한 문서를 말한다. 최초의 역사부터 기록하고 있으며, 역사가 어떻게 이스라엘을 중심으로 움직였는가에 집중하고 있다. 이런 점에서 이미 J문서로부터 히브리인의 독특한 '구속사'가 시작되고 있다고 볼 수 있다. 이 문서는 기원전 850년경 이전에 기록된 것으로 추정한다.

E문서(Elohistic Document)는 시내산 계시 이전에 신을 엘로힘으로 부르고 있는 작가들이 기록한 문서를 말한다. E문서의 특징은 섬세하고 감성적인 인물 묘사에 있으며, 이런 감각으로 야곱과 요셉, 그리고 모세의 인간됨을 세밀하게 표현하고 있다. 기원전 9세기경 북왕국이었던 이스라엘 지역에서 기록된 것으로 추정하는데, E문서에는 강력한 신정통치 사상이 등장하고 있고, 히브리인의 독특한 선민사상이 나타난다.

D문서(Deuteronomy)는 이른바 '신명기 법전'으로 불리는데 '야훼 유일주의 사상'이 명확하게 드러난다. 기원전 670년경 남왕국 유다에서 기록되었을 것으로 추정되는 이 문서는 새롭게 정착한 가나안 지역의 종교와 문화가 이스라엘의 정통성을 훼손하는 것에 대해 강력히 경고하고 있는 내용이 주를 이룬다.

P문서(Priestly Document)는 제사장 문서라 불리는데, J문서와 같이 최초의 역사, 즉 창조 이야기에서 시작되어 모세의 죽음과 여호수아의 가나안 점령까지의 역사를 다루고 있다. 바빌론 포로기(기원전 597~538)를 지나 기원전 444년경에 에스라가 공포한 것으로 추정된다. P문서는 앞선 다른 문서보다 신에 대해서 좀 더 신학적이고 체계적인 관점을 보이며, 신을 역사의 유일한 절대주권자로 고백하고 있다. P문서에는 성결법전(Holiness Code, 레위기 17-26장)이 들어가 있고, 이 문서는 기원전 7세기 말경에 기록된 것으로 추정한다.

역사를 보는 다른 눈, 신명기 사가와 역대기 사가

이 외에도 히브리 성서는 역사를 보는 관점도 두 가지로 구분할 수 있다. 그것이 바로 신명기 역사와 역대기 역사이다. 신명기 역사서에 속하는 것으로는 여호수아, 사사기, 사무엘, 열왕기 등을 꼽는데, 이들의 관점은 신명기에서 이야기하는 하느님에 대한 순종과 경외를 이스라엘이 과거에 어떻게 했는가를 추적하고 있다. 주로 이스라엘의 과오를 신명기 역사가들은 예리하게 지적하고 있다. 이스라엘 민족의 쇠락과 패망의 원인은 바로 신에게 순종하지 않았기 때문이라는 것이 바로 신명기 역사가의 관점이다.

역대기 역사서는 역대기, 에스라, 느헤미야 등인데, 이들은 주로 포로기 이후 새롭게 이스라엘 공동체를 세우려는 것에 목적이 있었다. 그래서 크게는 신명기 역사서를 따라가긴 하지만, 지금의 목적을 위해 과거의 사건을 재구성하고, 변형하고, 또 창의적으로 해석한다.

페르시아 종교를 비롯한 외래 사상의 영향

기원전 587년 남왕국 유다가 멸망하면서 시작된 바빌론 포로기는 약 50년간 지속되다가 페르시아의 키루스 2세(CyrusⅡ, 구약의 고레스, 기원전 590~530)가 등장하여 히브리인을 다시 고향으로 돌려보냄으로써 막을 내린다. 그때가 기원전 538년이다. 이때 다시 고향 땅을 밟은 히브리인이 5만에 이르렀다고 한다.

팔레스타인으로 돌아온 그들은 다시 성전을 건축하고 토라를 편찬하는 일에 매진하였다. 패망한 국가 대신 그들은 종교를 통한 민족의 정체성을 결집하고 또 유지하고자 하였다. 이런 점에서 그들을 하나의 신앙으로 묶어 주는 문서적 전거인 토라의 가치는 대단히 중요해졌다.

하지만 포로시대를 거치면서 그들은 지배자의 종교에 적지 않은 영향을 받았다. 그 당시 국제적으로 강력한 영향력을 과시하던 페르시아의 국교는 자라투스트라의 종교였다. 따라서 포로기 이전에는 찾아볼 수 없었던 여러 요소가 이 기간 중 히브리인의 종교에 들어오게 되었다. 그중 대표적인 것인 조직화된 악마 신앙이다. 사실 히브리 성서에는 신에 대적하는 강력한 경쟁자 같은 캐릭터가 존재하지 않는다. 그런데 포로기 이후, 이른바 신구약 중간기를 거치면서 체계적이고 계급화된 악마관이 자리를 잡게 되었다. 이는 전적으로 히브리 공동체 밖에서 들어온 것으로 봐야 할 것이며, 아울러 천사의 개념도 변형되었다. 본디 천사란 신의 메신저이다. 허나 이즈음부터 신과 인간 사이의 중간자적 존재로 강력한 힘을 가진 것으로 묘사되기 시작했으며, 더 나아가 이들 사이의 계급 순위도 매겨지게 되었다. 세 번째로는 부활 신앙을 꼽을 수 있다. 이는 내세 신앙과도 연결되는데, 전통적으로 히브리인은 사람이 죽으면 '저승의 구덩이'(Sheol)에 내려간다고만 생각했다. 하지만 부활신앙이 들어옴으로써 그들도 더욱 뚜렷한 내세관을 갖게 되었다. 부활신앙이 외부에서 들어왔다는 것은 보수적인 사두개파인이 이를 받아들이지 않았다는 것으로도 증명된다. 사두개파인은 토라에 기록되지 않은 것은 절대 신앙의 대상으로 삼지 않았다. 따라서 그들이 부활을 받아들이지 않았다는 것은 그것이 토라의 전통에 맞지 않는다는 말이기도 하다. 그 당시 강력한 자라투스트라 종교의 영향의 하나로 우리는 최후의 심판을 꼽지 않을 수 없다. 이미 앞에서 장엄한 자라투스트라의 최후 심판의 이미지를 살펴보았는데, 아마도 이 강력한 종교적 자극이 히브리인에게도 깊이 각인되었을 것이다.

예루살렘 성전의 파괴와 랍비 유대교의 시작

팔레스타인 지역은 동서를 잇는 전략적 요충지로서 지중해와 아시아의 강국이 서로 지배력을 확장하고자 끊임없이 경쟁을 벌인 곳이었다. 불행히도 히브리인의 터전이 이곳이어서 그들의 운명도 세계사의 격변에 따라 요동칠 수밖에 없었다.

기원전 333년 마케도니아의 알렉산드로스 3세가 이 지역을 점령한 것도 그중 하나이다. 이후 팔레스타인 지역은 그리스 문화의 영향을 받기 시작했다. 그러다 168년 안티오쿠스 4세(AntiochusIV, 기원전 215~164)에 이르러 토라의 암송과 성전 제사를 금지했고, 심지어 예루살렘 성전에 제우스 신상을 세우고 히브리인이 극도로 혐오하는 돼지로 제사를 지내도록 했다. 이 사건은 히브리인의 격렬한 저항을 불러일으켰고, 결국 기원전 164년 마카비(Maccabeus) 형제가 반란을 일으켜 예루살렘에서 그리스 군병을 쫓아냈다. 이후 100년간 이 지역은 마카비가 세운 하스모니안[5](Haschmonaim) 왕조의 영향권 아래에 있었다. 하지만 내부의 권력투쟁과 이를 빌미로 끌어들인 외세 로마에 의해 결국 하스모니안 왕조도 역사의 무대에서 퇴장하고 말았고, 그 이후 이 지역은 로마의 지배하에 들어가게 되었다.

로마는 이미 여러 나라와 민족을 병합하여 통치한 경험이 있기에 식민국가와 민족을 다루는 요령이 있었다. 로마가 이들에게서 취한 것은 실질 이득이었고, 따라서 정치 - 경제적 종속만 이어지면 그 밖의 종교나 문화에 대해서는 어느 정도의 관용을 베풀었다. 하지만 히브리인에게는 이마저도 쉽지 않았다. 다신론적 환경이 강한 종교문화를 공유했던 다른 지중해 연안의 민족과는 달리 히브리인의 강한 일신교적 성향이 끊임없이 지배국인 로마와 충돌을 일으키게 되었다. 거기에 살인적인 세금 폭리는 그들의 불만을 더욱 크게 만들었다. 이는 로마의 고유한 세금 정책에 기인하기도 한데, 당시 세금을 걷는 이들에겐 정해진 급여가 주어지지 않았다. 그들은 로마에 할당된 금액만 세금으로 보내고 나머지는 자신의 수고비로 챙길 수 있었다. 여기서 문제가 생기게 되는데 로마의 권력을 등에 업고 과도한 세금을 때리는 세리가 늘어남으로써 히브리인의 불만은 더욱 커져만 갔다. 여기에 불을 지핀 사건이 생겨나는데, 바로 예루살렘 성전의 대제사장을 이방국인 로마가 임명하는 일이 벌어진 것이다. 이렇게 전통적인 그들의 유일신 사상과 세금수탈에 따른 경제적 압박감이 로마를 상대로 무장봉기토록 하는 기폭제 역할을 하였다.

하지만 히브리인의 저항은 허무하게 실패하고 말았다. 몇 차례의 봉

---

5) 왕조의 이름은 마카비의 조상인 하스몬에서 따온 것이다.

그림 1 통곡의 벽

기가 있었지만 결국 기원후 70년에 로마의 장군 티투스(Titus, 39~81)
가 이끄는 부대에 의해 봉기군은 철저히 진압되었다. 그때 예루살렘 성
전 역시 완전히 파괴되고 벽의 일부만 남게 되었는데 우리는 이를 '통
곡의 벽'이라 부른다.

　예루살렘 성전의 파괴는 히브리인의 역사에서 매우 중요한 전환점
이 된다. 그건 바로 신앙의 중심지가 성전에서 '공회당'(synagogue)[6]으
로 옮겨졌음을 뜻한다. 이는 곧 이전의 성서 유대교가 아닌 랍비 유대교
의 시작을 알리는 것이기도 하다. 이전 이스라엘의 종교생활은 성전을
중심으로 한 제사 행위가 주를 이루었다. 하지만 이제 더 이상 제사를 지
낼 공간이 존재하지 않게 되었다. 따라서 공백 상태가 된 그들의 종교생

---

6)　이 말은 '모임'을 뜻하는 고대 그리스어 '시나고게'(συναγωγή)에서 나왔다.

활을 메워줄 무언가가 필요했다. 그때 이들이 택한 것이 종교문서의 정경화와 이를 교육하는 공회당의 확산이었다. 예루살렘 성전을 잃어버린 그들은 각지로 흩어져 디아스포라(diaspora) 공동체가 되었고, 이전의 주도적 역할을 했던 제사장 계급과 사두개파, 그리고 바리새파와 에세네파도 점차 사라지게 되었다. 이제 남은 것은 공회당을 중심으로 경전을 연구하고 해석해 주는 랍비뿐이었고, 바야흐로 이들을 중심으로 새로운 형태의 유대교가 히브리인 공동체에 뿌리를 내리기 시작했다.

랍비와 탈무드의 형성과정

성전 파괴 후 유대인 공동체의 중심을 이룬 공회당은 일종의 교육기관이라고 할 수 있다. 이 공회당은 13세 이상 되는 남자 10명과 토라만 있으면 족했다. 그래서 그들은 일정한 공간이 확보되면 모여서 토라를 읽고 기도하였다. 이때 모임을 주도한 이들을 랍비라 불렀는데, 이들은 그렇게 카리스마적인 지도자라기보다는 선생에 가까웠다. 그들은 유대인에게 어떻게 토라에 맞는 삶을 살아야 하는지를 가르치고 해석해 주는 역할을 하였다. 그러다 보니 좀 더 이해하기 쉽게 토라를 해석하고 설명해야 할 책무가 그들에게 있었다. 후에 랍비의 창의적 토라 해석은 '미드라시'[7](midrash)를 이루게 되었다.

다시 미드라시는 '할라카'(halacha)와 '아가다'(aggadah)로 나뉜다. 먼저 할라카는 '가다, 걷다'이라는 뜻으로 구체적으로 수행해야 할 명령을 설명한다. 따라서 다분히 율법적인 성격이 강하다. 반면 아가다는

---

7) 미드라시란 말은 '조사', '연구'란 뜻으로 그리스도교에서 구약이라 부르는 「히브리 성서」를 구절별로 연구하여 해석해 놓은 것을 말한다.

신학적 사변으로 이루어져 있다. 후에 이 할라카식 미드라시가 체계적으로 편집되어 '타나임'[8](tannaim)을 이루었고, 이를 기원후 200년경 유다 하 나시(Judah ha-Nasi, 135?~220?)라는 랍비가 6권으로 편집하였는데 이것이 바로 『미슈나』[9](mishna)이다. 계속해서 미슈나는 아모라임[10](Amoraim)이라고 불리는 유대인 학자들에 의해 200년 이상 주석 작업이 진행되었는데 그렇게 해서 만들어진 문헌이 바로 『게마라』[11](gemara)이다. 바로 이 『게마라』와 이전의 『미슈나』를 합하여 『탈무드』(talmud)라고 부른다. 이때가 대략 기원후 500년경이다.

『탈무드』는 다시 바빌로니아 탈무드와 팔레스타인 탈무드로 나뉘는데, 일반적으로 전자를 더 권위 있는 것으로 취급한다. 왜냐하면 방대한 바빌로니아 탈무드에 비해 팔레스타인 탈무드는 미완성 상태인 데다 내용도 짧기 때문이다.

중세시대의 유대교

모세스 마이모니데스의 부정신학

유대인 공동체는 랍비들을 중심으로 한동안 토라 중심의 종교생활을

---

8) 타나임은 율법과 관련된 구전을 편찬한 수백 명의 유대인 학자를 지칭한다. 이들은 주로 팔레스타인 지역에서 활동하였고, 대략 200년에 걸쳐 경전을 연구하였다.

9) 미슈나라는 말은 히브리어로 '반복'을 뜻하는데, 이는 경전의 내용을 되풀이해서 가르친다는 의미에서 나온 말이다. 미슈나의 여섯 부분은 '농경', '제례', '결혼', '법', '희생', '정결법'이다.

10) 타나임 이후 바빌로니아 탈무드가 만들어질 때까지 활동한 유대인 학자군을 지칭하며, '말하다'는 의미의 '아마르'(amar)에서 나왔다. 따라서 아모라임은 '해석하는 사람'으로 새길 수 있다.

11) '게마라'는 아랍어 게마르(gemar)에서 나왔는데 그 뜻은 '완성하다', '배우다'이다.

이어 왔다. 그러다 중세에 이르러 의미 있는 변화가 생겼는데 그것은 바로 신비주의적 요소의 등장이다. 물론 모세스 마이모니데스[12](Moses Maimonides, 1135~1204) 같은 인물은 아리스토텔레스의 철학을 수용하여 유대교 신학을 합리적으로 해석하기도 하였다. 마이모니데스는 신은 인간의 능력으로는 도저히 이해할 수 없는 존재로 보았다. 그의 주장에 따르면, 신은 우리가 이해하고 분류할 수 있는 속성 밖의 분이다. 그런 특성을 지니지 않은 고유한 단일성의 존재가 바로 신이기 때문에, 어떤 방식으로도 신은 나뉘거나 이해될 수 없다고 본다. 신이 속성이 없다는 점에서 마이모니데스의 설명은 '부정신학'(negative theology)의 연장선에 있다고 할 수 있다. 부정신학에서는 신은 어떤 식으로든 특징짓는 것으로는 설명할 수 없다고 본다. 신을 규정하는 순간, 이미 신은 규정의 제한을 넘어서 버리기에 결국 신은 그런 속성이 없다는 부정을 통해서만 설명될 수 있을 뿐이라고 주장한다.

카발라와 조하르

중세에 이르러 유대인은 지성적 토라 연구의 한계를 느끼기 시작한다. 그들에게 필요한 것은 무엇보다 암담한 유대민족의 현실을 넘어설 수 있는 용기와 위안이었다. 하지만 반복적인 토라의 지성적 주석 작업은 그들을 지치게 하였다. 이런 상황에서 새로운 토라 연구 움직임이 생기기 시작했다. 그리고 그 흐름은 토라를 상징적으로 그리고 영적으로 해석하는 운동이었다. 이를 통해 중세의 유대인은 신의 현존을 만끽

---

12) 히브리식 이름은 모세 벤 마이몬(Moshe ben Maimon)이며, 스페인에서 태어났고 이집트의 카이로에서 주로 활동하였다. 그는 의사이면서 유대인 신학을 합리화한 사상가이기도 하며, 그가 남긴 책은 유럽 사상계에 큰 영향을 끼쳤다.

하고 싶어 했다. 이런 움직임 속에 나타난 것이 바로 카발라 신비주의와 『조하르』(Zohar)라는 경전이다.

『조하르』라는 이름은 '찬란함', '빛을 냄'이라는 뜻을 담고 있으며, 대략 13세기 말에 스페인에서 모세스 드 레온(Moses de Leon, 1250~1305)이라는 사람이 편찬한 것으로 알려져 있다. 『히브리 성서』, 『탈무드』 다음으로 유대인이 자랑하는 경전이다. 이 책은 한 권이 아니라 여러 권으로 이루어졌고, 내용은 토라를 비롯한 여러 경전을 카발라식으로 해석한 것이 주를 이룬다. 따라서 조하르에서 설명되는 신은 이전의 초월적 모습보다는 범재신론적 성격이 강하다. 그래서 야훼가 모든 만물에 현존하고, 만물 안에서 야훼를 발견할 수 있다는 주장을 과감히 전개한다.

이 조하르의 대표적 주석가로 이삭 루리아(Isaac Luria, 1534~1572)라는 랍비를 꼽을 수 있다. 여기서 루리아가 전하는 카발라식 세계 창조 과정을 살펴보자.

한 처음에 오직 신만이 존재했다. 그런 신은 세상을 창조하기 위해서 스스로를 수축(tzimtzum)하였다. 즉, 세상을 위한 공간을 신 스스로가 물러남으로써 확보한 것이다. 그리고 그렇게 생긴 공간 안에서 10개의 유출물이 생겨났다. 이를 10개의 세피로트[13](sefirot)라 부른다. 이 10개의 유출물을 담아낼 그릇을 아담 카드몬(Adam Kadmon)이라는 최초의 인간이 만들었다. 하지만 그가 만든 그릇들은 완전하지 못해서

---

13) 세피로트는 복수형이고 단수는 세피라(sefirah)라 불린다. 최초에 흘러나온 10개의 세피라는 다음과 같다. ① 케테르(Kaether, 왕관) ② 코크마(Cochma, 지혜) ③ 비나(Binah, 이해) ④ 케세드(Chesed, 자애) ⑤ 게부라(Geburah, 신의 힘) ⑥ 티파레트(Tiphreth, 미) ⑦ 네트아크(Netreth, 승리) ⑧ 호드(Hod, 영광) ⑨ 이에소드(Iesod, 기반) ⑩ 말쿠트(Malchut, 왕국)

신성한 빛을 제대로 담아내지 못했다. 결국 위의 세 그릇은 일부분이 부서지고, 아래의 일곱 그릇은 완전히 깨져 버려 신성한 빛이 사방으로 흩어지고 말았다. 바로 이런 균열 때문에 천지창조는 문제가 생기고 이로 인해 세상에는 선과 악이 모두 존재하게 되었다. 이 틀어진 문제를 다시 복원하는 것은 흩어진 신성한 빛을 다시 모으는 일뿐이다. 이러한 세상 바로 잡기를 '티쿤 올람'(tikkun olam)이라고 하는데 이 책무가 바로 유대인에게 있다고 말한다. 그래서 유대의 백성은 최선을 다해 율법을 지켜야 한다. 그래야 성스러운 빛을 다시 구할 수 있기 때문이다. 그렇지 않고 죄를 지으면 다시 그 빛은 우주의 악이 된다고 보았다. 바로 이렇게 성스러운 빛을 다시 하나로 모으기 전까지 인간과 신은 우주의 유배 상태로 있게 된다고 보았다.

하시디즘과 하스칼라

중세 유대교의 신비주의 운동은 15~16세기에 이르러 '메시아 운동'으로 이어진다. 하지만 이 운동은 실패로 끝나고, 그 여파로 랍비 유대교 전통도 큰 타격을 입고, 유대교 내부에도 적지 않는 변화가 시작된다. 그 결과가 18세기 이후 등장하는 유대의 '경건주의 운동'(Hasidism)과 '계몽주의 운동'(Haskalah)이다.

먼저 유대 경건주의 운동은 메시아 운동이 실패하자 낙담한 유대인을 위로하기 위해 시작되었다. 대표자로는 발 셈 토브(Baal Shem Tov, 1700?~1760)을 들 수 있다. 이 운동의 핵심은 '신이 베푸시는 구원의 힘을 지금 여기에서 느끼는 것'으로 요약할 수 있다. 따라서 무엇보다 중요한 것은 지금 신의 현존과 사랑을 찾는 일이다. 그래서 음악과 노래, 그리고 춤과 기도 등을 통해서 신과의 친밀감을 강조하는 방향으로 나아갔다. 이런 흐름 속에 점차 지성적인 토라 연구는 줄어들었고, 그보다 감성적 연구가 힘을 얻어 갔다.

유대 계몽주의 운동은 독일에서 활동했던 철학자 모제스 멘델스존(Moses Mendelssohn, 1729~1786)의 영향을 받았다. 작곡가 펠릭스 멘델스존(Jokob Ludwig Felix Mendelssohn-Bartholdy, 1809~1847)의 할아버지로도 유명한 이 사람은 서구사회에서 고립된 삶을 살고 있는 유대인에게 보다 열린사회로 나와 줄 것을 요청하였다. 더 이상 공회당에 묶인 삶이 아닌, 서구 세속사회의 일원으로 생활해야 한다고 주장하였다. 아울러 유대인도 자신이 속한 지역의 문화와 언어를 배우라고 재촉했고, 그는 더 나아가 『토라』를 독일어로 번역해 출판하기까지 하였다. 이런 멘델스존의 계몽주의 운동에 레싱(Gotthold Ephraim Lessing, 1729~1781)을 비롯한 서구의 사상가도 유대인의 정치적 독립권을 인정하고, 민족에 대한 차별이 있어서는 안 된다는 주장으로 화답하였다. 이를 통해 서서히 '유대인에게 시민권을 부여해야 한다.'는 운동이 일어나게 되었다.

세속적 시오니즘

그러나 유대인 해방은 단기간에 이루어지지 않았다. 실제 생활세계에서는 여전히 그들은 시민사회의 일원이라기보다는 유대인으로 남아 있었다. 멘델스존의 계몽운동은 유대인으로 하여금 서구 세속사회에 융화할 것을 호소했지만 자유주의 정신이 강한 프랑스에서조차 반유대주의 정서가 상당하다는 것을 목도한 테오도어 헤르츨(Theodore Herzl, 1860~1904)은 유대인 해방운동을 다른 방향으로 잡기 시작했다. 그것이 바로 특정 지역에 유대민족을 따로 모아 독립된 국가 공동체를 만드는 '세속적 시오니즘'(secular Zionism)이었다.

헤르츨의 노력으로 1897년 스위스 바젤에서 첫 번째로 '시오니스트 회의'(Zionist Congress)를 개최하였고, 50년 안에 유대인을 위한 독립 국가의 설립을 희망하였다. 이 시오니즘 운동은 헤르츠의 소설 『오래된 새 나라』(Old New Land)에서 따온 "의지가 있다면, 그것은 꿈이 아니다!"를 구호로 채택하였고, 새로운 유대국가 설립을 위해 매진하였다. 결국 이들의 꿈은 제2차 세계대전 중 나치에 의해 자행된 홀로코스트를 거쳐 1948년 5월 14일 지금의 위치에 근대 국가 이스라엘을 설립함으로써 성취되었다.

지금의 유대교

근대 국가 이스라엘은 여전히 유대교가 주를 이룬다. 인구의 80% 정도가 유대교 신자라고 알려져 있지만 지금의 유대교는 단일 형태라기보다는 다양한 부류로 나뉘어 있다. 그 대강을 구분해 보면, 유대교를 종교로만 인정하고 세속의 삶도 그대로 받아들이는 '개혁파 유대교', 옛 유대교의 전통을 그대로 유지하려는 '정통파 유대교', 그리고 두 입장의 중간을 취하는 '보수적 유대교'가 있다. 현재 지구상에는 1300만 정도의 유대교 신자가 있는 것으로 알려져 있고, 이들 대부분은 이스라엘과 북아메리카 지역에 살고 있다.

6
그리스도교

그리스도교 현황

22억 명의 신자를 거느린 그리스도교는 16억 명의 이슬람과 더불어 세계를 양분하고 있는 가장 큰 규모의 종교이다. 이슬람이 중동 지역과 서남아시아, 그리고 아프리카 지역에 집중적으로 자리 잡은 것과는 달리, 그리스도교는 지구촌 대부분 지역에서 영향력을 유지하고 있다.

우선 유럽의 많은 국가는 그리스도교 전통을 지키고 있다. 하지만 이도 자세히 살피면 대략 3개 권(가톨릭, 정교회, 개신교)으로 나누어 볼수 있다. 라틴유럽권은 주로 가톨릭을 신앙하고 있으며, 동부 유럽국가의 시민 대부분은 정교회를 따르고 있고, 중북부 유럽의 게르만계의 국가는 주로 개신교를 신앙하고 있다. 근대화된 유럽국가를 보면 주류를 이루는 종단이나 교파가 있기는 하지만, 특정 교파가 국가 전체를 관할하는 단일체제로 이루어지지는 않았다. 따라서 어느 나라든 다양한 그리스도교 교파와 교단이 상존한다.

아메리카 대륙은 북쪽과 남쪽이 확연히 달라진다. 북미의 경우 개신교가 강하고 남미는 가톨릭이 강하다. 하지만 최근 들어 남미 쪽에서 오순절 계열의 개신교가 빠른 속도로 세를 넓혀 가고 있다고 한다.

오세아니아의 경우는 성공회를 위시한 개신교세가 강세를 이루고 있다. 이들 지역은 아무래도 유럽인에 의해 개척되고 근대화된 곳이라서 유럽인의 신앙이 지금 교세에 결정적 영향을 끼쳤다고 할 수 있겠다.

아프리카 지역의 그리스도교는 식민지 시절 점령의 종교를 따라가는 경향을 보인다. 그러다 보니 프랑스, 스페인, 포르투갈 등이 점령한 지역에서는 가톨릭교회가 강세이고, 영국, 네덜란드 등이 지배한 곳에서는 개신교회가 주를 이룬다. 사실 아프리카 지역은 역사적으로는 그리스도교가 강세였던 곳이다. 이집트를 비롯해 지중해 영향권하에 있던 국가와 에티오피아 등이 전통적인 그리스도교 국가였는데, 이슬람이 이 지역을 지배한 뒤에는 대부분 그 영향권 아래에 들어가 있다. 다만 이집트의 경우 전통적인 콥트교[1]가 인구의 10% 정도로 명맥을 유지해 오고 있다.

아시아 지역은 다른 지역에 비해 다종교 환경이 좀 더 강하다. 그래서 기존의 불교, 힌두교, 이슬람, 도교, 신도, 무교 등이 공존하고 있으며 그리스도교도 그중 한 부분을 차지하고 있다. 그러다 보니 유럽이나 아메리카 대륙에 비해 그리스도교가 상대적으로 열세에 놓여 있다. 아

---

1) 콥트라는 말은 이집트를 지칭하는 말이다. 이집트가 이슬람 세력의 손에 들어간 뒤부터 이 지역을 아랍어로 퀩트(qibt)라고 불렀고, 후에 이 발음을 서구식으로 표기하면서 콥트가 되었다. 따라서 콥트교라는 말은 '이집트교회'라고 보면 된다. 이 콥트교는 단성설(monophysitism)을 믿는 것으로 알려졌다. 단성설이란 예수의 본질을 신성과 인성 모두를 인정하는 양성설과는 달리 둘 중의 하나만 인정하는 것을 말한다. 콥트교의 시작은 칼케돈(Chalcedon, 현재의 터키 지역) 공의회(451년)에서 알렉산드리아의 총주교였던 디오스코로스(Dioskoros)가 이단으로 정죄되면서이다. 당시 디오스코로스는 예수의 인성만 인정하는 주장을 하였고, 이 때문에 공의회에서 이단으로 낙인찍혔다. 그 후 그를 따르는 교회들이 서방교회에서 독립하여 나온 것이 콥트교이다.

시아 국가 중 그나마 그리스도교가 세를 유지하고 있는 곳은 오랜 기간 서구의 지배를 받은 필리핀과 근대 이후 산업화 과정에서 미국의 영향을 많이 받은 한국 정도이고, 최근 들어서는 중국에서 그리스도교 세가 늘어나고 있다.

그리스도교란 이름에 대하여

우리나라에서는 보통 그리스도교를 '기독교'(基督敎)라고 부른다. '기독'이라는 말은 그리스어 '크리스토스'(Χριστός)를 한자로 옮길 때 '기리사독'(基利斯督)으로 한 것을 줄여 부르기 시작한 것에서 비롯한다. 즉, '기리사독'이 '기독'이 된 것이다. 기독교는 예수로 인해 파생된 종파 전체를 아우르는 상위 개념의 명칭이다. 그런데 재미있게도 우리나라에서는 유독 개신교를 지칭하는 것에 이 용어를 사용한다. 그러다 보니 개인정보를 다루는 종교 항목에 '기독교', '천주교'가 병기되는 웃지 못할 일이 종종 생긴다. 이는 세분해서 '천주교', '개신교', '정교회' 등으로 표기하여야 하겠지만, 오래도록 '기독교=개신교'라고 사용하다 보니 이러한 어색한 표현이 방치된 것으로 보인다. 이에 좀 더 제대로 된 호칭 정리를 해 보면, 가장 상위에는 그리스도교(기독교)를, 그리고 바로 밑에 로마 가톨릭, 정교회, 개신교 등을, 그리고 그 밑에 장로교, 감리교, 성결교, 침례교, 순복음교회, 성공회 등의 교단을 두면 될 것이다.

예수라는 인물과 삶

지금의 그리스도교는 2000여 년 전 팔레스타인 지역에서 활동했던 예수란 이름의 청년과 긴밀하게 연결되어 있다. 예수에 대한 정보는 매우 익숙하지만 정작 그에 대한 객관적 사료를 찾아보려고 하면 그리 풍

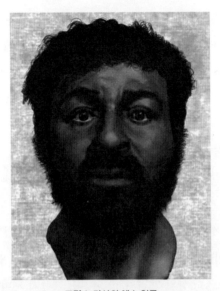

그림 1 가상의 예수 얼굴

최근에 팔레스타인 지역에서 발굴된 1세기경 유대인 남성의 두개골을 바탕으로 영국 맨체스터대학의 연구팀이 첨단 기술을 동원해 복원해 낸 예수의 얼굴 모습이다.

부하지는 않다. 워낙 그리스도교가 유력한 종교이고, 또 그만큼 많이 노출되다 보니 예수란 이름과 존재가 그저 익숙한 것이라고도 할 수 있다. 익숙함에 비해 예수에 대한 객관적 자료가 부족한 것은 일단 그의 활동 기간이 대단히 짧았고, 그가 약소국에서 그것도 일반 시민의 신분으로 살아서였을 것이다. 아무래도 공식 기록은 강대국과 힘 있는 사람들 중심으로 돌아갈 터이니, 그에 대한 기록이 적다는 것은 세속적 관점에서 그의 지위가 그렇게 주목받을 만하지는 못했다는 증거가 될 것이다.

지금 우리가 활용할 수 있는 예수에 대한 정보는 주로 신약이라 불리는 문헌이고, 그것도 주로 4개의 복음서(마태, 마가, 누가, 요한)에 집중되어 있다. 그러나 복음서 역시 예수에 대한 객관적 기록물이라기보다는 그를 하느님의 아들로 고백한 이들이 주도한 신앙고백서적 성격이 강하다. 그러다 보니 복음서 역시 예수란 인물의 일대기 전체를 주목하는 것이 아니라, 이른바 공생애로 불리는 그의 예언자적 생애에 초점이 맞춰져 있다. 아무튼 이런 제한적인 사료 속에서 그나마 우리가 추려낼 수 있는 예수에 대한 정보를 나열해 보면 '나사렛 출신, 목수의 아들, 나이 서른에 공적 생활 시작, 십자가형으로 사망, 부활, 승천' 등이다. 그리고 그가 공생애 내내 줄곧 주장한 것은 '하느님 나라'였다. 아마 누구라도 이 정도 정보는 찾아낼 수 있을 것이다. 그렇다면 이제 익숙한 이 정보를 가지고 지금의 그리스도교를 있도록 한 예수란 인물의 됨됨이를 한번 살펴보자.

우선 예수의 나이 문제이다. 우리는 복음서에 기록된 것[2]처럼 그의 나이를 30세 정도로 보고 있다. 하지만 생각해 보자. 요즘처럼 주민의 출생 사망 관리가 철저한 사회도 아닌데, 예수가 활동하던 때인 2000년 전에 보통 사람의 나이를 어떻게 확인할 수 있을까? 따라서 예수의 나이 30이라는 숫자를 지금의 기준으로 단순히 이해해서는 곤란하다. 아마도 30이라는 숫자는 장성한 어른에게 붙이는 관습적 표현으로 보아야 할 것이다.[3] 따라서 복음서에 등장하는 '서른'이라는 표현은 지금의 '스물'이란 표현의 의미와 쓰임이 유사했을 것이다. 즉, 결혼하여 가정을 이룰 수 있는 나이를 우리가 스물이라 하듯이, 고대 팔레스타인에서는 제법 사람 구실하며 독립적 삶이 가능한 나이를 '서른'이라 했을 것이다. 그렇게 놓고 본다면 생각보다 예수란 인물의 나이는 더 어렸을 수 있으며, 아마도 20대 중반에서 30대 초반 정도에 해당하는, 말 그대로

---

2) "예수께서 가르치심을 시작하실 때에 삼십 세쯤 되시니라.(후략)" (누가 3:23)

3) 게리 윌스 (권혁 역), 『예수는 그렇게 말하지 않았다』(서울: 돌을새김, 2007), 39쪽.

청년 세대에 속한 인물로 보아야 할 것이다.

그렇다면 이 젊은 예수는 몇 년이나 공중 앞에서 활동했던 것일까? 이에 대해서도 기록에 따라 의견이 분분하다. 우선 공관복음서라 일컫는 마태, 마가, 누가복음을 근거로 한다면 대략 1년 정도이다. 반면 요한복음서 기자는 예수가 예루살렘에서 적어도 3회 정도의 유월절[4]을 보낸 것으로 기록하고 있어 이를 따르자면 예수의 공적 생활은 3년 정도로 늘어난다. 아무튼 이들 기록을 놓고 추론하자면, 젊은 예수는 서른을 바라보는 나이에 대중 앞에 나아가 1년에서 3년 정도 활동하다가 역사의 뒤로 물러났다는 말이 된다. 말이 3년이지, 사실 1년 내내 하루도 쉬지 않고 일할 수는 없기에 그 기간에서 이런저런 기간을 빼고 나면 정작 예수가 활동한 기간은 몇 개월에서 1년여 정도에 지나지 않을 것이다.

이렇게 계산해 보면 예수의 공생애는 다른 종교의 교조와 비교해서 상당히 짧다. 예를 들어 불교를 일으킨 고타마 싯다르타의 경우 35세에 깨달음을 얻어 80세에 사망할 때까지 45년여 동안 사람들에게 가르침을 펼쳤고, 무함마드도 610년경 첫 번째 계시로부터 따지면 632년 사망할 때까지 20여 년간 공적 활동을 했다. 이들의 활동 연수와 비교한다면 예수의 경우는 대단히 짧은데 그 기간에 그가 무엇을 하고 전했기에 그 여운이 2000여 년이 지난 지금까지 이어지고 있을까? 따라서 이제 우리는 그가 전한 메시지에 집중하지 않을 수 없다.

---

4) 유월절(逾越節)은 유대인 최대 명절 중 하나이다. 노예 생활을 하던 이집트로부터 탈출한 것을 기념한 날이기도 하다. 유월절은 히브리어로 '페사흐'로 불리고 '넘어간다'는 뜻을 가진다. 이는 이집트에 내려진 10가지 재앙 중 마지막인 '장자의 죽음'을 넘어섰다는 의미를 담고 있다. 이 내용은 『히브리 성서』 출애굽기 12장에 자세히 기록되어 있다.

예수가 전한 '하느님 나라'[5]

'하느님 나라'는 예수의 여러 설교 주제 가운데 단연 으뜸이다. 이는 수치로도 쉽게 알 수 있는데, 예수의 공적 생활을 기록하고 있는 공관복음서에만 이 단어는 무려 121회나 등장한다.[6] 그가 사용한 많은 비유 역시 단연 '하느님 나라'에 관한 것이 주를 이루고 있으며, 이러한 저간의 사정을 종합하여 대다수 학자는 예수 사상의 핵심으로 '하느님 나라'를 꼽는 데 조금도 주저함이 없다. 하지만 '하느님 나라'에 대한 예수의 용례는 주로 은유적 비유에 집중되어 있어 생각만큼 그 의미와 내포가 분명히 드러나지는 않는다. 그 때문에 '하느님 나라'는 그 연구의 규모만큼이나 많은 오해와 곡해를 받고 있는 것 또한 사실이다.

우선 '하느님 나라'에 대한 오해 중 가장 흔한 것은 이 말이 초세간적이고 주로 사후 세계를 목적으로 하고 있다고 여기는 것이다. 이는 "예수 천당, 불신 지옥"이라는 몇몇 열성 그리스도교 전도자의 피켓에서도 잘 드러나듯이, 하느님 나라는 '지금 여기'의 개념이 아니라 '저곳 그때'의 것이라 보는 것이다. 즉, 그 '곳'은 신앙생활을 잘한 이들이 죽어 이르게 되는 낙원 정도로 생각하고 있다는 것이다.[7]

하지만 이는 예수가 전한 하느님의 나라와는 좀 성격이 다르다. 예수가 전한 하느님 나라, 즉 '바실레이아 투 테오'(βασιλεία του Θεου)

---

5) '하느님 나라'에 대한 기술은 필자가 2009년에 발표한 「하나님 나라와 시천주: 수양론의 시각으로」(『동학학보』 17권)의 2장 "예수의 하나님 나라"를 수정 보완한 것임을 밝힌다.

6) 신약 전체로 보면 162회 사용된다. 허호익, 「천당, 천국 그리고 하나님의 나라」(『한국기독교신학논총』 41권, 2005), 366쪽.

7) 이런 이해는 심지어 몇몇 종교학자에게서도 드러난다. 윤이흠은 그의 책에서 천당을 하느님의 뜻에 순종한 삶을 살았던 이들이 가는 곳으로 이해하고 있음을 적고 있다. 윤이흠, 『한국인의 종교관』(서울대학교출판부, 2000), 73쪽.

는 공간을 뜻한다기보다는 '통치', '다스림'으로 새겨야 한다는 것은 대부분 학자가 동의하고 있다.[8] 즉, 왕이 왕으로서 다스리는 것, 그것이 예수가 말한 하느님 나라의 본뜻이라 할 것이다. 그리고 이것은 예수만의 고유한 것도 아니요, 전통적으로 유대세계에 전해져 온 것이기도 하다.[9] 이렇듯 지금과 고대의 언어 습관에서 '나라'라는 단어의 쓰임은 같지 않다. 현대 언어생활 속에서 나라는 주로 공간과 영역으로 생각되지만, 고대인은 그것을 왕이 행사하는 권위, 혹은 주권으로 새겼던 것이다.

'신의 통치'라는 개념은 비단 고대 이스라엘사회에서만 독점된 것도 아니었다. 이미 이 개념, 즉 신이 세상을 통치한다는 생각은 고대 인도, 이란 등지에서도 나타난다.[10] 인도어 크샤트라(kṣatra)는 바실레이아(βασιλεία)와 비교된다. 크샤트라라는 말은 흔히 인도 카스트제도에서 브라만 밑에 자리하는 계급에 대한 호칭으로 알려져 있으나, 본디 그 뜻은 '통치력이 주어진 자'이다. 주로 이 용어는 '하늘의 신'(天空神)이었던 바루나(Varuna)와 밀접히 연관되는데, 신적 통치가 지상에서 이루어지는 의미로 해석되곤 하였다. 고대 이란 종교에서 흔히 등장하는 위대한 신의 이름 '마즈다'(Mazdā) 역시 '다스림'과 '지배력'을 의미

---

8) 물론 여전히 '하느님 나라'에는 '영역'의 의미가 들어 있다고 보는 학자도 있다. 하지만 대부분 학자가 동의하는 것은 '바실레이아'는 '통치'로 봐야 한다는 것이다. 하느님 나라에 대한 통치적-영역적 이해에 대해서는 다음을 참조하라. 조지 래드(이태훈 역), 『예수와 하나님의 나라』 (도서출판 엠마오, 1985), 149–178쪽.

9) 고대 이스라엘에서도 이미 왕(malek)이 통치한다(malkut)는 사상이 있었고 이는 히브리 성서 여러 곳에서도 발견된다. "주의 나라는 영원한 나라이니, 주의 통치는 대대에 이르리이다."(시 145:13)에서와 같이 고대 이스라엘에서도 '나라'와 '통치'는 같은 뜻으로 사용되고 있다. 허호익, 「천당, 천국 그리고 하나님의 나라」, 366쪽.

10) A. V. Ström, Herrschaft Gottes, T.R.E. Vol. 15 (Berlin, 1986), p. 173.

한다.[11]

이처럼 고대인이 생각했던 '나라'라는 개념은 상당히 '정치적'이었다고 할 수 있다. 그리고 실제로도 그러했다. 고대 이스라엘에서는 지속적으로 그들의 신, 야훼를 왕으로 묘사하고 있었다. 그리고 그러한 야훼의 통치가 자신들에게 임하기를 바랐고, 이러한 신정통치의 이념은 세속화되어 실제로 이스라엘 왕조의 통치 수단으로 이용되기도 했다. 즉, 현 임금은 신의 통치를 땅 위에서 대리하는 존재로 인식되기도 했다.[12] 이는 고대사회에서 왕들을 '신의 아들'이라 불렀던 것과 같은 선상에 있다고 볼 수 있다.

그렇다면 예수는 이러한 고대의 '나라' 개념을 어디까지 수용하고 있었을까? 그의 첫 설교를 기록하고 있는 마가의 복음서에서 출발해 보자.

"때가 찼고 하느님의 나라가 가까이 왔으니 회개하고 복음을 믿으라."(마가 1:15)

그런데 이 선언만으로는 예수가 이해하고 있는 하느님 나라의 전모를 파악하기란 쉽지 않다. 물론 예수의 공식 활동을 알리는 첫 선언에 하느님 나라가 등장하고 있다는 것만으로도 이 말의 중요성[13]을 십분 알 수 있긴 하지만, 이 한 구절만 가지고 예수가 생각했던 구체적인 하

---

11) 같은 곳.

12) 박태식, 『왜 예수님이어야 하는가?: 하느님 나라의 윤리』(생활성서, 2001), 156쪽.

13) John Pairman Brown, *Kingdom of God Encyclopedia of Religion*, second edition Vol. 12. (Detroit: Thomson Gale, 2005), p. 5148.

느님 나라의 전모를 풀어내기란 쉽지 않다. 물론 당시 유대사회의 구성원으로서 예수 역시 '바실레이아'를 '통치'로 해석했을 것이고, 그의 설교를 듣고 있던 다른 유대인 또한 그 연장선에 있었을 것이다.

여기서 다시 한 번 본문을 살펴보자. '나라'를 '통치'로 바꾸어 인용문을 달리 풀어 보면, '신의 통치가 임박했으니 회개하고 복음을 믿으라.' 정도가 될 것이다. 이 말을 문자적으로 받아들이면, 통치의 전제 조건으로 사람들의 '회개'와 '믿음'이 필요하게 된다. 그리스도교에서 말하는 회개란 '신에게로 되돌아오는 것'을 말한다.[14] 하느님에게서 멀어진, 혹은 그를 등진 '죄'로부터 돌이켜 다시 신에게 돌아오는 것이 회개이다. 그로 인해 틀어졌던 하느님과 사람 사이의 관계가 본래대로 돌아가는 것, 그것이 '죄 사함'[15]이다. 이 과정의 결과로 인간 안에서 신의 존재가 제대로 자리를 잡게 되면 신의 통치가 실현되고 그것이 바로 '하느님 나라'라는 것이다.

하지만 계속해서 떠오르는 물음 하나는 하느님의 나라가 고대 유대인에게 그리 낯선 주제도 아니고, 이미 오래전부터 그들의 선이해를 차지하고 있었다면, 도대체 예수는 무슨 이유로 100여 차례 이상이나 그 단어를 언급하고, 또 수많은 예화를 하느님 나라를 설명하기 위해 사용했던 것일까? 그리고 신의 통치를 위한 전제로 제시한 회개와 믿음이 가지는 의미는 또 무엇인가? 이러한 물음이 일어나는 정황은 예수가 생각했던 '하느님 나라'와 동시대인의 그것이 결코 같지 않았음을 보여 주는 증거가 되는 것은 아닐지. 그렇다면 여기서 우리가 던져야 할 물음은 '과연

---

14) Hans Martin Barth, *Dogmatik: Evangelischer Glaube im Kontext der Weltreligionen* (Gütersloh: Chr. Kaiser, 2001), p. 564.

15) 정양모, 『마르코 복음서』(분도출판사, 1981), 26쪽.

어떤 점에서 예수는 하느님 나라에 대한 동시대의 이해와 궤적을 달리하고 있는가?'일 것이다. 이 문제의 해결을 위해서는 예수가 사용한 다양한 하느님 나라에 대한 비유를 살펴보는 수밖에 없을 것이다. 여기서 그 비유의 대강을 살펴보면 다음과 같다. 그 비유는 하나같이 "하느님의 나라는 마치 …… 같다."라는 수식어로 시작된다.

우선 대표적으로 씨앗과 관련된 비유를 꼽을 수 있다. 잘 알려진 씨뿌리는 사람의 비유(마태 13:18-23), 저절로 자라나는 씨앗의 비유(마가 4:26-29), 시작은 보잘것없지만 나중에는 크게 성장하는 겨자씨에 대한 이야기(마가 4:30-32) 등을 위시해서 밀가루 반죽 속의 누룩 이야기(누가 13:20-21), 보물을 감추고 있는 밭(마태 13:44), 혼인 잔치에 등불을 준비한 처녀들 이야기(마태 25:1-13) 등 복음서에 등장하는 이루 셀 수 없을 정도로 많은 비유는 바로 하느님 나라를 지목하고 또 그것에 집중하고 있다.

이렇게 반복해서 예수가 하느님 나라에 대하여 설명하고 또 강조하고 있다는 것은 그만큼 동시대인의 이해와 자신의 것 사이에는 만날 수 없는 차이가 있었기 때문은 아니었을까. 따라서 하느님의 나라가 그의 통치와 다스림으로 이해되고 있다손 치더라도 예수와 동시대인이 생각했던 '통치의 모습과 내용'은 달랐을 가능성이 있다. 그렇다면 예수가 그렸던 하느님 나라의 모습은 과연 어떤 것이었을까? 과연 예수가 생각했던 하느님의 '통치'는 어떤 것이었을까?

다시 하느님 나라로 돌아가 보자. 이 용어 중 하느님이란 단어는 큰 혼란을 불러일으키지 않았을 것이다. 그들에게는 무엇보다 자명한 존재가 하느님이었고, 이는 다시 언급할 필요조차 없었을 것이기 때문이다. 다만 '나라', 즉 '통치'가 문제이다. 앞에서도 언급했듯이, 당시 대다

수 유대인은 신의 통치를 '정치적'으로 이해하고 있었다. 참으로 왕이신 신께서 친히 지배하고 조정하는 사회의 도래를 그들은 현실적으로 꿈꾸고 고대했던 것이다. 이러한 생각 속에서 중요한 것은 임하시는 지배의 '주체'이지 지배당하는 대상의 변화는 크게 문제될 것이 없다. 대상은 언제나 그대로일 뿐이고 지배의 주체만이 힘센 이에서, 정복자에서, 로마인에서 다른 그 어떤 것으로 계속해서 바뀔 뿐이다. 지배를 받는 자신, 즉 유대인의 변화는 크게 신경 쓸 일도, 또 고민할 일도 아니다.

그런데 앞에서 열거한 예수의 비유에 나오는 하나의 공통점은 '변화'이다. 겉모습의 큰 바뀜은 없지만, 그 안에서 끊임없이 일어나는 '질적인 변화'에 대하여 예수는 다양한 화술과 어법을 통하여 강조하고 있다. 씨앗에 대한 이야기가 그렇고, 밭에 감춰진 보물과 진주를 발견한 사람의 마음이 그렇다. 눈에 보이는 모습은 늘 같아 보이지만, 그 안에는 달라진 '질적 변화'가 있다는 예수의 비유, 아마도 거기에 그가 생각하는 '통치'의 내용이 담겨 있을 것이다.

그렇다면 이 통치의 의미를 어떻게 풀어야 할까? 지금까지 하느님 나라에 대한 많은 설명이 여전히 '하느님'에 집중한다. 그래서 그의 통치 유형과 영역, 그리고 그것의 의미 풀이에 집중하는 경우가 많다. 그것을 주관적 영역으로 이해하여 인간의 영혼 속에 들어와 그것을 주장하는 '내적 힘'으로 보든지(하르낙), 아니면 나사렛 예수라는 한 구체적인 인격 안에 들어온 '절대적인 것'으로 보든지(도드), 혹은 하느님의 나라를 '교회'[16]와 연관 지어 생각하든지, 아니면 근본적으로 신의 나라를 인간 사회를 위한 하나의 이상적 형태로 해석하든지[17] 대부분 초점과 방점은 신에게 맞춰져 있다.

신은 변하지 않는다. 원론적으로 신의 본질과 존재는 변할 수 없는 것이다. 예수 비유의 주체는 신이라고 볼 수 없을 것이다. 그렇다면 비유 속의 변화는 인간 안에서 일어나는 현상이라고 볼 수 있는데, 그것을 통해 예수는 과연 무엇을 알리고 싶었던 것일까?

그것을 '신체험'이라 볼 수는 없을까. 밭에 감춰진 보물을 발견한 이의 심정처럼 교리적으로, 이념적으로만 알고 있던 신을 자신의 실존과 생활세계 속에서 생생히 체험하게 되었을 때 그 내면에서 일어나는 신에 대한 충만한 친근함. 더 이상 언어와 이념의 화석으로 머물러 있지 않는 생동감 넘치는 신체험을 한 이는 값진 진주를 발견한 이의 마음과 같지 않을까. 그렇다고 본다면, 하느님의 나라를 정치적으로 읽고 있던 당대 사람들과 예수의 그것은 큰 차이를 보일 수밖에 없을 것이다. 다른 이들의 하느님 나라는 신만이 등장하면 모든 것이 마무리되는 상황이라면, 예수가 생각한 나라는 그 신을 경험하고 체험하는 이에게만 오는 '주관적' 상황이 되기 때문이다. 즉, 객관적으로 신의 왕정이 펼쳐지는 것이 아니라 예수의 '나라'는 신을 체험한 개개인에게서 이루어지는 실존적이고 종말론적인 현상이 되는 것이다. 따라서 예수의 물음은 신에게 집중하지는 않는다. 신의 정체와 존재의 이유를 묻는 것에 매몰되는 것이 아니라, 바로 지금 이 현장 속에서 그 신을 어떻게 절절하게 생생하게 경험할 수 있는가에 집중하고 있다 할 것이다. 그리고 이는 바

16) 전통적으로 하느님의 나라와 교회를 동일시하려는 태도는 개신교보다는 가톨릭에서 더 뚜렷이 나타난다. 그리고 실제로 가톨릭의 교의학에서 '하느님 나라'라는 개념은 대체로 사라졌거나 혹은 교회와 동일시되고 있다. 국제성서주석, 『마르코 복음(1)』(한국신학연구소, 1985), 83쪽.

17) 하느님 나라에 대한 다양한 해석은 다음을 참조하라. 조지 래드(원광연 역), 『하느님 나라』 (크리스챤 다이제스트, 2000), 18-19쪽.

리새인과 세리에 대한 예수의 또 다른 이야기에서도 잘 드러난다.

　두 사람이 기도하러 성전에 올라가니 하나는 바리새인이요, 하나
는 세리라. 바리새인은 서서 따로 기도하여 이르되, "하느님이여 나는
다른 사람들 곧 토색, 불의, 간음을 하는 자들과 같지 아니하고 이 세
리와도 같지 아니함을 감사하나이다. 나는 이레에 두 번씩 금식하고
또 소득의 십일조를 드리나이다." 하고, 세리는 멀리 서서 감히 눈을
들어 하늘을 쳐다보지도 못하고 다만 가슴을 치며 이르되, "하느님이
여 불쌍히 여기소서! 나는 죄인이로소이다!" 하였느니라. 내가 너희
에게 이르노니. 이에 저 바리새인이 아니고 이 사람이 의롭다 하심을
받고 그의 집으로 내려갔느니라. 무릇 자기를 높이는 자는 낮아지고
자기를 낮추는 자는 높아지리라 하시니라. (누가 18:10-14)

　이 이야기에서도 확연히 드러나듯이 예수의 초점은 누가 하느님의
계율을 성실히 수행했느냐가 아니라, 누가 신을 제대로 '체험'하고 있는
가에 있다. 참으로 신의 임재를 경험하고 있는 이들은 말로 다할 수 없
는 비참함을 경험할 수밖에 없을 것이다. 루돌프 오토(Rudolf Otto)는
이를 '피조물의 감정'(Kreaturgefühl)이라 이름 붙였다. 완전한 절대자
와 조우하는 이는 스스로가 무화(無化, nothingness)되는 경험을 하게
된다는 것이다.[18] 그때 비로소 인간은 완벽한 신 앞에 스스로 죄인임을
고하게 된다. 따라서 위 이야기 속의 바리새인은 도저히 신의 임재를
경험한 이라고 볼 수 없고, 오히려 세리가 신을 만나고 있다고 볼 수 있

---

18) Rudolf Otto, *Das Heilige* (München: Verlag C. H. Beck, 1997), p. 10.

을 것이다.

이상과 같은 설명을 전제한다면, 예수의 하느님 나라 임박 선언은 전혀 다른 언어로 해석이 가능하다. 그것은 객관적으로 신의 통치가 도래하고 있음을 강조하는 것이 아니라, 신을 제대로 느끼고 체험하라는 '수양론적 명령'으로 재구성할 수 있다. 즉, 예수의 하느님 나라는 '지금이 자리에서 신을 절절히 체험하라!'는 명령이 되는 것이다. 그리고 그명령을 수행하는 이에게 신의 통치는 당연히 이루어지는 것이다. 그렇게 신은 꾸준하고 사람이 변한다! 신은 여전하지만 그 신을 체험한 인간이 바뀌는 것이다. 그러면 인간은 잊었던 신에게서(without God) 신과 함께하는(with God) 삶으로 전향하게 된다. 예수는 이를 다음과 같이 표현하고 있던 것일 수도 있다.

"때가 찼고 하느님의 나라가 가까이 왔으니 **회개**하고 복음을 **믿으라**."

이렇게 예수시대로 돌아가 그가 말한 하느님 나라를 제대로 새겨 본다면 죽어서 가는 공간의 의미로 받아들이지는 않았다는 것이다. 그보다는 신의 통치가 여기 임한다는 것을 하느님 나라란 용어로 표현한 것이라고 보아야 한다. 이를 다시 현대어로 바꾸어 풀어 보자면, '지금 이자리에서 하느님을 경험하라!'가 될 것이다. 신을 살아 있는 존재로 바로 여기 임하는 존재로 인정하고 체험하는 삶이야말로 예수가 전한 하느님 나라의 참모습이라고 할 수 있을 것이다.

예수가 이 말을 그토록 반복적으로 강조했던 것은 그가 활동하던 당시에도 상당수의 사람이 제대로 된 신체험 없이 신을 언급하고 있었다는 증거가 될 것이다. 재미있게도 하느님에 대해 많이 언급하는 이들은 이른바 신앙이 좋거나, 종교계에 속하거나 그 안에서 높은 지위에 있는 이들이다. 그런데 이들 언어 속의 신은 제대로 된 경험 없이 관습과 절차에 따라 반복되는 경우가 허다하다. 예수가 지적하고 있는 부분은 바로 이 지점이다. '신을 이야기한다면, 하느님의 이름을 판다면 그를 제대로 경험하고 만나 본 다음에야 떠들라!' 어쩌면 이것이 예수의 속내이고, 그가 행한 설교의 고갱이라 할 수 있겠다. 그리고 이런 맥락에서 예수의 하느님 나라는 매우 실천적이고 수양론적인 주장이라고 할 수 있다.

바울로와 예수신앙운동

이런 예수의 하느님 나라 운동은 바울로[19]에 의해 '예수신앙운동'으로 바뀌게 된다. 바울로는 하느님 나라를 전한 예수가 바로 인간을 죄에서 구원하기 위해 하늘에서 내려오신 '그리스도'임을 강조한다.

하지만 바울로가 처음부터 이런 태도를 보인 것은 아니다. 초기 바울로는 예수를 따르는 이들의 태도를 상당히 부정적으로 해석했다. 당시 그리스도교도는 예수를 신이라 고백하고 있었고, 그것이 바울로에게는 받아들일 수 없는 신성 모독으로 들렸다. 유대 전통에 충실했던 바울로 입장에서 인간은 신이 될 수 없었고, 만약 그렇다면 그건 미신이나 우상에 지나지 않았기 때문이다. 유일신 야훼 아래 모든 것은 피조물일 뿐이고, 따라서 어느 누구도 신과 같이 될 수 없다. 그런데 인간 예수를 신이라 지칭하는 이들이 있다는 것은 유대 전통 입장에서는 신을 모독하는 것과 마찬가지라고 판단할 수 있기 때문이다.

---

19) 바울로는 두 가지 이름으로 불렸다. 하나는 그리스식인 바울로이고, 다른 하나는 히브리식인 사울(Saul)이다. 이러한 풍습은 당시 해외파 유대인에게는 일반적이었다.

그런데 이런 바울로에게도 하나의 전기가 찾아오는데 그건 바로 예수와의 만남이었다. 기록에 따르면 그는 다마스쿠스로 가는 도중 부활한 예수를 만났다.[20] 이는 일종의 강렬한 종교적 신비체험이라고 볼 수 있는데, 이후 바울로는 이전과는 다른 행적을 보인다.

가장 큰 변화는 율법에 대한 태도이다. 이전의 바울로는 다른 유대인과 마찬가지로 신이 인간의 구원을 위해 교훈으로 준 율법을 성실히 수행하는 것이 모범적인 신앙생활이라 생각했다. 그리고 그것이야말로 구원에 이르는 유일한 길이라 생각했다. 즉, 예수를 만나기 이전의 바울로는 철저히 율법에 따르는 사람이었다. 그러한 점에서 그는 철저했고 성실한 삶을 살았다고 할 수 있다. 그는 구원의 완성을 위해 신이 정한 규율을 성실히 수행하고자 한 사람이었다. 그런데 예수와의 만남은 율법에 대한 그의 태도를 완전히 바꾸어 놓았다. 물론 그렇다고 바울로가 율법을 폐기한 것은 아니다. 다만 구원에 이르는 더 '좋은' 길을 찾은 것이고, 그것으로 충분히 율법을 대체할 수 있다고 판단한 것이다. 그것이 바로 '은총'이요, '믿음'이다. 여기서 바로 유명한 바울로의 '칭의' 사상이 나온다.

하느님의 의.

의(義)라는 단어를 생각할 때 가장 먼저 떠오르는 것은 누군가를 조

---

20) "사울이 길을 떠나 다마스쿠스 가까이에 이르렀을 때에 갑자기 하늘에서 빛이 번쩍이며 그의 둘레를 환히 비추었다. 그가 땅에 엎드리자, '사울아, 사울아, 네가 왜 나를 박해하느냐?' 하는 음성이 들려왔다. 사울이 '당신은 누구십니까?' 하고 물으니 '나는 네가 박해하는 예수다.'" (사도행전 9:3-5)

항에 맞춰 심사하고 판결하는 재판정의 모습일 것이다. 재판정에서는 판사의 역할이 중시된다. 그의 판단이 곧 형벌을 결정하기 때문이다. 바울로 역시 이런 구도에서 크게 벗어나지 않았다. 즉, 구원의 재판정에서 신은 언제나 의로운 존재이고, 인간은 그러한 신의 의로움에 비추어 판단을 받아야만 한다고 생각했다. 하지만 예수와의 만남 이후 바울로의 이러한 생각은 역전되고 만다.

재판정의 주인공은 판사만이 아니라 피고인이 될 수도 있다. 즉, 일종의 시각의 전환이 바울로에게 일어난 것이다. 먼저 신이 주인공이라고 생각해 보자. 그렇다면 구원을 위해서 율법은 필수적인 것이 된다. 인간은 태어나면서부터 신이 만족할 만한 수준에 이르도록 최선의 노력을 다해야 할 것이다. 그래야 하느님의 의가 충족될 테니 말이다. 따라서 하느님의 의는 인간을 판단하는 기준이요, 모범이 된다. 그런데 여기서 문제가 생긴다. 어떻게 유한한 인간이 무한한 신의 기준에 부합할 수 있을까? 바로 이 지점에서 율법의 한계가 드러난다. 애초에 인간을 위해 생겨난 것이 도리어 인간을 옥죄는 사슬이 되어 버린 것이다.

바로 이때 바울의 전환은 하느님의 의가 인간을 심판하고 옥죄기 위한 도구가 아님을 깨닫게 된 것에서 시작된다. 다마스쿠스로 가는 길에서 예수를 만난 후 바울로의 관점은 하느님의 의가 인간을 구원하기 위한 배려요, 선물로 바뀐다. 그리고 그런 신의 은총적 배려의 결과가 바로 예수의 십자가 사건이고, 따라서 예수는 인류를 구원하는 메시아가 된다는 것이다. 이런 바울로의 바뀐 구원관은 로마인에게 보낸 편지에 극명하게 드러난다.

"나는 그 복음을 부끄럽게 여기지 않습니다. 복음은 먼저 유다인에 게, 그리고 이방인에게까지 믿는 사람이면 누구에게나 구원을 가져 다주시는 하느님의 능력입니다. 복음은 하느님께서 인간을 당신과 올바른 관계에 놓아 주시는 길을 보여 주십니다. 인간은 오직 믿음을 통해서 하느님과 올바른 관계를 가지게 됩니다. 성서에도 '믿음을 통 해서 하느님과 올바른 관계를 가지게 된 사람은 살 것이다.' 하지 않 았습니까?"(로마서 1:16-17)

구원의 전제로서 은총의 발견은 바울로로 하여금 인간에 대한 관습 적 편견을 넘어서는 계기를 제공하였다. 이를 통해 바울로는 유대 공동 체 중심으로 커 가고 있던 초기 그리스도교 공동체를 헬라 문화권으로 확대하는 데 큰 공헌을 하게 된다. 아울러 비유대인뿐만 아니라, 남자 와 여자, 그리고 주인과 종이라는 성과 계급적 제한을 넘어서서 야훼의 구원을 받을 수 있다고 선포하였다.

"유다인이나 그리스인이나 종이나 자유인이나 남자나 여자나 아 무런 차별이 없습니다. 그리스도 예수 안에서 여러분은 모두 한 몸을 이루었기 때문입니다."(갈라디아서 3:28)

바울로의 선언은 당시 시대 상황을 감안한다면 가히 혁명적이라 할 수 있다. 그리고 초기 그리스도교의 영역을 확대하는 데도 큰 역할을 하였다.

그리스도교의 확산과 박해의 시기

바울로의 수고로 그리스도교는 본격적으로 헬라 문화권으로 진출하게 된다. 그리고 바울로는 그곳의 시민에게 더욱 효과적으로 그리스도교를 전하기 위해 문화적응적인 선교 방법을 택하였다. 그것은 그리스도교의 신앙을 헬라식으로 풀어 주는 것이었다. 당시 헬라 문화권에서는 신비체험을 강조하는 제의가 성행하고 있었고, 또 신과 인간을 연결해 주는 '구원자'(soter)나 '주'(kyrios)라는 개념이 매우 익숙해 있었다. 바울로는 예수를 그들에게 소개하면서 바로 기존의 개념을 적절히 활용하였다. 그리고 다른 복음서 기자들도 예수에 대해 소개하면서 헬라 문화권 사람들에게 익숙한 개념을 끌어와 사용했다. 우선 그들이 예수의 행적을 글로 남기면서 제목으로 '복음'을 사용한 것도 흥미롭다. 그 당시 복음이란 단어는 누구나 쓸 수 있는 것이 아니라, 오직 황제와 관련된 것에만 사용할 수 있었다. 황제가 전하는 메시지나, 황제가 행차할 때 사용했던 단어가 바로 '복음'이었다. 그리고 황제는 신과 인간을 연결해 주는 존재로 로마인은 그를 '주님', '전능자', '구원자'라 불렀다. 이러한 황제를 정점에 놓는 신앙행위를 '황제숭배'라고 부른다.

그런데 초기 그리스도교의 포교 행위를 살펴보면, 로마의 황제숭배 형식을 그대로 이용하고 있음을 알 수 있다. 그래서 예수는 '하느님의 아들'이 된다. 오래전 알렉산드로스 3세가 이집트를 정벌하러 갔다가, 그 지역의 최고 통치자가 신의 아들로 숭배되고 있음을 인지하고 이를 지중해 지역으로 가지고 들어왔다. 그래서 이미 이 지역에서는 하느님의 아들이 왕을 상징하는 용어로 사용되고 있었다. 그런데 예수가 하느님의 아들이며, 그에 대한 기록은 '복음'이 되며, 그가 하는 역할은 신을 대신하여 인간에게 구원을 선포하는 '구원자'며 '주님'이라는 것이다. 아울러 그들에게 익숙한 체험적 요소까지 두루두루 갖추고 있던 이 새로운 종교에 당시 로마인이 관심을 갖게 된 것은 당연한 일이라 하겠다.

이런 상황 속에서 그리스도교는 헬라 문화권에 착실히 자리를 잡아가게 된다. 하지만 효과적 선교를 위해 로마의 형식을 받아들인 것은 그리스도교의 입장에서는 언제나 '복음'은 아니었다. 이 때문에 그리스도교는 안팎의 어려움에 봉착하게 되는데, 우선 안으로 기존 유대인 신자와의 불화를 들 수 있겠다. 그리스도교로 개종하기는 했지만 여전히 율법을 준행하는 행위에 익숙했던 이들에게 낯선 헬라식 표현과 개념, 그리고 전통을 무시하는 것처럼 보이는 행위는 받아들이기 쉽지 않았을 것이다. 그래서 이는 지속적인 내부 갈등의 요소가 되었다. 밖으로 로마 지배층은 그리스도교로 촉발될 수 있는 세계관 충돌에 유의하지 않을 수 없었다. 즉, 기존 황제숭배의 형식을 그리스도교가 채용한 것이 문제였다. 이는 국가종교적 성격이 강한 황제숭배를 그리스도교가 대체할 수도 있다는 말이며, 이는 곧 로마의 통치이념이 흔들릴 수도 있다는 의미이기도 했기 때문이다. 그 외에도 여러 복합적 문제가 결합되어 본격적인 그리스도교에 대한 박해가 로마에서 전개된다.

10차례에 달하는 핍박시대를 거치면서도 그리스도교의 성장세는 멈추지 않았다. 그리고 결국 4세기에 들어 콘스탄티누스 1세(Flavius Valerius Aurelius Constantinus, 272~337)에 이르러 획기적인 전환을 이룬다. 즉, 313년 콘스탄티누스 1세가 '밀라노 칙령'을 선포하면서 그리스도교는 로마의 공인을 받은 종교가 되었다. 그리고 몰수된 재산도 돌려받고, 황제가 나서서 그리스도교의 신자가 되는 것을 장려하기에 이른다. 사실 콘스탄티누스의 그리스도교 공인을 정치적 계산으로 보는 시각도 있다. 즉, 갖가지 갈등과 내전을 봉합하며 정권을 잡은 콘스탄티누스가 그리스도교의 유일신 신앙을 이용해 로마 황제의 지위를 공고히 하려 했다는 것이다. 신이 하나이듯 황제도 하나여만 하고, 교회가 하나이듯 로마도 하나로 통해야 한다는 논리이다. 아이러니하게도 로마의 황제숭배를 통해 초기 그리스도교가 성장할 수 있었고, 콘스탄티누스에 이르러서는 그리스도교의 유일신 신앙을 통해 다시 로마의 황제권력이 강화되는 역사의 반복이 이루어진 셈이다.

그리스도교의 분열

로마의 공인을 받은 그리스도교는 더 안정적으로 사회의 주류 종교로 자리를 잡아 갔으며, 로마를 등에 업고 중앙아시아와 인도, 그리고 중국으로까지 그 영향력을 확대해 나갔다. 이러한 환경에서 점차 교회내 다른 목소리를 내는 세력이 등장하게 되었다. 그들은 주로 예수의 정체에 대한 다른 해석을 내놓았고, 교회 내 주류는 이들의 논리를 방어하면서 점차 교리를 신학화하는 작업을 해 나갔다. 그리고 이러한 과정을 거치며 그리스도교는 뼈아픈 분열의 시기를 보내게 된다. 역사적으로 그리스도교는 3차례의 분열을 경험하는데 이를 개략적으로 살펴면 다음과 같다.

1차 분열은 니케아 공의회(325년) 이후 200여 년 동안 이어지는데 이때 바로 서방교회와 동방교회가 나뉘게 된다. 여기서 유의할 것은 이때의 동방교회는 우리가 흔히 알고 있는 동방정교회가 아니라는 것이다. 이 첫 번째 교회의 분열은 예수 그리스도의 존재에 대한 논의로부터 시작되었다. 즉, 예수는 신인가 인간인가란 첨예한 논쟁이 교회의 분열을 가져온 것이다. 이때 등장한 용어가 양성론과 단성론이다. 예수의 신성과 인성을 동시에 인정하면 양성론, 둘 중에 하나만 인정하면 단성론이라고 불렀다. 그런데 서방교회는 양성론을, 동방교회는 단성론을 주장하였다. 동방에 속한 교회로는 콥트교회(콥트란 말은 고대 이집트를 지칭), 네스토리안파(한자로는 景敎로 표기), 아리우스파, 야곱교, 아르메니아교 등이 있었고, 서방교회는 로마를 중심으로 주로 서쪽에 포진하였다.

2차 분열은 서방교회 내에서 일어났다. 1054년 로마 가톨릭과 정교회의 분리가 그것이다. 이때 분열의 주된 이유는 로마교회의 수장인 교황의 위상에 대한 인정 여부 때문이다. 당연히 로마교회는 교황의 절대적 지위를 인정하였지만, 동방교회는 인정하기를 거부하였다. 물론 그 외에 후기 십자군 전쟁 시 있었던 용병에 의한 동방교회 지역의 약탈과 몇몇 교리적인 입장 차이[21]도 있었지만, 결국 2차 분열의 가장 큰 이유는 교황에 대한 견해에 있었다고 보아야 할 것이다. 여기서 정교회와 로마교회의 차이점을 간단히 살피면 다음과 같다. 우선 정교회는 가톨릭의 연옥개념을 받아들이지 않으며, 성직자의 독신생활도 모두에게 적용하지 않는다. 다만 대주교의 경우는 독신자 중에서 선출했다고 한다. 세례도 약식이 아니라 물에 완전히 잠기는 침례를 유지했고, 평면으로 그려진 성화는 수용했지만 조각상은 허락하지 않았다.

3차 분열은 로마교회 내부에서 일어났고, 이를 우리는 '종교개혁'이

---

21) 가장 대표적인 것이 바로 필리오퀘(filiogue) 논쟁이다. 이는 니케아 신조에 나오는 "성령이 아버지로부터 나온다."라는 구절에 대한 수정 때문에 비롯되었다. 즉, 서방교회는 이 구절에 아들을 첨가해 "성령이 아버지와 아들로부터도 나왔다."는 문구로 수정하였다. 이는 당시 자리를 잡기 시작한 삼위일체 교리를 정당화하기 위한 작업이었다고 할 수 있다. 하지만 동방교회는 이러한 서방교회의 수정작업을 수용하지 않고 적극 반대하였다.

라고 부른다. 1517년 독일의 마르틴 루터(Martin Luther, 1483~1546)가 로마 가톨릭의 면죄부 발행을 거부하는 95개조 반박문을 발표하면서 종교개혁은 시작되었다. 그런데 여기서 우리가 오해하지 말 것은 루터가 개혁하고자 했던 '종교'는 조직이나 제도가 아니다. 루터가 말했던 종교는 '믿음'과 '신앙'에 가까웠고, 따라서 그가 개혁하고자 했던 것은 하느님의 은총에 대한 기존의 '제도적 해석'이었다고 할 수 있다. 바로 여기서 로마 가톨릭과 개신교의 차이가 생겨난다.

로마 가톨릭과 개신교

루터는 로마 가톨릭의 무엇을 바꾸고 싶었던 것일까? 이는 다시 가톨릭이란 용어로 돌아가게 한다. 가톨릭이란 말은 '보편'을 뜻한다. 당시 로마 가톨릭교회는 자신들이 이 지상에서 유일하게 신의 은총을 대리하는 조직이요, 기관이라 자임했다. 그리고 그러한 증거로 성례전(sacramento)을 제시했고, 이를 독점적으로 취급하는 사제계급을 전면에 내세웠다. 이를 다시 말하면, 이 땅의 민중은 오로지 로마 가톨릭교회를 통해서만 신의 은총에 참여할 수 있다는 것이다. 그리고 그 통로는 신이 정한 성사, 즉 성례전이며 그건 오로지 자격 있는 전문가만이 처리할 수 있고 그들이 바로 신부라는 것이다. 따라서 신부 없는 교회는 생각할 수도 없다. 그건 단지 기도처일 뿐 성사가 진행되지 않는 곳은 교회일 수 없게 된다.

물론 로마 가톨릭의 이런 입장은 나름 고충의 결과라고 할 수 있다. 우선 당시 사람들의 낮은 지적 수준을 언급하지 않을 수 없다. 문자해독능력도 없는 이들에게 정교한 교회의 신학을 설명하기란 매번 고역에 가까운 일이었을 것이다. 모국어도 구어에만 의존하는 이들에게 문자로 기록된 라틴어 경전은 정말 천상의 언어였을 것이다. 이런 이들에게 신의 은총을 '실감' 나게 만들기란 대단히 어렵고 고단한 일이었을 것이다. 이런 난제를 풀기 위해 제시된 것이 성사이다. 지적 수준이 낮은 이들에겐 무엇보다 눈에 보이는 것을 '매개'로 신앙(하느님의 은총)을 전하는 것이 훨씬 효율적이었을 것이다. 그래서 로마 가톨릭은 7개의 성사를 제도화하여 신자들을 교회에 붙잡아 두고자 했다. 성세성사(세례), 견진성사(영세 후 12세 때 받는 예식), 성체성사(성만찬례), 고해성사, 종부성사(임종에 임박했을 때 받는 예식), 신품성사(사제서품식), 혼배성사(결혼예식)를 일컬어 7대 성사라 부르고 이 중 개신교는 세례와 성만찬만 받아들였다.

지적 수준이 낮은 신자의 관리를 위해 로마 가톨릭은 계속 매체에 공을 들였다. 반복되는 의례적 행위에 무뎌진 그들의 신심을 높여 보고자 그들은 공간을 이용하였다. 높이 솟은 천장과 엄숙하게 치장된 조각과 회화 작품, 그리고 성당 공간을 은은하게 감싸는 향내 나는 연기 등을 총동원하였다. 그들의 목적은 단 하나, 그렇게 해서라도 신의 임재를 사람들이 느낄 수 있게 해 주는 것이었다. 그리고 좀체 신심을 발산하려 하지 않는 이들(냉담자)에게 일종의 물증(?)으로 제시된 것이 강론과 교리 공부에서 종종 언급되던 여러 성인의 유골과 유품이었다. 로마 가톨릭은 그런 매체를 통해 신자의 신심을 어떻게든 관리하고 유지하고 싶어 했다. 그래서 아예 그것을 제도화하고 관습화하여 반복적으로 매체에 익숙해지도록 유도하였다.

그런데 기대와는 다르게 매체에 대한 반복적인 노출은 신자들을 더욱 살아 있는 신앙심에서 멀어지게 만들었다. 사실 눈에 보이지 않는 것을 의식 수준에서 믿기보다 물질적인 매체에 집중하는 것이 손쉬운 방법이기도 했다. 그렇게 신심을 강조하기 위해 시작된 건축과 예술 활동, 그리고 성물접촉은 차차 그 자체가 목적이 되어 버렸다. 영적 신비를 일상으로 끌어들이려 했던 매체가 오히려 주인공이 된 것이다. 그러다 보니 신심의 여부와는 상관없이 성인의 유골과 유품에만 집중하게 되고, 신의 임재경험보다 화려하고 웅장한 건물과 값비싼 조형물 설치에 전념하게 되었다. 눈에 보이는 물질적 도구를 이용하여 보이지 않는 영적 세계를 느끼게 해 주려던 그들의 노력이 물거품이 되고 만 것이다.

루터는 바로 이 왜곡된 상황을 다시 돌리고 싶어 했다. 그는 로마 가톨릭교회가 사용했던 매체가 지닌 애초의 목적을 회복하여야 한다고 생각했다. 무엇보다 중요한 것은 신을 만나는 것인데, 주객이 뒤바뀌어 신에게로 신자를 인도할 목적으로 만든 매체가 오히려 주가 되는 현실을 루터는 견딜 수 없었다. 그래서 그는 힘주어 다음과 같이 선포한다.

오직 은총만으로!(sola gratia), 오직 믿음으로!(sola fide),
오직 성경으로!(sola scriptura)

사실 종교개혁을 알리는 이 선언문은 구원의 능력을 신에게로 돌리는 말이기도 하다. 루터는 이 표어를 통해 신을 만나는 데 어떤 지상의 제도적 통로도 필요 없음을 선포한 것이다. 오직 성서를 통해 성령의 도움으로 신을 만나게 되면 그 안에서 구원이 성취되며, 의로움이 이루어진다는 고백이었던 것이다.

바로 이 지점에서 로마 가톨릭과 개신교의 차이가 뚜렷하게 드러난다. 그것은 바로 신을 만나는 방법과 통로의 차이이다. 개신교의 고백에서 하느님은 지금 바로 이 자리에서 오직 은총을 통해서만 우리와 만

그림 2 독일 마르부르크에 위치한 엘리자베트 교회

13세기에 세워진 전형적인 고딕양식의 건물이다. 처음엔 로마 가톨릭교회 소속이었으나 종교개혁 이후에 개신교회 소속이 되었다.

나는 존재이다. 따라서 신을 만나는 데 아무런 장애도 없고, 어떤 매체도 필요 없다. 있다면 바로 자기 자신뿐이다. 그러니 '만인 제사장설'을 주장할 수밖에! 신의 은총에 참여하기 위하여 사제가 시전하는 7개 성사에 반드시 참여할 의무가 신자에게는 없다고 본 것이다. 중요한 것은 지금 내가 신을 만나고 체험하는 것일 뿐! 그런 신심 없이 성사에 참여한다고 모든 것이 해결되는 것은 아니라는 것이다. 중요한 것은 신을 만남으로써 의롭다 여김을 받고, 아울러 성령을 통해 신의 임재를 매 순간 만끽하는 것이다.

따라서 예배에 참석한다고 해도 개신교와 로마 가톨릭의 해석은 서로 다르다. 예배, 혹은 미사 시간에 정해진 자리에 앉아 모든 예식을

다 수행하고 지켰다고 해도 개신교의 경우 신체험이 빠지면 그건 예배가 아니다. 중요한 것은 믿음 없이, 신체험 없이 반복되는 성사 의식에 참여하는 것이 아니라, 애초에 그것이 지향하고 목적했던 신을 지금 여기서 만나야 한다는 것이 바로 개신교 신앙의 시작인 셈이다. 그래서 개신교에서는 영성이란 말을 사용하지 않았다. 그건 신체험이 요원한 로마 가톨릭에서 신자들의 신심함양을 위해 마련한 일종의 교육과정을 지칭하는 용어일 뿐이다. 개신교는 시작부터 영성적이다. 이미 신체험을 전제로 시작된 신앙전통이 개신교이기 때문이다. 그래서 개신교에서는 영성이란 용어 대신 '경건', '완전', '헌신' 등을 사용해 왔다.

그리스도교의 미래?

22억 명의 신자를 자랑하는 그리스도교는 앞으로도 오랫동안 지구상의 유력한 종교로 영향력을 유지할 것이다. 그렇다고 그리스도교가 지금 모습대로 무한정 지속될 것이라고 전망하기도 어렵다. 분명 지난 2000년 동안 그리스도교가 변화해 왔듯이 미래도 그럴 것이다. 그렇다면 미래의 그리스도교는 어떤 변화의 파고를 맞이할 것인가? 미국의 종교학자 필립 젠킨스(Philip Jenkins)는 저서 『신의 미래』[22](The Next Christendom)에서 남반구 그리스도교의 성장세에 주목하고 있다.

지금까지 그리스도교는 유럽과 북미를 중심으로 북반구 교회가 주를 이루고 있었다. 하지만 최근 들어 북반구 교회의 성장세는 주춤해졌고, 그사이 아프리카와 남미의 교세가 가파르게 올라가고 있다. 아울러 아시아에서의 그리스도교 성장도 괄목할 만하다. 판세의 변화는 결국 그

---

22) 필립 젠킨스(김신권 등 역), 『신의 미래』 (도마의길, 2009).

리스도교 핵심 사상에 대한 해석에도 영향을 미칠 것이다. 이는 곧 그리스도교의 신학과 사상의 주도권 싸움으로 이어질 것이며, 아울러 그리스도교 문화의 다양성에도 적잖은 변화가 올 것이다. 이런 조짐은 현재 세계 곳곳에서 진행되고 있다. 남미의 해방신학과 한국의 민중신학을 비롯하여, 이전에는 묻혀 있었던 소수자의 관점이 흑인신학, 여성신학, 생태신학 등으로 나타나고 있는 것은 그리스도교가 내부적으로 패러다임의 전환기를 맞고 있다는 증거일 것이다. 이는 신학사상에만 해당하는 것이 아니다. 새로운 시대, 새로운 환경, 그리고 새로운 세대에 적응하기 위한 기존 교회의 노력은 이미 다양한 '이머징 교회'(emerging church)로 나타나고 있다. 이는 종교세계 현장에서도 변화가 거세게 진행되고 있다는 증거가 된다.

문제는 이 변화의 흐름에 대한 그리스도교의 대응이 제대로 결실을 맺을 수 있는가이다. 그렇지 못하면 그리스도교 역시 역사의 파고 앞에 속수무책으로 무너질 수도 있을 것이다.

7
이슬람

현재 지구촌 주민 가운데 이슬람을 따르는 이들은 16억 명에 이른다. 이들은 주로 중동과 북아프리카, 그리고 중앙아시아와 동남아시아에 터를 잡고 있다. 무슬림의 수만 본다면 아시아에서 제일 큰 종교는 이슬람이다. 이 중 최대 이슬람 국가는 단연 인도네시아로, 대략 2억 명의 무슬림이 있다. 그리스도교와 불교 등 다른 세계종교에 비해 이슬람은 기원후 610년에 시작되어 상대적으로 짧은 역사이지만 현대사회에서 가파른 성장세로 주목받는 종교이기도 하다.

이슬람이란 이름에 대하여

이슬람은 다른 종교와 달리 분명한 자기 이름이 있다. 사실 세계종교의 이름은 내부에서가 아니라 외부에 의해 붙인 것이 대부분이다. 대표적으로 그리스도교의 경우, 18세기 이전까지만 해도 독립된 종교 이름이 존재하지 않았다. 유럽에서는 자신들의 대표 종교를 그저 '그리스도적 신앙'(religio christiana)이라고 불렀다. 그러다 이른바 지리상의 발견이 이루어진 후 서구인이 그리스도교 밖의 종교를 만나게 되면서 본격적인 종교 이름 짓기가 시작되었다. 우선 서구인은 다른 종교와 구별하기 위한 방책으로 자신들의 신앙을 '그리스도교'(christianity, christendom)라 부르기 시작했다. 그리고 인도의 종교를 힌두교, 유교는 공자의 정신을 이어받고 있다고 해서 '공자주의'(confucianism, 이 역시 제대로 된 유교의 이름이라 보기는 어렵다), 붓다의 가르침을 따른다해서 '붓다주의'(buddism) 등 본격적인 종교의 이름을 붙이기 시작했다. 그리고 앞에서도 살펴본 것처럼 유대교 역시 애초의 쓰임새는 유대인의 생활양식 전체를 아우르는 말이었지 꼭 집어 그들의 종교만을 담아낸 것은 아니었다.

하지만 이슬람은 처음부터 자신의 이름을 지니고 있었다. '복종'을 뜻하는 이 단어는 '평화'를 의미하는 아랍어 '살름'(salm)에서 나왔다. 즉, 진정한 평화는 유일신 알라에게 완전히 복종하고 순종할 때 가능하다는 의미이다. 그리고 이슬람의 신자는 무슬림(muslim, 여자의 경우 무슬리마, muslima)이라고 불리는데, 그 의미는 '복종하는 사람'이다. 이렇게 이슬람은 이슬람이다. 그 자체가 종교의 이름이기에 굳이 '교'를 붙여 '이슬람교'라 할 필요가 없다.

흔히들 이슬람을 회교(回敎), 혹은 마호메트교(Mahometanism)라 부르기도 한다. 하지만 이는 정확한 명칭이라고 할 수 없다. 회교란 말은 중국에서 위그르족이 믿는 종교란 뜻으로 이슬람을 회회교(回回敎)라고 부른 것에서 시작되었다. 중국에서는 위그르족을 회흘족(回紇族)이라고 부르기도 했고, 따라서 회교란 위그르족이 믿는 종교란 뜻을 담고있다. 그리고 마호메트교라는 명칭은 이슬람 자체가 유일신을 신앙하는 종교이고, 서구에서 마호메트라 표기한 무함마드는 단지 예언자요, 인간에 지나지 않기에 그를 숭배하는 종교란 있을 수 없다. 따라서 이역시 제대로 된 이슬람의 이름이라고 할 수 없다.

무함마드의 삶

역사적으로 이슬람은 무함마드(Muhammad, 570?~632)라는 지도자에 의해 시작되었다. 그는 570년경 아라비아 반도의 메카에서 유복자로 태어났는데, 대단히 긴 이름을 지니고 있다.[1] 무함마드가 나고 자란 도시인 메카(Mecca)는 다마스쿠스와 인도, 스리랑카 등 여러 무역항을 연결하는 번성한 도시였다. 이 도시의 다수 종족은 꾸라이쉬(quraysh)족이었고, 무함마드도 이 혈통의 후예로 태어났다.

메카는 이슬람이 생겨나기 전부터 이미 그 지역 사람들에게는 종교적으로 잘 알려진 곳이었다. 왜냐하면 그곳에는 '카바'(kabah)라는 검은색의 성스러운 돌이 있기 때문이다.[2] 지금도 카바는 무슬림의 신앙생활 속에서 매우 중요한 역할을 한다. 왜냐하면 그들이 중시하는 순례의 정점에서 행하는 것이 바로 이 카바를 7회 도는 것이기 때문이다. 모든 무슬림은 평생에 한 번 이상은 성지 메카를 순례해야 하는데, 이 긴 여행은 카바를 도는 것으로 마무리된다.

그림1 카바

아버지 없이 태어난 무함마드는 6세 때에는 어머니마저 여읜다. 그 후 무함마드

---

1) 무함마드의 본명은 다음과 같다. Abūal-Qāsim Muḥammad ibn ʿAbd Allāh ibn ʿAbd al-Muṭṭalib ibn Hāshim.

2) 전설에 따르면 이것은 신이 최초의 인간인 아담과 하와를 낙원에서 추방할 때 이들의 죄를 용서하기 위해 만든 검은색의 정육면체 돌이다. 추정컨대 어떤 이유에서든 이 지역에 상당한 크기의 정육면체로 된 검은색 돌이 있었고, 사람들이 경이롭게 여기며 이를 위한 신전을 세우고 그곳을 성스럽게 여긴 것이라고 해석할 수 있다.

는 할아버지 손에 맡겨졌는데, 그조차 무함마드 나이 8세 때 사망하게 되고, 결국 그는 숙부인 아부 탈리브(Abū Ṭālib ibn ʿAbd al-Muṭṭalib, 549~619)의 돌봄 속에서 성장한다. 아무리 친족이라 하더라도 친부모가 없는 상황에서 어린 시절을 보내야만 했던 무함마드의 상황은 간단치 않았으리라는 것은 쉽게 짐작할 수 있다.

청년으로 성장한 무함마드는 숙부의 소개로 하디자(Khadījah, 555 혹은 567~619)라는 부유한 여인의 고용인이 되었다. 무함마드는 하디자의 사업을 성심껏 돌봤고, 결국 큰 성공을 얻게 된다. 이에 감명한 하디자는 무함마드의 나이 25세 때 그와 결혼하는데 이때 하디자의 나이는 40세, 남편보다는 15살이나 위였다. 결혼 후 무함마드는 하디자를 도와 사업을 관리하였고, 여유가 있을 때는 평소 관심을 두었던 종교 수행에도 전념하였다. 그래서 무함마드는 매년 정기적으로 메카 근방의 동굴에서 종교수련을 이어 갔다.

그러다 610년 그의 나이 40세 때, 그는 라마단 기간 중에 히라산 동굴에서 특별한 종교체험을 하게 된다. 이 체험이 있기 전부터 무함마드는 오랜 기간 환청을 들었고, 이것이 그를 계속 종교적이게 하였는데 이때 종교체험을 통해 더욱 분명히 스스로를 예언자로 인지하게 되었다.

동굴에서의 신비체험이 있은 지 3년 뒤부터 무함마드는 본격적으로 자신에게 계시된 진리를 사람들에게 전하기 시작했다. 하지만 그의 시도는 그리 성공적이지 못했다. 무함마드의 초기 포교가 실패한 것에는 타당한 이유가 있었다. 우선 그가 전한 유일신사상은 당시 메카 사람들에게는 매우 낯선 주제였다. 다양한 부족 신을 중심으로 형성된 그들의 종교생활에서는 무함마드의 유일신 알라에 대한 가르침은 이해하기 어려웠을 뿐만 아니라, 받아들이기도 곤란했을 것이다. 거기에 더해 알라 앞에서 만인이 평등하다는 것과 최후의 심판, 그리고 윤리적 삶에 대한 강조 등도 부유한 메카의 상인 입장에서는 받아들이기 힘들었을 것이다. 이런 사정 때문에 무함마드의 초기 포교는 실패하고 만다.

이 와중에 오래도록 그의 곁에서 후원자 역할을 하던 아내 하디자와 숙부 아부 탈리브가 세상을 떠난다. 이에 낙담한 무함마드는 메카를 떠나기로 결심한다. 몇 차례 우여곡절이 있었지만, 622년 9월 그는 몇몇 신자와 함께 메카에서 야스리브(Yathrib)로 이주한다. 이를 무슬림은 '헤지라'(hijrah, hegira로도 적으며 한자로는 '거룩한 이전'이란 뜻으로 '聖 遷'이라 옮긴다)라고 부르며 이슬람력의 기원으로 삼고 있다.

그런데 당시 이 지역에는 디아스포라 유대인 공동체와 그리스도교의 한 분파인 네스토리안교가 자리 잡고 있었다. 무함마드는 두 종교집단의 신앙 행위를 보면서 적지 않은 영향을 받게 되었고, 그것을 자신의 히라산 종교체험과 결합하여 새로운 형태의 종교운동을 펼치게 된다. 그것이 바로 이슬람의 시작이다. 그렇게 무함마드는 야스리브에 새로운 이슬람 공동체를 세우고 그곳의 정치마저 장악한다. 이때 세운 이슬람 공동체를 움마(ummah)라고 하는데, 이는 부족 중심의 국가가 아니라 신앙에 기초한 공동체이다. 이후 무함마드는 야스리브의 도시명을 '마디나투 안 나비'(Madīnat an-Nabī, 예언자의 도시)로 바꾸었고 자신의 종교적, 정치적 근거지로 삼았다. 후에 이 도시의 이름은 '메디나'로 줄여 불렀다.

무함마드는 624년 바드르(Badr) 전투를 통하여 지속적으로 메디나를 괴롭히던 메카를 함락한다. 그 후 연속된 전쟁과 전투에서 승리를

그림 2 무함마드의 초상화

거둔 무함마드는 다시 메카로 돌아가 그곳의 지도자가 되었다. 메카를 정복한 뒤 후나인(Hunayn) 전투가 벌어졌는데, 이는 하와진(Hawāzin) 족 유목민 베두인을 상대로 한 싸움이었다. 이 전투에서 승리한 후 무함마드는 아라비아 대부분을 자신의 영향권 아래에 두게 되었다. 그러나 그의 거침없는 질주도 632년 6월에 멈추게 된다. 시리아와 이라크를 정복할 계획을 세웠던 무함마드는 끝내 이를 실행에 옮기지 못하고 건강 악화로 생을 마친다. 그는 아내 하디자와의 사이에서 3남 4녀를 얻었는데, 사망 당시 그의 곁을 지켰던 자녀는 막내딸 파티마 한 사람뿐이었고, 나머지는 모두 그가 살아 있을 때 잃었다. 결국 후계자가 될 수 있는 아들을 남기지 못한 것은 후에 있을 이슬람 분열의 주요 원인이 되었다.

무함마드에 대한 평가

그는 종교지도자였을 뿐만 아니라 뛰어난 군사지도자요, 정치가였다. 만약 그가 없었다면 여전히 아랍민족은 분열된 삶을 살았을 것이다. 뿔뿔이 나뉘어 있던 아랍인을 종교로 통합한 것이 바로 무함마드였다. 그 후 드디어 아랍권은 이슬람이라는 거대한 우산 아래 힘을 결집하여 세계사에 이름을 드높일 수 있게 되었다.

그리고 이슬람에서 무함마드는 알라의 최후 예언자로 숭앙되고 있으며, 완벽한 사람으로 평가된다. 무엇보다 무함마드의 위대한 업적은 알라의 계시를 『꾸르안』(Qur'an)으로 남겨 주었다는 것에 있다. 후대에 갈수록 무함마드의 행적에 관한 이야기들이 많이 생겨났는데 이는 후에 『하디쓰』(hadith)란 이름으로 편집되었다.

유일한 참신, 알라

종교사적으로 보면, 이슬람의 유일신 알라(Allāh)는 유대교와 그리스도교의 신과 연장선에 있다고 할 수 있다. 명칭은 다르지만 기본적으로 '창조주', '구원자', '구속의 주'라는 점에서 야훼와 알라는 유사한 속성을 지닌다.

알라라는 신은 무함마드가 이슬람운동을 일으키기 전부터 있었다. 그때 알라는 쿠라이시족이 섬기는 최고신이었다. 하지만 이슬람에서의 알라는 다신론적 환경에서 최고신을 말하는 것이 아니라, 유일한 참신, 즉 하나뿐인 절대자를 지칭한다.

알라는 인간을 비롯한 다른 피조물과는 질적으로 다르다. 따라서 어떤 인간적인 상징으로도 그를 은유할 수 없다고 본다. 그래서 이슬람 전통에서 알라를 유일하게 표현할 수 있는 것은 글자이다. 어떠한 형상

그림 3 글자로 표현된 알라

이나 상징도 알라의 초월성과 위대함을 담아낼 수는 없다. 사람은 단지 알라를 생각하고 숭배할 뿐, 그를 이해할 수는 없다.

　이렇게 논리적으로 완벽한 유일신사상을 유지하다 보니 이슬람에서는 신과 인간 사이의 중개자를 상정하지 않는다. 따라서 무함마드는 알라의 계시를 전한 최후의 예언자일 뿐이다. 그리고 알라는 이미지나 상징, 그리고 인격의 모습으로 사람에게 스스로를 드러내지 않는다. 그런 인간적 비유는 알라의 무한을 제한할 뿐이라고 생각한다. 따라서 알라는 단지 계시를 통해 그의 의지를 인간에게 드러낸다. 그리고 이를 위해 여러 예언자를 사용한다. 『꾸르안』에는 아담부터 무함마드에 이르기까지 총 25명의 예언자[3]가 등장한다. 이 외에도 『하디쓰』에 따르면

---

3) 이들 대부분은 히브리성서와 신약성서에 등장하는 인물이다. 그 이름을 살펴보면 다음과 같다. 목록에서 괄호 안은 그리스도교 성서에서 사용하는 명칭이다. 아담(아담), 이드리스(에녹), 누흐(노아), 후드(에벨), 살리흐(살로), 이브라힘(아브라함), 루트(롯), 이스마일(이스마엘), 이스하크(이삭), 야쿠브(야곱), 유수프(요셉), 아이유브(욥), 슈아이브(이드로), 무사(모세), 하룬(아론), 둘키플(에제키엘), 다우드(다윗), 술라이만(솔로몬), 일야스(엘리야), 알야사(엘리사), 유누스(요나), 자카리야(스가랴), 야흐야(세례자 요한), 이사(예수), 무함마드.

더 많은 예언자가 등장하는데 그 수는 무려 12만 4000명에 이르고, 그 안에는 공자와 노자, 그리고 인도의 싯다르타와 알렉산드로스 대왕 등도 포함되어 있다.

이슬람에서는 알라가 몇몇 예언자를 통해 특별히 문서로 된 계시를 전해 주었다고 보는데, 대표적으로 다음 4개를 꼽는다. 첫 번째가 『자부르』(Zabūr)로 이것은 다윗의 시편을 말한다. 두 번째가 『타우라』(Tawrāh)로 모세의 오경을, 그리고 세 번째가 『인질』(Injīl)로서 예수의 신약성서를 말한다. 그리고 네 번째가 무함마드의 『꾸르안』이다. 이 모두가 알라의 계시를 문자로 기록한 것이기에 무슬림에게는 이를 보호해야 할 책무가 있으며, 무함마드의 『꾸르안』은 최후의 계시이므로 가장 완벽한 것으로 본다. 따라서 이슬람에서 『꾸르안』의 위치와 중요성은 다른 어떤 것보다도 지대하다.

계시의 완결판, 『꾸르안』

『꾸르안』은 아랍어로 '암송하다'는 뜻을 지닌다. 서구어로는 오랫동안 코란(Koran)이라 불렸지만 이는 정확한 발음은 아니다. 무슬림은 『꾸르안』을 '알-탄질'(al-Tanzil)이라고도 부르는데, 그 의미는 '내려보낸 것'이다. 하늘에서 내려온, 즉 알라가 인간에게 문자 그대로 내려준 계시이며, 따라서 『꾸르안』 그 자체가 신의 말이 된다. 최초로 계시된 언어가 아랍어이기에 아랍어 『꾸르안』이 아닌 것은 『꾸르안』이 아니게 된다. 그래서 무슬림이 된다는 것은 알라를 신앙함과 동시에 그의 계시의 완결판인 『꾸르안』을 읽기 위해서 아랍어를 배워야 한다는 것을 의미한다. 물론 『꾸르안』이 다양한 민족의 언어로 번역되기도 하지만, 무슬림은 그건 제대로 된 신의 계시가 아니라고 본다. 그건 이슬람 신앙을 위한 참고자료일 뿐이지 제대로 신의 계시를 읽고 수행하기 위해서는 반드시 아랍어를 익혀야 한다고 본다.

이렇게 그 자체가 신의 말이 되기에 『꾸르안』의 내용을 지키고 준행하는 것이 이슬람 신앙의 매우 중요한 기준이 된다. 따라서 『꾸르안』은 이슬람의 구원을 위해 절대적인 조건이 된다. 이 점에서 『꾸르안』은 그리스도교의 성서와는 다른 지위를 부여받는다. 이슬람의 『꾸르안』은 그리스도교와 비교한다면 성서보다는 예수의 위치에 해당한다고 볼 수 있다. 예수의 특별계시가 하느님 구원의 절대적 전제가 되듯이 『꾸르안』은 이슬람 신앙의 절대적 기준이 되기 때문이다.

『꾸르안』의 중요성이 이러하니 이슬람권에서 이 책에 보이는 존경심은 대단하다. 그래서 『꾸르안』을 접할 때 사람들은 먼저 마음과 몸가짐을 정결하게 한다. 그리고 함부로 『꾸르안』이 보이게 들고 다니지 않으며, 반드시 보자기나 가방에 넣어야 한다. 집 안에서도 특정한 장소에 보관해야 하며, 책장에 꽂을 때도 가장 위쪽에, 그리고 그 옆에는 다른 책을 두어서도 안 된다. 평소에도 이렇게 보관을 하니 책이 낡아 버릴 때도 그 처리가 간단치가 않다. 그러한 경우에는 반드시 경건한 마음으로 책을 매장해야 한다.

이슬람의 『꾸르안』에 대한 존경심은 이 문화권의 독특한 예술을 낳았는데, 그것이 바로 아라베스크(Arabesque)와 서예이다. 어떤 상징도 허락하지 않는 이슬람 문화 때문에 글씨 위주의 예술활동이 활발하였다. 게다가 『꾸르안』은 반드시 사람의 손으로 직접 써서 펴내야 했기에 한자문명권과 더불어 풍성한 서예문화를 발전시킨 것으로 이슬람은 유명하다. 『꾸르안』은 활자로 찍어 낼 수 없다. 그렇게 기계와 도구의 힘을 빌리기에는 거기에 기록된 문자와 내용이 너무도 고귀하고 성스럽기 때문이다. 따라서 『꾸르안』은 신심 깊은 무슬림이 직접 손으로 써야 한다. 그러니 서예문화가 발달하는 것은 당연한 일이었다.

구원에 이르는 길, 이만과 이바다트

무슬림의 신앙생활은 크게 두 개의 축으로 이루어져 있다. 그것이 바로 '이만'(iman)과 '이바다트'(ibadit)이다. 이만은 '믿음'을 뜻하는 아랍어이고, 이바다트는 '실행'을 말한다. 무슬림이 믿어야 하는 것으로 여섯 가지가 있는데 이를 '육신'(六信)이라 부른다. 그 여섯 가지는 ① 유일신 알라에 대한 믿음, ② 천사[4]에 대한 믿음, ③ 거룩한 경전[5]에 대한 믿음, ④ 예언자에 대한 믿음, ⑤ 최후 심판에 대한 믿음, ⑥ 정명[6](正命)에 대한 믿음이다.

여섯 가지 믿음과 더불어 무슬림의 신앙생활에 중요한 기준이 되는 것이 바로 다섯 가지의 실행이며, 이것을 이슬람에서는 '5개의 기둥'이라 부른다. 그래서 육신과 더불어 이를 오행(五行), 혹은 오주(五柱)라고도 부른다. 이른바 이슬람의 육신오행(주)이다. 결국 이 믿음과 실행의 길은 무슬림을 구원에 이르게 한다. 『꾸르안』에 따르면[7] 무슬림의 구원은 알라를 절대적으로 신앙하고 착한 행실을 행하는 것을 전제로 하기 때문이다.

---

4) 이슬람에서 천사는 알라에게 봉사하는 영적 존재이고, 그 수는 무수하다.

5) 이슬람에서는 알라가 인간에게 140여 개의 계시의 책을 내려 주었다고 말한다. 그중 가장 대표적이고, 또 완전한 것이 바로 『꾸르안』이다.

6) 이는 단순한 숙명론적 세계관이라기보다는 인간의 모든 것은 알라의 섭리에 따라 진행된다고 믿는 것을 말한다.

7) "믿음을 가지고 선을 행하는 자들은 축복과 아름다운 최후의 거처가 그들의 것이라." (꾸르안 13:29)

이슬람을 떠받치는 다섯 기둥

5개의 기둥(arkān al-din shahādah) 중 가장 먼저 언급되는 것이 바로 '샤하다'(shahādah)이다. 이는 일종의 신앙고백으로서 "알라 외에 다른 신은 없으며, 무함마드는 알라의 예언자이다."(lā ʾilāha ʾillā-llāh, muḥammadur rasūlu-llāh)를 고백하는 것이다. 샤하다는 알라의 절대성을 강조하는 부분과 예언자로서 무함마드가 가지는 특별함을 나타내는 부분으로 이루어져 있다. 그리고 이 샤하다는 이슬람 신앙의 요점을 정리한 것이다. 무슬림은 수시로 이 신앙고백을 한다. 심지어 아기가 태어나자마자 그 귀에 대고 읊조리고, 사람이 죽어도 그의 귀에 암송하는 것이 바로 샤하다이다.

두 번째 기둥은 '살라트'(salāt)이다. 이는 기도 행위인데 성실한 무슬림이라면 빠짐없이 하루에 5번(새벽, 한낮, 오후 중반, 해질녘, 밤) 알라에게 기도를 드린다. 육성으로 부르는 예배로의 초대인 '아잔'(adhān)을 듣고 모든 무슬림은 기도를 올린다. 우선 기도에 앞서 청정의식[8]을 치르고, 사원에 들어가 메카 방향을 향해 선 후 의식을 진행한다. 먼저 절을 하고 나서 알라에게 복종을 맹세한다. 그리고 다시 머리를 땅에 대고 엎드리며 알라를 찬미한다. 그러고 나서 자리에 앉아 조용히 간청하는 기도를 드리고, 마지막으로 다시 엎드린다. 이러한 의식 내내 무슬림은 "알라는 위대하시다."(Allah akbar)를 반복해서 읊조린다.

세 번째 기둥은 '자카트'(zakāt)이다. 보통 이 자선은 자발적으로 이루어지는데 『꾸르안』의 정신에 따라 가난하고 소외된 자들을 돕기

---

8) 기도 시간 전에 무슬림들은 손, 입, 콧구멍을 물로 씻은 뒤, 얼굴 전체와 팔, 그리고 발을 씻는 청정의식을 행한다.

위한 일종의 자선금이다. 일반적으로 개인이나 가족의 1년 수입 중 2.5% 정도를 자선으로 내는데, 무슬림은 이를 알라에 대한 책무를 갚는 것으로 생각한다. 금전적으로 여유로운 자들은 그만큼 알라의 축복을 받은 것이기에 가난한 이들을 돕는 것은 무슬림의 마땅한 의무라고 보았다.

네 번째 기둥은 '사움'(sawm)으로 우리는 이를 '라마단 단식'이라 부른다. 라마단(ramaḍān)은 이슬람 태음력으로 아홉 번째 달을 말한다. 이 달에 무함마드가 가브리엘 천사로부터 『꾸르안』의 첫 번째 계시를 받았다고 한다. 바로 이날을 기념하여 무슬림은 라마단 단식을 지킨다. 이 기간에 모든 무슬림은 해가 뜬 후부터 질 때까지 음식과 음료수를 먹거나 마시지 않는다. 이 과정은 매우 철저하여 몸에서 생겨난 침마저도 삼키지 않고 뱉어 버릴 정도이다. 하지만 하루 모두를 단식하는 것이 아니기에 해가 뜨기 전과 저문 뒤에는 사원 주위에 모여 공동식사를 하는 경우가 많다. 무슬림은 이 라마단 기간 동안 사원에 모여 기도문을 암송하거나 『꾸르안』을 독송하는 등 신앙에 전념하는 생활을 한다. 이 단식 행위는 의무적이긴 하나 여행 중이거나, 몸이 아픈 이들, 그리고 나이가 많거나 아이를 가진 여성은 면제되었다. 그리고 라마단 기간 동안 어쩔 수 없는 일로 단식을 지키지 못했을 경우에는 다른 날에 빠진 만큼 단식을 하거나, 가난한 사람에게 음식을 베푸는 자선 행위를 통해 면제받는다. 단식의 마지막 날에는 '이드 알피트르'('Īd al-Fiṭr)라는 축제를 벌인다. 이를 통해 가족끼리 서로 방문하기도 하고, 함께 식사를 하며 선물을 주고받는다. 대부분의 가게와 사업장은 축제를 기념하기 위해 이 기간 동안은 문을 닫는다.

마지막 다섯 번째 기둥은 '하즈'(hajj), 즉 순례이다. 순례는 보통 라마단을 지낸 두 달 뒤에 시작된다. 무슬림이라면 일생에 한 번은 꼭 이슬람의 성지인 메카를 순례하는 하즈를 행해야 한다. 순례는 메카에 있는 카바를 7회[9] 도는 것으로 마무리된다. 사실 이 순례는 이슬람 이전부터 아랍인의 전통으로 존재해 왔다. 이것이 이슬람식으로 재해석되어 다섯 기둥의 마지막을 차지하게 된 것이라 보아야 할 것이다. 메카로의 순례는 다양한 문화교류의 통로가 되기도 했고, 또 이슬람을 소개하고 포교하는 창구가 되었다. 아울러 순례 도중 사망한 이들은 순교자로 간주되었다.

거룩한 싸움, 지하드

이 밖에 다섯 기둥에는 속하지 않지만 여전히 우리에게 익숙한 '지하드'(jihād)가 있다. 우리에게 '거룩한 싸움'으로 알려진 이것은 다시 두 가지로 나뉜다. 바로 '대지하드'와 '소지하드'이다. 대지하드란 신앙을 지키기 위한 무슬림의 반복된 투쟁을 말한다. 그리고 소지하드란 무력을 동원하여 악을 행하는 이들에게 대항하는 것을 말한다. 본디 『꾸르안』의 지하드란 신앙을 지키기 위한 내면의 투쟁이라는 성격이 강한데, 현재 우리에게 많이 알려진 것은 정치적 무력 투쟁을 뜻하는 소지하드이다.

샤리아란?

샤리아(Sharīáh)는 문자적으로는 '샘에 이르는 길'을 뜻한다. 척박한 사막 환경에서 샘물이 주는 가치를 생각한다면 이슬람 세계에서 샤리아가 갖는 의미를 충분히 유추할 수 있을 것이다. 샤리아는 이슬람의 세계관을 충실히 반영하고 있는 사회 시스템이다. 이슬람은 알라를 유

---

9) 처음 세 번은 빨리, 그 후 네 번은 천천히 돌며, 그때마다 검은 돌에 입을 맞춘다.

일신으로 숭배하며, 알라의 뜻대로 사는 것이 참된 평화의 완성이요, 구원이라고 생각한다. 따라서 인간은 의무적으로 매일매일의 순간과 일거수일투족을 알라가 원하는 대로 살아가야만 한다. 그러기 위해서 무슬림은 무엇보다 알라의 뜻과 지시에 민감하고, 또 풍부한 정보를 갖고 있어야 한다.

다행히도 알라는 인간에게 『꾸르안』을 주었다. 하지만 아무리 『꾸르안』이 하늘에서 내려온 신의 언어라 하더라도 세상사 살다 보면 그곳에서 다루지 않은 다양한 상황과 경우가 생기기 마련이다. 그런 경우 무슬림은 어떻게 할까? 이 역시 무함마드가 살아 있을 때는 큰 문제가 되지 않았다. 워낙 무함마드가 알라의 마지막 예언자로서 인정되었고, 그에 따라 강력한 종교적 카리스마를 유지하고 있었기에 『꾸르안』이 일러주지 않는 경우는 예언자의 판단과 해석에 의존하면 되었다. 이렇게 무함마드의 언행을 수집한 것이 '순나'(sunnah)이다. 그런데 무함마드마저 사라진 뒤에는 계속 생겨나는 돌발적 상황에 대한 알라의 뜻을 어떻게 적용해야 할까? 그때 무슬림은 『꾸르안』과 이슬람 전통에 익숙한 동료의 도움을 받을 수밖에 없었다. 때로 지도자들의 협의를 통한 결정을 받아들일 필요도 있었다. 이러한 것이 결집되면서 결국 하나의 완성된 길, 즉 샤리아를 형성하였다.

이렇게 결정된 샤리아의 구성 요소는 다음과 같다. 우선 그들의 경전인 『꾸르안』과 무함마드의 말과 행적을 담은 『순나』와 『하디쓰』를 들 수 있다. 그리고 이들에 대한 개인의 합리적 해석인 『끼야스』(qīyās), 마지막으로 이슬람의 율법학자들인 울라마(ulamā)가 모여 전원 합의체로 결정된 『이즈마』(ijmā)가 있다. 이러한 문헌과 전통이 이슬람사회를 조정하는 법체계의 근원을 이룬다.

이슬람의 종파

이슬람은 크게 순니(sunni), 시아(shi'a), 하와리즈(khawārij, '떠난 이들'을 뜻함)로 나뉜다. 지금 이슬람세계에서는 순니파가 다수를 차지한다. '순니'라는 단어는 '전승(순나, sunnan)을 따르는 자'라는 뜻을 지니고 있으며, 이슬람의 85% 정도가 이 파에 속한다. 시아라는 이름은 '시아트 알리'(shī'atu 'Alī)에서 온 것인데, 그 뜻은 '알리를 따르는 사람들'이다. 시아파는 이란의 종교로 자리 잡았고, 나머지 국가에서는 소수로 머물러 있다. 하와리즈는 이슬람 세계 최초의 분열 종파이다. 이들은 우스만의 뒤를 이어 알리가 네 번째 할리파[10](khalīfah)가 되자 그들을 떠나 독립된 종교집단을 이루게 되었다. 지금은 오만과 알제리 남부에만 존재하는 이슬람의 가장 작은 종파 중 하나이다.

순니파와 시아파의 분열은 무함마드가 아들을 남기지 않고 사망한데서 시작되었다. 632년에 무함마드가 죽은 후 무슬림은 그의 뒤를 이을 후계자를 선출하기 위해 모였다. 이 회의를 통해 무함마드의 장인이며, 동료이기도 했던 아부 바크르(Abū Bakr aṣ-Ṣiddīq, 573~634)가 첫번째 할리파로 선출되었다. 아부 바크르는 2년 동안 통치를 하였고, 그의 뒤를 우마르(Umar ibn al-Khattāb, 586~644)가 이었다.

이렇게 후계구도가 이어지고 있었지만, 정통성 있는 할리파는 예언자 무함마드의 가계에서 나와야 한다고 생각하는 이도 있었다. 이들은 이 점에서 무함마드의 사촌이자 사위이기도 한 알리[11](Alī ibn Abī

---

10) 보통 칼리파 혹은 칼리프라고 표기되기도 하는데, 아랍어 발음은 할리파에 가까우며, '할리파트 라술 알라(Khalīfat rasul Allah)'의 줄임말이다. 그리고 뜻은 '신이 보낸 예언자의 대리인'이다. 할리파는 무함마드의 뒤를 이어 이슬람의 신앙과 움마(공동체)를 수호하는 최고 통치자를 지칭한다.

11) 고아였던 무함마드를 돌봐 준 숙부 아부 탈리브의 아들이며, 무함마드가 남긴 딸 파티마의 남편이다.

Ṭālib, 598~661)가 할리파가 되어야 한다고 보았다. 10년간 이슬람 세계를 이끌던 2대 할리파 우마르가 살해당한 뒤, 이 세력은 본격적으로 알리를 최고 통치자로 만들기 위해 노력한다. 하지만 무함마드의 조력자이자 사위였던 우스만(Uthmān ibn 'Affān, 574~656)과의 권력투쟁에서 실패하고, 세 번째 할리파의 자리는 우스만에게 돌아갔다. 그 후 10여 년간 이슬람세계를 통치하던 우스만은 656년 암살당하게 되고, 이후 드디어 알리는 네 번째 할리파로 선출된다. 하지만 661년, 할리파에 오른 지 고작 5년 만에 그 역시 암살당하고 만다. 그리고 이를 계기로 알리의 추종세력은 기존 세력과 완전히 등을 돌렸고 이것이 바로 순니파와 시아파의 분열이다.

할리파제도를 인정하는 순니파와는 달리, 시아파에서는 이맘[12](imām)을 지도자로 받아들인다. 이맘은 문자적으로는 '지도자', '계승자', '장로', '모범'을 뜻하는데, 시아파에서는 무함마드 가문의 후손으로 시아파를 총괄하는 통솔자를 지칭한다. 그런데 혈연 중심의 통치권 승계는 언제나 누가 더 적절한 인물인가를 놓고 분쟁이 일어날 수밖에 없으며, 이 때문에 시아파는 다시 12이맘파(Ithnā'ashariyyah), 이스마일파(Ismā'īlis), 자이드파(Zaydiyyah) 등으로 나뉘게 되었다. 이 중 12이맘파가 대략 1억 3000만 명 정도의 신자를 거느리고 있으며, 시아파 중에서 가장 크다. 12이맘파는 역사상 12명의 이맘이 있었다고 믿는다. 그런데 마지막 이맘은 죽은 것이 아니라 단지 사람들의 시선에서 사라진 것뿐이며 종말의 시기에 다시 돌아와 선을 위한 마지막 싸움을 시작

---

12) 시아파와는 달리, 보통 이슬람에서 통용되는 이맘은 최고 통치자라기보다는 예배를 인도하는 전문인이다. 이는 성직자는 아니며, 단지 예배를 잘 인도할 수 있는 지식과 능력만 있으면 된다. 그래서 이슬람 모스크는 저마다 예배를 돕는 전속 이맘을 두기도 한다.

7. 이슬람 **179**

할 것이라 믿는다. 이렇게 마지막 날에 돌아오는 이맘을 그들은 '마흐디'(Mahdī, '인도된 자'를 뜻함)라고 부른다.

수피, 이슬람의 신비주의 운동

이슬람의 정통 종파는 아니지만 그냥 지나칠 수 없는 신비주의 운동이 있다. 바로 '수피즘'(sufism)이다. 수피즘은 알라에게 가까이 다가서기 위한 내적인 길이라고 할 수 있다. 외형적으로는 종교법 샤리아에 의해 모든 것이 알라가 원하는 방향으로 질서 잡혀 있지만, 그 모든 것을 가능케 한 유일한 알라를 진정 사랑하고 흠모하기 위한 길도 필요한데 수피는 바로 그것에 집중하고 있다. 수피라는 이름은 이들이 주로 넝마와도 같은 털옷 '수프'(suf)을 주로 입고 다녔기 때문에 붙여졌다.

수피의 목적은 무엇보다 알라를 지금 여기에서 경험하는 것이다. 그리고 이를 위해선 거룩한 투쟁을 수행해야 하는데, 그것은 바로 자신을 비우고, 세속의 욕구를 포기하는 것에서 시작된다고 보았다. 이렇게 그들의 수행은 회개와 단념에서 비롯한다. 그들은 육신의 욕망을 끊어버려야 비로소 전적으로 신을 신뢰할 수 있게 된다고 하였다. 신의 주재권을 인정하니 당연히 그 앞에서 자신의 모든 것을 포기해야 한다. 그 후에는 가난을 실천하게 된다. 수피에게 가난은 그 자체가 종교체험이다. 알라만이 부유하기에 인간은 모든 것을 버리고 그를 기다려야만 한다. 그때 갖가지 시련과 고통이 인간을 엄습해 온다. 하지만 인내로 모든 시련을 견뎌 내야 한다. 그래야 신을 사랑하는 단계에 올라설 수 있고, 매우 친밀하게 신과의 연합을 경험하는 순간, 인간의 자아는 소멸하게 된다. 이를 '파나'(fana)라 하는데, 이는 신만이 존재하는 창조 이전의 상태로 돌아감을 말한다. 이 파나의 상태를 곧 '바가'(bagha)라 볼 수 있는데, 이는

'신과의 합일', 그리고 이를 통한 '불멸의 상태'를 말한다. 바로 이런 점 때문에 수피의 사상은 정통 이슬람 종파에서는 제대로 수용되지 않았다.

지금의 이슬람, 그리고 남은 과제

7세기에 등장하여 지속적으로 세력을 넓힌 이슬람 세계는 16세기에 이르며 발생지인 아라비아 반도뿐만 아니라 중앙아시아와 아프리카 북부, 동부, 서부, 그리고 스페인 등 유럽 남부 지역과 인도, 중국 지역에까지 영향력을 유지하였다. 이때 대표적인 이슬람 왕조로 오스만 왕조(1299~1923), 사파비 왕조(1501~1736), 무굴 왕조(1526~1857)를 꼽을 수 있다.

18세기에 접어들면서 찬란했던 이슬람의 영광도 산업혁명 이후 가파르게 상승한 유럽 열강의 도전 앞에 꺾이기 시작했다. 서서히 이슬람세계는 서구 열강의 식민지가 되어 갔다. 20세기가 되어 식민지시대가 종언을 고하고, 하나둘씩 서구의 영향력에서 벗어나 독립된 국가가 되어 가면서 이슬람세계도 변화하기 시작했다.

우선 사우디아라비아를 중심으로 이슬람 보수주의 운동이 생겨났다. 이는 다시 이슬람의 핵심인 『꾸르안』과 『하디쓰』로 돌아가야 한다는 주장으로, 이는 압둘 와하브(Muḥammad ibn 'Abd al-Waahhāb, 1703~1792)에 의해 주도되었다. 그의 이슬람 보수주의 운동은 다리아 지역의 유지였던 사우드(Saud) 가문에 영향을 주었고, 후에 이들이 사우디아라비아의 왕조를 이룬다.

서구 세력에 반대하며 이슬람 민족주의의 기치를 든 인물로는 이란 출신의 아프가니(Jamāl al-Dīn al-Afghānī, 1838~1896)를 들 수 있다. 그는 생의 대부분을 떠돌아다니며 무슬림을 대상으로 범이슬람주의 사상을 선전하였다. 그러나 반서방주의를 표방한 그의 태도에는 모호한 점이 있었다. 종교적인 면에서는 이슬람 정통주의로 돌아가야 한다고 주장했지만, 그렇다고 서구의 영향을 완전히 무시한 것도 아니었기 때문이다. 그는 서방과 제대로 경쟁하기 위해서는 그들의 이성과 과학, 그리고 입헌제와 의회제 등 합리적인 사회체제 운영방식은 받아들여야 한다고 주장했다.

현대 이슬람권의 주목받을 만한 현상은 20세기 터키에서 일어났다. 그것도 바로 무스타파 케말(Mustafa Kemal Atatürk, 1881~1938)이 정권을 잡은 뒤 1924년 할리파 제도를 폐지하고 세속화 운동을 시작한 것이다. 그는 여성이 착용해야 했던 전통 복장을 폐지하고 서구식으로 입도록 했으며, 여성의 교육권도 보장하였고, 일부일처제를 확립하였다. 그 외에도 이슬람력을 폐지하고 유럽의 그레고리력을 받아들였으며, 문자 역시 아랍문자 대신 로마자를 사용하도록 하였다.

이슬람은 여러 점에서 주목받고 있는 현대의 종교이다. 왜냐하면 다른 어떤 종교보다 그 성장세가 꾸준히 이어지고 있기 때문이다. 이슬람의 장점은 종교를 이끄는 두 축, 즉 개인의 경험과 사회의 규율을 하나로 잘 종합하고 있다는 점이다. 하지만 이것이 이슬람의 현대화에는 걸림돌이 되기도 한다. 종교와 세속의 생활을 샤리아라고 하는 규율에 의해 구속하다 보니, 이슬람의 문화는 7세기에 묶여 있는 셈이다. 그리고 『꾸르안』에 대한 해석도 주로 문자를 중심으로 이루어지니 급변하는 현대 사회와 또 서구 세계, 또 그곳에 자리 잡은 무슬림의 후예에게는 지금의 보수적인 이슬람 세계가 폐쇄적인 사회로 인식될 수밖에 없을 것이다. 즉, 21세기에 중세의 섬처럼 남아 있는 이슬람 문화를 어떻게 보편적 세계인의 입장에서 이해 가능하게 만들 것인가가 지금 이슬람권에 남겨진 숙제라고 하겠다.

8
힌두교

흔히들 인도의 종교를 힌두교라고 부른다. 그런데 사실 인도 어디에도 힌두교라고 불리는 단일한 형태의 종교는 존재하지 않는다. 보통 특정 종교를 하나의 단위로 묶으려고 하면 공통된 교리나 신조, 그리고 신앙 대상과 경전 등이 있어야 한다. 하지만 지금 우리가 지칭하는 힌두교에서는 그런 공유점을 찾기가 쉽지 않다. 또한 예배의 장소나 순서가 정해진 것도 아니다. 각자 원하는 대상에게, 각자 접근하기 좋은 곳에서 각자의 방식으로 예배를 드려도 전혀 무방하기 때문이다. 이런 점에서 힌두교는 종교를 포함한 인도인의 생활양식 전체를 아우르는 용어로 보아야 할 것이다. 따라서 우리는 그리스도교, 이슬람을 바라보는 논조로 힌두교를 살펴서는 곤란하다.

힌두교라는 이름의 유래

힌두교라는 이름의 유래는 다음과 같다. 본디 전통적으로 인더스 강 유역을 '신두'(sindhu)라 불렀는데, 이 명칭이 여러 고대어로 옮겨지면서 '힌두', '인더스', '인디아' 등으로 불리게 되었다. 이 용어 모두 인도를 뜻하는 것이다. 이렇게 인도를 지칭하는 여러 단어가 나라마다, 언어마다 혼재되어 사용되다가 18세기에 영국의 식민지배가 시작되면서 변화가 나타났다. 인도인의 다양한 종교생활을 아우르는 용어가 필요했던 영국인은 세속적인 것에는 '인도'를, 종교적인 것에는 '힌두'라는 말을 사용하면서 힌두이즘, 즉 지금의 힌두교라는 용어가 자리를 잡게 되었다.

힌두교라는 용어와는 상관없이 인도인 스스로는 자신들의 종교를 '사나따나 다르마'(Sanātana Dharma)라고 부른다. 이는 '만물의 영원한 질서(법칙)'라는 뜻으로 어느 곳에 있든, 무엇을 하든 사람이라면 지키고 이루어 나가야 할 우주의 합리적 질서이자 법칙을 말한다. 인도인이라면 누구든지 이 다르마를 따르는 삶을 살고자 한다. 그런데 다르마를 따르는 일이 언제나, 누구에게나 꼭 같을 수는 없을 것이다. 전통적으로 인도에서는 다르마를 따라가는 삶의 자세를 크게 두 가지로 나누어 설명한다. 그것이 바로 '쁘라브리띠 다르마'(pravṛtti dharma)와 '니브리띠 다르마'(nivṛtti dharma)이다.

쁘라브리띠('앞으로 나아감'이란 뜻) 다르마는 세상과 삶을 긍정하는 전통이라 해석되고, 그와는 달리 니브리띠('되돌아감'이란 뜻) 다르마는 세상과 삶을 부정하는 전통이라고 할 수 있다. 인도인은 쁘라브리띠 다르마를 통해 종교적 의무를 성실히 준행할 뿐만 아니라 세속의 삶이 주는 즐거움도 충분히 향수하려는 태도를 취한다. 이러한 자세는 유신론적이고 제의 중심적인 종교전통을 가져오게 되었다. 반면 니브리띠 다르마로는 인간의 경험세계를 초월하는 절대 진리를 추구한다. 따라서 이러한 태도는 인간은 육적 욕망보다는 깨달음에 집중하는 모양새를 보이고, 무신론적이고 사색적인 종교 내지 철학 전통으로 표출되었다. 묘하게 상반되는 이 두 가지의 전통이 인도인의 종교세계에 면면히 흐르고 있다.

공통의 요소

앞에서 살펴보았듯이 힌두교는 단일 형태의 종교가 아니다. 그렇다고 그 안에 공유하는 요소가 전혀 없는 것은 아니다. 보통 힌두교 전통에 면면히 흐르고 있는 공통의 요소로 '윤회'(saṃsāra)와 '해탈'(mokṣa), '여성성의 강조'를 들 수 있다.

우선 윤회는 인과율에 기초한 세계 이해를 반영한 결과라고 할 수 있다. 즉, 현재의 상황은 과거의 결과이며, 또한 지금의 행위는 미래의 원인이 된다는 사고방식이다. 이렇게 인과법칙으로 세계를 설명하는 방식은 사회 현상을 유지하는 데 매우 요긴하다. 어느 누구도 현재 자신의 상태를 수긍하지 않을 수 없기 때문이다. 왜냐하면 지금의 자신은 과거 자신이 행한 행위의 결과이기 때문이다. 그리고 더 나은 미래를 위해서는 지금 자신에게 부여된 사회적 의무를 충실히 수행해야 한다. 따라서 윤회는 안정된 사회 유지를 위해 없어서는 안 될 세계 이해가 된다.

하지만 그 때문에 생기는 부작용도 있다. 그것은 바로 지금의 상태가 자유롭지 못하다는 것이다. 지금은 미래의 원인이 된다. 따라서 어떤 행위라도 미래를 위해서 심사숙고해야 한다. 이는 지금을 사는 이들 입장에서는 자유롭지도 평화롭지도 못한 구속이 된다. 미래를 위해서 지금을 희생해야만 하는 윤회의 세계관은 결과적으로 인간의 실존을 '고통'으로 해석하게 만든다. 따라서 윤회의 세계관이 강하면 강할수록 사람들은 그곳에서 벗어나길 원한다. 더 자유로운 존재가 되고 싶은 것은 사람의 당연한 마음이지 않는가.

사실 윤회의 세상에서 살아가야 한다는 것은 매일매일 수험생의 마음으로 사는 것과 다르지 않다. 마침표가 없는 시험을 매일 치러야 하는 것만큼 고통스러운 일이 또 어디 있을까. 분명 그런 처지에 있다면 그는 그것에서 벗어나고 탈출하기를 희구할 것이다. 이런 점에서 윤회의 세계관은 자연스럽게 '해탈'의 욕구를 수반한다. 이는 미래를 위해 지금을 희생할 필요가 없는 자유의 획득이다. 이 점에서 힌두교와 자이나교, 불교는 같은 입장에 서 있다. 이 세 종교의 전통은 동일한 윤회의 세계관을 공유하고 있기에 모두 그것에서 벗어나기를 기대한다. 다만 그 방법에 차이가 있을 뿐이다. 그것이 엄격한 제의의 수행이든, 존재의 절대적 근거를 인식하는 것이든, 윤회의 주체가 존재하지 않음을 체득하는 것이든, 혹은 갖가지 고행을 통해 쌓아 놓은 업에서 벗어나는 일이든 간에 모두 윤회의 사슬에서 자유로운 존재가 되는 것을 해탈로 본다는 점에서는 동일하다.

또 하나 힌두교의 공통된 요소로 여성성 혹은 창조성의 강조를 꼽을 수 있다. 다른 종교와 달리 힌두교 전통에서는 신의 여성적 측면이 강조된다. 따라서 대부분의 신은 짝을 이루고 있고, 이를 통해 서로를 보완해 준다. 이는 우주를 남성적 요소와 여성적 요소의 조화로 파악하고 있음을 보여 주는 증거가 된다. 힌두교에서는 이처럼 신성한 여성의 힘을 '샥티'(śakti, '할 수 있는', 혹은 '능력이 있는'을 뜻함)라고 부른다. 이는 원초적인 우주의 에너지이며, 여성성이 보여 주는 양육과 풍요롭게 하는 힘을 상징한다고 할 수 있다. 그러니 남신에게는 자신의 능력을 보완해 주는 배우자 여신이 있게 된다. 이를테면 브라흐마에게는 사라스와띠가, 비슈누에게는 락슈미가, 그리고 쉬바에게는 빠르와띠가 있다. 그 외에도 상당수의 여신이 존재하여 남신으로만 설명되지 않는 부분을 보완하고 있는 것이 힌두교 전통의 특징이다.

중요한 힌두교 경전

힌두교에는 여러 경전이 있다. 그중 중요한 몇 가지를 추리면 다음과 같다.

우선『베다』(Véda)를 꼽을 수 있다. 이는 일종의 찬송 시 모음으로 여러 신들에게 드리는 송가와 찬가로 이루어져 있다. 그다음으로 제의의 상황을 자세히 기록해 주고 있는『브라마나』(Brāhmana)를 꼽을 수 있다. 세 번째로는 사변적 깨달음에 집중하고 있는『아란야카』(Āranyaka)와『우파니샤드』(Upanisad)가 있다. 마지막으로는 인도 밖의 지역에서도 많이 알려진『바가바드 기따』(Bhagavad Gītā)가 있다. 본디 이 문헌은『마하바라따』(Mahābhārata)라는 대서사시의 한 부분이었는데, 후에 독립되어 더 많은 사랑을 받게 된다. 이『바가바드 기따』는 인도의 종교와 사상을 이해하는 데 있어 빼놓을 수 없는 매우 중요한 문헌 중 하나이다.

고전 힌두교

고전시대의 힌두교는 베다(기도) → 브라마나(제의) → 우파니샤드(깨달음) → 마누[1]법전(의무) → 바가바드 기따(신애)로 이어진다. 시대마다 중시되는 경전과 종교 행위가 구별된다. 시기적으로는 대부분 기원전에 형성된 신앙체계이고 문헌들이다. 이제 항목별 특징을 개략적으로 살펴보자.

---

1) 마누란 최초의 인류를 뜻한다.

『베다』의 종교 – 기도

　베다시대의 종교는 기도가 종교행위의 중심에 자리한다. 기원전 15세기경 아리안족이 인도 지역으로 들어왔는데, 이들의 종교는 자연종교적 성격이 강한 다신교였다. 따라서 다양한 능력을 지닌 각각의 신에게 희구하는 바를 기원하는 것이 이때 종교행위의 핵심이었다. 그래서 형성된 것이 『베다』라는 문헌이다. 베다의 종류는 찬송시를 담은 『리그베다』(ṛg-véda)가 있는데, 이는 고대 힌두교를 이해하는 데 있어 가장 중요한 문헌이다. 그리고 제문을 담고 있는 『야주르베다』(yajur-véda)가 있다. 세 번째로 예식을 주 내용으로 하는 『싸마베다』(sāma-véda)와 주술을 기록한 『아타르바베다』(atharva-véda)가 있다. 이 시대 인도인은 자신들이 소원하는 것(건강, 장수, 풍작, 풍요, 다산, 전쟁에서의 승리 등)을 신에게 기도하는 방식으로 종교생활을 영위하였다.

『브라마나』의 종교 – 제의

　『브라마나』라는 문헌은 기원전 10세기경에 확립되었다. 이 문헌의 등장은 당시 인도인의 종교세계에서 브라만(한자로 바라문[婆羅門])이라 불리는 제사장계급의 지위가 확고해졌음을 뜻한다고 볼 수 있다. 신들에게 기도하는 것이 베다시대 종교생활의 요점이었다면, 이제는 더욱 정교하게 신에게 예의를 갖추는 것이 필요해졌고, 이는 제의로 형식화되었다. 그러다 보니 전처럼 개인의 소망과 기원에 기초한 기도행위가 아닌 더 복잡한 의례가 종교 행위의 중심에 오게 되었고, 따라서 복잡해진 의식을 전문적으로 주관하는 계급의 등장은 자연스러운 흐름이었다. 브라만계급의 등장으로 이제 중요한 것은 제의 그 자체가 되었다.

『우파니샤드』의 종교 – 지혜

'우파니샤드'란 말은 '가까이 경건하게 앉다.'라는 뜻이다. 이는 제자가 스승의 지근거리에서 우주와 인생의 가르침을 배우는 모습을 일컫는 것이다. 그러니 자연스럽게 이 가르침은 스승의 곁을 지킬 수 있는 선택된 사람에게만 베풀어진다. 『우파니샤드』는 기원전 9세기에서 7세기경에 만들어졌다. 『우파니샤드』 가르침의 핵심은 우주의 궁극적 실재가 되는 브라흐만을 깨닫는 것이다. 이를 『우파니샤드』에서는 무화과의 비유로 설명하고 있다. 그것이 바로 현자 우달라카 아루니(Uddālaka Āruni)와 그의 아들 스베타케투(Śvetaketu)의 대화인데 그 대강을 요약하면 다음과 같다.

현자는 아들에게 궁극적 실재의 비밀을 알려 주기 위해 무화과 열매 하나를 가져오라고 한다. 아들이 그리하자, 곧 그것을 반으로 쪼개라고 한다. 아들이 그대로 시행하자, 현자인 아버지는 그 속에 무엇이 들어 있는가를 묻는다. 아들이 씨앗이라고 답하자, 다시 그것을 갈라 보라고 명령한다. 아들이 아버지의 명령을 수행하자, 다시 아버지는 그 속에 무엇이 있는지를 묻는다. 아들이 아무것도 없다고 이야기하자, 아버지는 계속해서 다음과 같은 교훈을 내린다. 바로 그렇게 아무것도 없는 것이 무화과나무라고. 무화과 열매의 씨 속에는 아무것도 없듯이 비록 커다란 나무라 해도 그 아무것도 없음이 참된 본질이라고. 그러면서 매우 유명한 말로 대화록은 정리된다. "네가 바로 그것이다!"(tat tvam asi) 어떠한 사물이라도 그것을 가르고 나누고 분석하다 보면 결국 한 가지 진실에 이르게 되는데, 그것은 바로 눈으로 볼 수는 없으나 모든 것을 모든 것이 되게 하는 참된 존재가 모든 것 안에 들어 있다는 것이다. 그래서 인간의 본질을 이루는 아트만[2](ātman)이 곧 브라흐만이 되며, 이것을 깨닫는 것이 『우파니샤드』의 가장 큰 목적이 된다.

하지만 일상생활을 병행하면서 이러한 깨달음을 추구하기에는 어려움이 많다. 따라서 누구든 우주의 절대 진리를 만나기 위해서는 고행자와 수행자의 삶을 살아야 했고, 이는 출가 행위로 이어질 수밖에 없었다. 그런데 여기에서 적지 않은 문제가 생겨난다. 무분별한 출가는 사회를 안정적으로 유지하는 데는 부작용을 야기할 수밖에 없기 때문이다. 이에 사회질서를 확립하기 위한 요청이 생겨났을 것이고, 이런 사회 분위기가 마누법전의 시대를 불러왔을 것이다.

『마누법전』 - 의무

『마누법전(Manusmṛti)』은 기원전 3세기에서 기원후 3세기에 걸쳐 형성된 것으로 총 12장 2,684조로 이루어져 있다. 여기에서는 인도의 카스트제도의 성립을 신화적으로 설명한다. 하지만 예서 짚고 넘어가야 할 것은 지금 우리의 언어생활에서 흔히 사용되는 카스트제도와 마누법전에서 말하는 사성계급은 동일한 것이 아니라는 사실이다. 마누법전에서 말하는 사회계급의 구분은 '바르나'(varna)제도이다. 바르나는 산스크리트어로 '색'을 뜻한다.

힌두교에서는 인간을 구성하는 3요소를 색으로 풀고 있다. 우선 흰색(sattva)이 있는데, 이는 가볍고 깨끗한 것이며 사람을 지혜롭게 하는 것이다. 그리고 붉은색(rajas)은 정열과 의지를 상징한다. 마지막으로 검은색(tamas)은 거칠고 무게감 있는 것, 그리고 어둡고 사람을

---

[2] 아트만은 '호흡'을 뜻하는 산스크리트어에서 왔으며, 물질적 자기가 아니라, 본질적이고 핵심적인 참자아를 뜻한다.

무지하게 만드는 것이다. 힌두교에서는 이 세 가지 요소가 다양하게 배합되어 여러 종류의 인간이 생겨난다고 본다. 이는 인간을 결정론적으로 보는 관점이다. 따라서 인간은 태어날 때부터 이미 그 속성이 정해져 있고, 그에 따라 평생 짊어져야 할 사회 의무(다르마)가 달라진다고 보았다. 아마도 이는 사성계급이 사회적으로 어느 정도 자리를 잡은 뒤에 그것을 이념으로 포장한 것이겠고, 실제로는 정복자와 피지배자의 피부색 차이에 따른 구분이라고 보아도 될 것이다. 아리안계의 정복자가 밝은 피부색을 지닌 반면, 원래 인도 지역의 정착민은 그보다 어두운 피부색을 지니고 있었다. 따라서 바르나제도는 피부색으로 나뉜 사회계급으로 보아야 할 것이다.

『리그베다』에 따르면, 이 4개의 계급은 최초의 신성한 인간 '뿌루샤'(Puruṣa)의 몸으로부터 만들어졌다고 한다. 우선 브라만계급은 뿌루샤의 입에서, 그리고 크샤트리아(Kshatriya)는 팔, 바이샤(Vaiśya)는 넓적다리, 그리고 수드라(Sūdra)는 발에서 만들어졌다고 한다. 이들 4개의 계급은 사회의 구성원으로서 질서 유지를 위해 각자에게 부여된 다르마를 수행해야 한다. 이 4개 계급 어디에도 속하지 못하는 이들은 '달리트'(dalit)라 불리는데, 그 뜻은 '피억압자'이다.

그렇다면 지금 우리가 알고 있는 카스트제도는 무엇인가? 사실 이는 바르나제도라기보다는 '자티'(jāti)를 말하는 것이다. 자티는 직업별로 나뉘는 작은 그룹이고, 인도에는 대략 3000여 개에 이르는 자티가 있다. 이것은 태어날 때부터 개인에게 부여되는 직업 그룹이다. 따라서 그들의 직업은 가업으로 이어지며, 가업을 떠나 다른 이의 직업을 선택해서는 안 된다. 결혼도 주로 동일한 자티 그룹 내에서 행해지며, 특별히 물을 통해 서로의 신분을 구별하기도 한다. 예를 들어, 높은 자티에 속한 이는 절대로 낮은 자티의 물은 받지 않는다고 한다. 이런 직업적 배타성을 유지하는 인도의 사회계급을 보고 포르투갈인이 '카스트'라 이름 붙이면서 바르나제도와 자티제도가 혼동되었다. 하지만 사회질서를 유지하기 위한 시스템이라는 큰 의미에서 본다면 이 모두를 카스트제도라고 해도 크게 어긋나지는 않을 것이다.

마누법전은 사성계급뿐만 아니라 삶의 단계도 4개로 나누어 설명하는데, 이를 정리하면 다음과 같다. 우선 배움의 단계이다. 인생으로 따지면 8~12세에 해당하는데 이때 주로 스승이 있는 곳에 머물면서 『베다』와 세상 사는 법을 공부한다. 이후 재가자 단계에 접어드는데, 이때는 결혼을 하고 자녀를 양육하는 일상생활에 전념해야 한다. 세 번째 단계는 숲 속 거주자 생활이다. 보통 가장의 임무를 마칠 무렵, 즉 손주가 태어나면 사회활동을 멈추고 뒤로 물러난 뒤 숲으로 들어가 명상가의 삶을 시작한다. 다음 네 번째 단계가 바로 출가 수행자의 삶이다. 이 시기에 몇몇 사람은 스스로 속세와 결별하고 고행자의 길로 들어서 절대 진리를 찾는 구도의 삶을 살게 된다.

이렇게 인간의 삶을 단계별로 정리하면 사회는 더 안정적으로 질서를 유지하며 돌아가게 된다.

『바가바드 기따』 – 신애

『바가바드 기따』는 기원전 2세기에서 기원후 3세기에 걸쳐 만들어졌다. 본디 『마하바라따』에 속해 있었는데, 인도인의 사랑을 받으며 독립된 책으로 편찬되었다. 그 이름의 뜻은 '주님(바가바드)의 노래(기따)'이다. 『바가바드 기따』는 친족 간의 전쟁을 수행하고 있는 아르쥬나와 전차장 쌈자야의 대화로 시작된다. 이 둘의 대화는 평행선을 이루며 갈등구조를 유지한다. 우선 아르쥬나는 친족과의 싸움에 나서야 하는 자신의 고뇌를 피력한다. 하지만 쌈자야는 지속적으로 그런 사적 감정에 치우칠 필요가 없으며 전사는 전사로서의 사회의무에 충실하면 된다는 점을 강조한다. 여기서 쌈자야는 인도에서 대중적으로 인기가 높은 크리슈나(Krsna)라는 신의 현현이다.

그런데 사실 아르쥬나와 쌈자야의 대화는 당시 종교세계에 존재하던 두 흐름 간의 대결을 상징화한 것이다. 전통적으로 힌두교에서는 사회질서 유지를 위한 다르마의 수행을 제일의 덕목으로 삼고 있다. 하지만 새롭게 등장한 종교인 불교와 자이나교는 사회질서보다는 개인의 실존에 집중하는 자세를 보여 주었다. 따라서 고뇌하는 아르쥬나가 불교와 자이나교의 가르침을 상징한다면, 단호한 쌈자야의 태도는 사회질서를 중시하는 전통 힌두교의 입장을 대변한다고 할 수 있다.

그러나 무엇보다 이 문헌이 힌두교 역사에서 중요성을 가지게 된 이유는 계속해서 등장하는 '신애'(bhakti)의 강조에 있다. 전차장 쌈자야로 변신한 크리슈나는 사회의무를 강조한 자신의 조언에도 계속 갈등하고 고뇌하는 아르쥬나에게 신애로 자신을 공경하는 사람들은 태생과 신분에 상관없이 해탈할 수 있다고 반복해서 힘주어 말한다. 신을 향한 지고지순한 사랑과 믿음만 있다면, 아르쥬나의 고뇌는 사라지고 그토록 원하는 해탈에 이르게 될 것이다.

이러한 신애의 강조는 의례와 형식, 그리고 구도적 수행에 집중된 힌두교의 신앙 행태를 대중에게로 돌리는 데 큰 공헌을 하였다. 사실 정교한 의례를 수행하고, 의식을 위해 적절한 예물을 준비하는 것, 그리고 비의적 지식을 전수받고 고행의 수도를 행하는 것은 평범한 삶을 사는 일반인에겐 너무도 머나먼 일이다. 계급적인 전통 힌두교 사회에서 신앙을 통해 윤회의 사슬을 끊고 자유로운 존재가 되기란 일반인으로 서는 사실상 어려웠다. 그러니 자기에게 부여된 다르마를 충실히 수행 하여 선한 업을 쌓아 더욱 안정되게 구도의 길에 이를 수 있는 계급으 로 다시 태어나는 것 외에 일반인에게 해탈의 기회는 제공되지 않는 셈 이었다. 이런 환경에서 신애, 즉 박티의 강조는 누구라도 신을 향한 순 수하고도 철저한 헌신의 사랑만 있으면 해탈의 기회를 얻을 수 있다는 의미가 되며, 이는 힌두교의 대중화에 큰 역할을 하였다.

인격신 숭배

힌두교에서는 우주의 궁극적 실재를 브라흐만으로 본다. 그런데 이 브라흐만은 인간에게는 두 가지 측면으로 이해된다. 그것이 바로 '니 르구나(nirguna) 브라흐만'과 '사구나(saguna) 브라흐만'이다. 니르구 나 브라흐만은 속성, 이름, 형태가 없는 영원한 본질로 인간에게는 비 인격적 존재로 인지된다. 반면 사구나 브라흐만은 형태와 속성, 그리고 이름을 지니며 인격신의 모습으로 나타난다. 이러한 인격신을 '이슈와 라'(Īśvara)라고 한다.

힌두교에서는 대표적인 이슈와라로 창조주 브라흐마(Brahmā), 해체 의 신 쉬바(Śiva), 유지의 신 비슈누(Visnu)를 꼽는다. 이들은 각각 다 른 이름과 형태, 그리고 역할을 가지고 있지만, 결국 이들 모두는 참된 궁극적 실재의 이슈와라일 뿐이다. 이들을 일컬어 힌두교의 트리니티, 즉 '뜨리무르띠'(Trimūrti)라고 부른다. 이제 지금부터 개략적으로 이 세 인격신에 대하여 살펴보자.

먼저 브라흐마는 우주를 창조한 신이나 지금은 경배하는 이들이 거 의 없다고 한다. 같은 이름이긴 하지만 인격신 브라흐마와 『우파니샤드』에서 말하는 우주의 궁극적 실재는 구별된다. 인격신 브라흐마는 머리와 팔을 4개씩 지닌 모습으로 표현된다. 4개의 머리는 각각 4개의 베다를 상징한다. 그리고 브라흐마는 낮에는 우주를 창조하고, 밤에는 몸으로 우주를 흡수하는데, 이 행위는 무한히 반복된다고 한다. 또한 여성성을 강조하는 힌두 전통답게 브라흐마에게는 사라스와띠 (Saraswati)라는 배우자 여신이 있다.

쉬바는 파괴와 죽음의 신으로 유명하다. 하지만 쉬바의 파괴는 부정적이지 않다. 왜냐하면 새로운 창조를 위한 파괴요, 죽음이기 때문이다. 이런 쉬바의 파괴와 재창조의 능력은 종종 역동적인 춤동작으로 표현된다. 쉬바는 두 눈 사이에 제3의 눈인 지혜의 눈이 있는데, 이 눈에서 발사되는 불로 세계를 파괴한다. 흥미롭게도 쉬바는 종종 남성의 성기를 상징하는 링가(linga)와 동일시되기도 하는데, 심지어 그의 성기가 발기된 것으로 표현되기도 한다. 아마도 이는 쉬바가 인간과 동식물의 생식과 번식을 관장하고 있음을 상징적으로 표현한 것이라 할 수 있다.

쉬바는 에너지가 넘치는 남신답게 배우자 여신도 다양하다. 깔리 (Kālī), 빠르와띠(Pārvatī), 사띠(Satī), 두르가(Durğa) 등이 쉬바의 배우자 여신인데, 그중 깔리가 잘 알려져 있다. 깔리 여신의 이미지에는 쉬바의 파괴와 죽음의 이미지가 더 극단적으로 들어 있는데 우선 해골로 만든 목걸이를 하고, 한 손에는 적의 목을 잘라 들고 있으며, 피를 음료 삼아 마시는 검은색 피부를 한 무시무시한 여신이다.

삼신 중 마지막으로 비슈누가 있다. 비슈누는 우주의 보존과 유지라는 역할을 맡고 있는데, 쉬바와 더불어 사람들에게 인기가 아주 높은 신이기도 하다. 비슈누는 4개의 팔을 지닌 모습으로 표현되며 피부는 파란색이다. 비슈누는 세상을 보존하고 유지하기 위해 다른 신과

그림 1 브라흐마(좌), 비슈누(중), 그리고 쉬바(우)
각 신들이 자신의 배우자 여신과 함께 연꽃 위에 앉아 있다. 이 작품은 1770년경에 그려진 것으로 추정되고, 지금은 영국 런던의 V&A 박물관에 소장되어 있다.

는 달리 끊임없이 세상일에 간섭하고 참견한다. 바로 여기에서 '아바따라'(Avatāra) 사상이 생겼다. '내려온 자'라는 뜻의 아바따라는 비슈누가 세상이 혼탁해졌거나 자신을 신애하는 이들이 위기에 처했을 때 그들에게 도움을 주기 위해 다양한 모습으로 세상에 내려온다는 것이다. 힌두교에서는 대표적으로 10아바따라[3]를 숭배한다. 이때 10번째 아바따라인 칼킨은 아직 내려오지 않았는데, 후에 백마를 타고 나타나 선인과 악인을 심판한다고 믿는다. 비슈누의 배우자는 풍요와 부, 그리고 승리를 상징하는 락슈미(Lakṣmi)라는 여신인데 금화를 뿌리는 모습으로 표현된다.

이 밖에도 힌두교에는 수없이 많은 신이 등장한다. 경전에서 언급되

---

3) 물고기, 거북이, 멧돼지, 인사자(人獅子), 난쟁이, 파라슈라마, 라마, 크리슈나, 붓다, 칼킨을 말한다.

고 신앙되는 신의 수는 대략 3억 3000만을 넘는다고 알려져 있다.[4] 하지만 그렇다고 힌두교를 일반적인 다신교로 묶기도 모호하다. 왜냐하면 수없이 많은 신이 있긴 하지만, 숭배자의 관점에서는 그들 중 하나의 신에게 신애를 바치기 때문이다. 게다가 많은 이가 모든 신은 유일한 참 실재 브라흐마의 다양한 현현이라고 믿고 있으니 힌두교는 일반적인 다신론이라기보다는 일신교적 성격이 강한 다신론으로 보아야 할 것이다.

육파학파

힌두교 전통에서는 인격신 숭배만 이어지지는 않았다. 굽타 왕조 시대(4~6세기)에 상캬(sāṃkhya), 요가(yoga), 니야야(nyāya), 바이쉐시까(vaiśeṣika), 베단따(vedānta), 미망사(mimāṃsā)로 분류되는 육파학파가 등장하여 이른바 힌두철학을 확립하였다. 이들은 사색과 철학의 방법으로 해탈에 이를 수 있다고 주장하였다. 그리고 흥미롭게도 6개의 학파는 각각 2개씩 짝(상캬/요가, 니야야/바이쉐시까, 베단따/미망사)을 이루어 서로 보완하는 관계를 이루고 있다.

우선 상캬가 인간의 근본 문제를 형이상학적으로 분석하고 있다면, 요가는 그것을 실행에 옮기는 구체적 방법을 제시하였다. 그리고 바이쉐시까의 주제가 존재론이라면, 니야야는 그것을 기반으로 하여 논리학과 인식론을 전개한다. 베단따와 미망사는 모두 『베다』에 근거를 두고 있다는 점에서 관련성이 있다. 미망사가 『베다』의 제사편을 주제로 삼는다면, 베단따는 『베다』의 끝이란 의미를 담고 있는 데서 알

---

4) 류경희, 『인도의 종교와 종교문화』(서울: 서울대학교출판문화원, 2013), 122쪽.

수 있듯이, 우파니샤드를 통해 『베다』에서 말하는 해탈을 이루고자 한다. 여기서는 육파학파 중 상캬와 요가, 그리고 베단따 학파에 대해서만 간략하게 소개한다.

상캬와 요가

상캬학파는 까필라(Kapila, 기원전 7세기경 인물)라는 사람에 의해 시작되었다고 하나 확실치는 않다. 다만 이 학파의 사상이 체계적으로 자리를 잡게 된 것은 기원전 3세기경 『상캬 까리까』(sāṃkhya-kārikā)라는 문헌이 형성된 이후인 것은 분명하다. 상캬학파에서는 인간의 실존을 고통으로 해석한다. 그리고 그 이유는 순수의식(뿌루샤, puruṣa)과 물질(쁘라끄리띠, prakriti)이 섞여 있기 때문이라고 본다. 그래서 뒤섞인 정신과 물질을 제대로 구별해 내는 것이 문제를 풀고 해탈하는 바른 길이라 본다.

요가학파에서는 바로 이 순수의식과 물질을 어떻게 구분하는가를 실천적으로 제시한다. 이렇게 요가는 철저히 해탈을 위한 종교적 수행이다. 이 점에서 다이어트와 몸매 관리에 초점을 맞춘 우리나라의 요가 강습은 본질에서는 멀리 떠난 유행이라고 보아야 할 것이다. 요가학파는 기원전 2세기경 빠딴잘리(Patañjali)가 쓴 『요가 수뜨라』(Yoga-sūtra)에 근거한다고 알려져 있다.

요가란 말은 소에게 씌우는 멍에를 뜻하는 말에서 유래했는데, '묶다', '결합하다', '제어하다'란 의미를 지닌다. 기본적으로 요가는 마음작용을 제거하기 위한 기술이며, 총 8단계를 통해 그것이 가능하다고 말한다. 이 8단계는 빠딴잘리가 수행법으로 제시한 것이고 이를 정리하면 다음과 같다.

우선 첫 번째 단계는 '야마'(yama)로서 하지 말아야 할 것을 하지 않는 단계이다. 이때 지켜야 할 계율은 살아 있는 것을 해하지 않는 것, 말과 생각에 거짓됨이 없는 것, 훔치는 행위를 하지 않는 것, 그리고 정욕과 성욕을 억제하는 것, 그리고 탐욕을 금지하는 것 등이다. 두 번째 단계는 '니야마'(niyama)로 이때는 해야 할 것을 해야만 한다. 즉, 정결하게 하고, 평온을 유지하고, 고행을 수행하며, 경전을 읽고 신을 경배하는 등의 행위를 해야 한다. 세 번째 단계는 '아사나'(āsana)이며, 안정되고 평안한 심신을 유지하기 위한 바른 자세를 뜻한다. 네 번째 단계는 '쁘라나야마'(prāṇāyāma) 단계로 이때는 호흡을 조절하게 된다. 이는 호흡이 의식에 영향을 줄 수 있다는 생각에서 출발한다. 호흡이 불안정하고 불규칙하면 주의력이 떨어지고 산만해지기 때문에 숨을 고르는 조식법을 통해 정신의 집중을 유도한다. 다섯 번째 단계는 '쁘라따하라'(pratyāhāra)라 불리는데 이는 감각기관을 통제하는 것을 말한다. 여섯 번째 단계는 '다라나'(dhāraṇa)인데 마음을 한곳에 집중하는 것이다. 일곱 번째 단계를 '디야나'(dhyāna)라고 하는데, 이는 여섯 번째 단계의 연장으로 깊은 명상에 잠겨 마음의 작용이 거의 사라진 상태를 말한다. 마지막 여덟 번째 단계가 바로 삼매(三昧)로 번역되는 '사마디'(samādhi)이다. 이 단계에 이르면 비로소 주체와 객체를 나누는 이분법적 의식이 사라지고 순수한 의식 상태에 이르게 된다.

힌두교의 요가 수행은 이 외에도 다양하다. 갸냐 요가, 까르마 요가, 박띠 요가, 꾼달리니 요가, 하타 요가 등이 있으며, 그중 건강한 몸을 강조하는 하타 요가가 인도 이외의 지역에서는 요가를 대표하는 것으로 많이 알려져 있다.

베단따 학파

베단따 학파의 대표자로는 아드바이타(Advaita, 불이론[不二論]) 베단따를 창시한 샹까라(Śaṅkara, 700~750)를 꼽을 수 있다. 그는 궁극적 실재인 브라흐만에게는 두 가지 측면이 있음을 밝혔다. 그것이 바로 니르구나 브라흐만과 사구나 브라흐만이다. 샹까라는 브라흐만은 본질적으로 아무런 특성이 없다고 보았다. 그리고 궁극적 실재로서 우주에 유일하게 존재하는 것이 바로 브라흐만이라고 하였다. 따라서 인간이 경험하는 세계의 현상은 모두 환영(maya)일 뿐이다. 그런 점에서 참된 해탈은 니르구나 브라흐만을 깨달아야만 가능하다. 하지만 샹까라가 인격신 신앙을 완전히 무시한 것은 아니었고, 그 자신은 쉬바를 믿고 숭배했다.

후대에 라마누자(Rāmānuja, 1050?~1137)는 '수정된 불이론 베단따 학파'(Viśiṣṭādvaita)를 창시하였다. 그는 샹까라와 마찬가지로 브라흐만이 우주의 근거가 됨을 인정하였지만, 세상에 대한 이해에서는 다른 길을 걸었다. 즉, 샹까라가 브라흐만 외에는 모든 것이 허상이요, 환영으로 본 반면, 라마누자는 세계를 실재로 받아들였다. 그의 관점에서보면 세계는 브라흐만 안에 있었고, 그로부터 전개해 나온 실재이다. 그래서 속성이 없는 브라흐만은 오히려 공허한 것으로 보며, 이슈와라, 즉 브라흐만을 인격신으로 숭배하는 것이 최선의 길이라고 주장하였다. 라마누자 스스로는 비슈누를 신앙하였고, 해탈은 무엇보다 신의 은총으로 가능한 것임을 강조하였다.

라마누자 이후에는 바로 이 신의 은총에 대한 해석문제로 원숭이 학파와 고양이 학파로 나뉘었다. 먼저 원숭이 학파는 새끼가 철저히 엄마 원숭이에 매달리듯이 해탈은 신의 은총으로 주어지긴 하지만 그를 이루기 위해서 우리도 최선의 노력을 경주해야 한다고 본다. 반면 고양이 학파는 새끼 고양이가 어미에게 완전히 몸을 맡기고 아무것도 하지 않는 것처럼 해탈을 위해서는 전적으로 신의 은총에 의지해야 한다고 본다.

지금의 인도, 그리고 힌두교

인도는 17세기에 영국의 지배하에 들어가면서 서구 문명과 그리스도교의 영향을 받기 시작했다. 하지만 그 직전까지는 이슬람의 영향권 하에 있었기 때문에 상당수의 무슬림이 거주하고 있었다. 19세기에 들어와 람 모한 로이(Raja Rām Mōhan Rōy, 1772~1833) 같은 이들이 등장하여 힌두교 개혁운동을 전개하였다. 그는 '브라모 사마지'(Brahmo Samaj, 브라만 모임)를 조직하여 남편이 죽었을 때 그의 아내까지 함께 화장하는 수티제도와 10세도 안 된 어린 여자아이를 중년 남자와 결혼시키는 제도 등을 타파하며 인도의 근대화 운동을 이끌었다.

그리고 간디(Mahatma Gandhi, 1869~1948)는 '사탸그라하'(satyāgraha)와 '아힌사'(ahimsā, 비폭력) 운동으로 영국으로부터 인도가 독립하는 데 혁혁한 공을 세웠다. 사탸그라하는 '진리의 포착'으로 옮겨지는데, 이 말은 인간의 행동은 감정이나 이해관계에 따라 움직여서는 안 되고 궁극의 진리를 포착한 것에 기반을 두어야 한다는 뜻이다.

1947년 드디어 인도는 영국의 식민지배에서 벗어나 독립 국가를 세울 수 있게 되었다. 하지만 근대국가 인도는 시작부터 종교로 촉발된 사회적 갈등의 도가니 속으로 빨려 들어갔다. 독립 이후 득세한 힌두교 근본주의자들은 인도를 단일한 힌두교 국가로 세워야 한다고 주장하였다. 하지만 인도 지역의 무슬림은 이미 1906년에 연맹을 결성하여 파키스탄의 분리 독립을 주창하였고, 결국 1947년 인도와 분리해 영연방의 자치국으로 남았다가 1956년 새로운 헌법을 제정하여 이슬람 공화국을 세웠다. 파키스탄은 한동안 동서로 나뉘어 있다가, 1971년에 인종, 언어, 생활양식이 서로 달랐던 동쪽과 서쪽이 완전히 분리되었다. 그때 동파키스탄은 국명을 방글라데시로 바꾸었다.

지금 인도는 힌두교가 다수이기는 하지만, 여전히 이슬람 신자도 적지 않고[5], 그 밖에도 그리스도교, 시크교, 불교, 자이나교, 그리고 여전히 남아 있는 자라투스트라의 종교 등 다종교 상황에 들어와 있다고 볼 수 있다. 거기에 여전히 갈등 요소가 상존하고 있는 파키스탄과 방글라데시, 그리고 경제와 국방에서도 강력한 경쟁자인 중국과 국경을 맞대고 있으며, 내적으로는 편잡 지방의 시크교도가 독립을 주장하고 있는 등 다양한 내외의 위기를 대면하고 있다.

이러한 갈등 국면에 힌두교는 과연 인도의 주류 종교로서 어떻게 조정자 역할을 해낼 것이며, 또 인도사회의 평화와 안정, 그리고 질서 유지를 위해 무엇을 할 수 있는지 보여 주어야만 하는 중요한 시험대에 올라서 있다. 하지만 그 전망은 그렇게 밝지만은 않다. 2002년 초반에 간디의 고향이기도 한 인도 서부 구자라트(Gujărăt) 주에서 벌어진 무슬림과 힌두교도 간의 충돌로 200여 명의 사망자가 발생했다는 점이 그런 우울한 전망에 힘을 실어 준다. 바로 인도 통합의 선구자였던 간디의 고향에서 말이다.

---

5) 2011년 통계에 따르면 인도의 무슬림 수는 인구의 14%에 달한다.

9

불교

불교와 힌두교, 무엇이 다른가?

어떤 면에서 불교는 힌두교의 세계화라고 할 수 있다. 이미 설명한 바 있지만 단일 종교로서 힌두교라는 종교는 존재하지 않는다. 다만 인도인의 생활양식과 종교문화 전체를 그렇게 통칭하고 있을 뿐이다. 따라서 힌두교에는 힌두교 신자가 아니라, 그들이 섬기고 신앙하는 다양한 신을 예배하고 숭배하는 이들만 있을 뿐이다. 인도인은 거대한 힌두사원에 들어가 각자 원하는 신 앞에 가서 기원하면 된다. 이렇게 사원에서 하나의 신만을 모시고 있지 않는 것이 매우 전형적인 힌두교의 특징이라고 할 수 있다. 이러니 힌두 전통에는 수억의 신이 필요했을 것이다.

그런데 힌두교는 인도의 신분계급 때문에 지역적 한계를 넘어서기가 곤란하다. 힌두교에서 말하는 해탈을 위해서라도 그들은 신분계급을 인정해야만 한다. 힌두교의 전형적인 윤회의 세계관에 따르면 지금의 자신은 과거의 결과물이고, 미래의 자신은 지금의 행위로 결정되는 것이다. 그리고 참된 해탈은 인도적 신분질서의 최상위, 즉 브라만계급이 되어야 가능하다고 하니 인도 이외의 지역에서 힌두교가 제 역할을 하기란 간단치 않을 것이다. 바로 이런 점 때문에 힌두교의 외부 확장은 태생적으로 한계가 따른다. 이러한 한계를 넘어서려면 사성계급 문제를 처리해야만 한다. 다시 말해 힌두교의 해탈은 좋은 업을 쌓아 자신의 신분이 브라만이 되어야만 가능하기에 인도식 신분질서를 유지하지 않는 문화권에서는 설득력을 얻기가 어렵다.

이와 달리 불교의 해탈은 신분과 계급에 매여 있지 않다. 브라만이 아니더라도 진리[中道]를 깨닫기만 하면 해탈에 이를 수 있기 때문이다. 이런 유의 해탈은 힌두교의 신분제도를 넘어서기 때문에 불교는 인도를 넘어 세계 각지로 확장될 수 있었다. 불교는 현재 5억 명 정도의 신자를 유지하고 있으며, 명상수련을 중심으로 서구사회에도 점차 영향력을 확대하고 있는 추세이다. 우리나라는 전통적으로 천 년 이상을 이어온 불교문화권에 속해 있고, 유형문화재의 75퍼센트 이상이 불교를 기반으로 한 것이다.

그렇다고 불교와 힌두교가 완전히 갈라섰다고 보기는 어렵다. 정작 중요한 세계관, 즉 업(karman, 業)과 윤회를 받아들이고 있기 때문이다. 업이라고 하는 것은 산스크리트 카르만(karman)을 한자로 의역한 것이고, 음역으로는 '갈마'(羯磨)라고 한다. 그 뜻은 '행위'이며, 구체적으로 몸과 언어, 그리고 생각의 결과로 나온 행위를 말한다. 불교에서는 개인적 실체의 존재는 인정하지 않지만 그의 행위는 계속 남는다고 본다. 업과 더불어 인과율로 세계를 설명하는 윤회 사상도 불교와 힌두교는 공유하고 있다. 이미 설명한 바 있지만 윤회는 지금을 설명하고, 사람들을 도덕적으로 만드는 데 탁월하다. 그리고 힌두교와 마찬가지로 불교에서도 윤회의 고통에서 벗어나는 것을 제일의 목적으로 삼는다.

고타마 싯다르타의 삶

우리가 알고 있는 붓다의 실명은 고타마 싯다르타(Gautama Siddhārtha, 기원전 563~483)이다. 고타마는 성이고 싯다르타는 이름이다. 붓다라는 말은 '깨달은 사람'을 뜻하며 일반 명사이다. 따라서 세상에는 많은 붓다가 존재하고, 특별히 붓다가 된 고타마 싯다르타를 우리는 석가모니불(釋迦牟尼佛)이라고 부른다. 석가모니란 말은 석가와 모니란 단어로 나뉘는데, 먼저 '석가'는 싯다르타가 속한 샤키야(Śākya)족을 한자로 표기한 것이고, '모니'(muni)는 성인이란 뜻을 가진 말이다. 따라서 석가모니는 '샤키야족 출신의 성인'이란 뜻이다.

싯다르타는 지금 네팔 남부와 인도 국경 부근에 위치했던 카필라 왕국의 국왕이었던 슈도다나(Śuddhodana)의 아들로 태어났다. 당시 인도의 북동부는 격한 사회적 변혁기를 거치고 있었다. 우선 씨족을 기반으로 하던 작은 나라들이 좀 더 큰 국가에 복속되기 시작했고, 이런 상황에 화폐경제가 도입되면서 사회·정치적으로 혼란스러운 시기가 이어졌다. 이때 작은 나라들은 연합체를 구성하여 대국과의 경쟁에서 살아남으려고 발버둥을 쳤을 것이다.

싯다르타가 속해 있던 샤키야족의 왕국도 그리 크지 않은 나라였고 몇 개의 부족이 모인 연합체 자치 공동체로 몇몇 대표 가문이 돌아가며 수장을 맡고 있었다. 싯다르타는 마침 그의 가문이 그 지역을 통치하고 있을 때 왕자의 신분으로 태어났다. 그러니 싯다르타는 태어나면서부터 다양한 압박의 환경에 놓였을 것이다. 왜냐하면 당시 왕의 신분이었던 싯다르타의 아버지는 아들이 자신의 권력을 승계할 수 있도록 매우 혹독하고 엄격하게 훈육했을 것이기 때문이다. 물론 아들이 권력욕이 있고, 정치 지향적이라면 그러한 아버지의 의도는 큰 무리 없이 진행될 수 있었겠지만, 만약 아들이 목적하는 바가 권력이 아닌 다른 것에 있다면 이야기는 달라진다. 싯다르타의 경우는 바로 후자였다.

싯다르타는 권력보다는 종교적 해탈에 더 관심이 많았다. 이 때문에 부자 사이의 갈등이 증폭되었을 것이고, 권력과 해탈의 긴장이 계속 이어졌을 것이다. 아버지는 격변하는 시기에 가문의 영광을 지키기 위해 아들을 계속 제왕의 수업으로 몰아댔을 것이고, 인생의 참의미와 진실한 해탈을 목적했던 아들은 아버지의 압박에 숨 막혀 했을 것이다. 시를 사랑하고, 자연을 동경하며, 인생의 진리를 알고자 하는 이에게 권력의 음모와 모략이 무슨 의미가 있었을까. 세월이 흐를수록 싯다르타의 번민과 갈등, 고심은 더욱 깊어졌을 것이다.

전하는 바에 따르면, 싯다르타는 17세에 이르렀을 때 저 유명한 '사문유관'(四門遊觀) 체험을 하게 된다. 이는 그가 거주하던 카필라 성에 나 있는 4개의 문을 통해 인생의 네 가지 고통을 보게 되었다는 일화를 말한다. 먼저 동문을 나섰을 때에는 흰머리에 등이 굽은 채 지팡이를 짚고 걸어가는 노인을 보았고, 남문 밖에서는 피골이 상접하고 뼈가 드러난 병자를 만났고, 서문 밖에서는 죽은 자를 보내는 장례행렬과 가족의 통곡소리를, 그리고 북문을 통해서는 출가한 수도승을 보았다고 한다.

결국 이 체험을 통해 싯다르타는 아버지가 짜 놓은 제왕의 길을 버리고 구도자의 삶을 살게 된다. 4개의 문을 통해 그가 본 것은 인생의 무상함이었다. 아무리 화려하고 요란한 치장을 하여도 결국 인간은 늙고, 병들며, 죽을 수밖에 없다는 것을 싯다르타는 사문유관을 통해 더욱 절감한 것이다. 그리고 그는 이 인생의 무상함을 이겨 내는 방법이 수행의 길 외에는 없음을 깨닫게 된다. 결국 이러한 깨달음 끝에 그는 출가를 결심하게 된다. 물론 실제로 싯다르타가 17세 때 이런 경험을 했는가의 여부는 분명치 않다. 하지만 그런 경험의 유무가 싯다르타의 출가의 가치와 의미를 결정한다고 볼 수는 없다. 어찌 보면 사문유관은 싯다르타가 출가하게 되는 계기를 극적으로 연출한 일종의 설화 장치라고 할 수 있다. 따라서 이는 출가의 의미를 풀어 주는 은유이지 사실을 전하는 보도 기사라고 보기는 힘들다.

이렇게 구도에 뜻을 둔 싯다르타는 결국 29세의 나이에 왕궁을 떠나 수행의 길에 오르게 된다. 그리고 당시 다른 구도자들이 그랬던 것처럼 주로 단식과 고행을 통한 수련에 집중하였다. 6년에 걸친 그의 고행은 한 줌의 곡식으로 몇 달을 버텨 내는 등 매우 눈물겨운 시간의 연속이었다. 고행 끝에 결국 싯다르타는 목숨이 위태로운 지경에 이른다. 당시에는 구도자가 고행의 수련 끝에 죽는 것을 영광으로 알았으니 싯

그림 1 고행 중인 싯다르타
라오스의 한 사찰에 있는 그림으로 싯다르타와 함께 5명의 동료가 보인다.

다르타의 생애도 그렇게 끝났을 가능성이 더 컸다. 그런데 탈진하여 쓰러진 싯다르타에게 수자타라는 여인이 젖으로 쑨 죽을 주었다. 이를 먹고 다시 기운을 차린 싯다르타는 진정한 깨달음을 얻기 위해 부다가야 근처 우루베라 촌의 보리수 밑에 자리를 정하고 깊은 명상에 집중하게 된다. 불교에서는 이때 싯다르타가 수행한 명상을 사선(四禪)이라고 한다. 이는 초선부터 사선에 이르는 네 단계의 선정을 말한다. 싯다르타는 사선의 경지에서 인생과 우주의 비밀을 꿰뚫을 수 있는 천안통(天眼通)을 얻게 되었다고 한다. 이때 그의 나이는 35세였고, 드디어 깨달음에 이른 사람, 즉 붓다가 되었다.

그 후 녹야원에서 수행을 이어 가고 있던 다섯 친구에게 처음으로 자신의 깨우침을 전하였고, 이를 받아들인 친구들에 의해 최초의 승가 공동체가 만들어진다. 그는 그 후에도 45년 동안 사람들에게 자신의 깨달음을 전하다가 80세를 일기로 세상을 떠났다. 그때 싯다르타는 "내가 간 후에는 내가 말한 가르침이 곧 너희의 스승이 될 것이다. 모든 것은 덧없다. 게을리하지 말고 부지런히 정진하라."는 유명한 유언을 남겼다. 화장 후 남겨진 싯다르타의 사리를 10개의 나라에 나누어 주었고, 이를 보관하기 위해 무덤 기능의 건축물인 '스투파'(stūpa)를 만들었는데, 우리는 이것을 한자로 '탑파'(塔婆)라 부르고, 이를 줄여 탑이라고 한다.

깨달음의 내용, 사성제

명상을 통한 싯다르타의 깨달음의 내용을 우리는 '사성제'(四聖諦)라 부른다. 이는 산스크리트어 아리야사띠야(āryasatya)에서 왔으며, 그 뜻은 '4개의 높은 진리'(깨우침)이다. 싯다르타 붓다가 정리한 4개의 가르침은 고(苦) - 집(集) - 멸(滅) - 도(道)이다.

먼저 첫 번째 명제인 고제(苦諦, duḥkha satya)는 산스크리트어로 수레바퀴에 모래가 들어가 삐걱거린다는 뜻으로 인간의 삶이란 본질적으로 고통스럽다는 것을 말한다. 불교에서는 고통을 크게 세 부류로 나눈다. 우선 보편적인 고통(苦苦)은 누구나 느낄 수밖에 없는 괴로움으로 태어나고(生), 늙고(老), 병들고(病), 죽는(死)것을 말한다. 두 번째 부류의 고통은 '무너지는 고통'(壞苦)으로 '사랑하는 것들과 헤어지는 고통'(愛別離苦), '미워하는 이와 만나야 하는 고통'(怨憎會苦), '원하는 것을 이루지 못하는 고통'(求不得苦)이 여기에 속한다. 그리고 마지막으로 '행고'(行苦)는 이 모든 괴로움의 근본이 되는 자아에 집착해서 생겨나는 고통을 말한다. 불교에서는 자아를 실체적 존재로 보지 않는다. 그것은 단지 5개의 존재 유형이 일시적으로 모여서 형성된 잠재적 실존에 지나지 않는다. 하지만 사람들은 그것이 마치 영원불변하는 것인 양 착각하여 집착하게 되고, 이것이 고통의 원인을 이룬다고 본다.

두 번째 명제인 집제(集諦, samudaya satya)는 앞에서 살펴본 고통의 이유를 밝히고 있다. 고통은 결국 목마름(渴愛) 때문에 생겨난다.[1] 사람들은 마른 목을 시원하게 적셔 줄 물을 찾기 위해 전념하고 집착하게 된다. 하지만 목마름의 이유를 제대로 알지 못하기에 집착은 더 큰 갈증만 가져올 뿐이다. 그런데 집착에는 주어가 있기 마련이다. 그렇다면 그 집착의 주어는 누구일까? 바로 '나'이다. '내'가 먹고, '내'가 마시

---

1) 집제에서 고통의 원인을 설명하는 데 남방계열의 상좌부불교와 대승불교 사이에 미세한 차이가 존재한다. 우선 상좌부불교에서는 고통의 원인을 인간의 목마름에서 찾고 있는 것과 달리 대승불교에서는 자아가 실체적으로 존재한다고 착각하는 인간의 무지(無知)와 무명(無名) 때문이라고 해석한다.

고, '내'가 노래하고, '내'가 성취하는 것으로 그 모든 집착의 주체는 결국 나로 귀결된다. 이제 고통의 원인을 찾았다. 남은 것은 문제를 풀어내는 것이다. 고통의 원인이 나라면 결국 그 나를 없애면 될 뿐이다. 따라서 자연스레 두 번째 집제는 세 번째 명제인 멸제로 이어진다.

세 번째 명제인 멸제(滅諦, nirodha satya)는 고통이 끝난 상태를 설명해 주는 명제이다. 인간은 본질적으로 괴롭지만, 그 고통의 이유를 알기에 그것에서 벗어날 수 있게 된다. 그렇게 모든 집착과 번뇌를 끝내 버린 상태를 니르바나(nirvana, 한자로는 涅槃) 혹은 모크샤(mokṣa, 한자로는 解脫)라 부른다.

네 번째 명제인 도제(道諦, mārga satya)는 멸제를 성취하기 위한 실천과 수행을 말한다. 바로 열반으로 이끄는 구체적인 방법론을 설명하는 것으로며 불교에서는 이를 8개로 정리하여 '팔정도'(八正道, 8개의 바른 길)라 부른다. 이에 대해서는 뒤에 다시 설명하도록 하겠다.

무아론, 나는 오온의 잠정적 결합체일 뿐이다!

불교의 핵심 사상을 꼽을 때 '무아론'(anātman)은 빼놓을 수 없다. 하지만 무아론을 이야기할 때 잊지 말아야 할 것은 붓다가 말한 '내가 없다'라는 선언은 존재론적 발언이 아니라는 것이다. 즉, 무아론은 '나'라는 실체가 존재하지 않음을 증명하기 위한 것이 아니라 고통의 원인을 파악하여 그것에서 벗어나기 위한 구도적 방법을 제시하는 방편으로 나온 것이다. 따라서 사성제의 깨달음 안에서 무아론을 파악해야지, 단어 자체만 놓고 불교를 허무주의라 공격해서는 곤란하다. 다시 말해 무아론의 주목적은 집착의 끊음이다. 집착이 생기는 이유는 사람들이 '나'에게 집중하기 때문이다. 그런데 그 '나'라는 존재의 본질은 무엇인가?

그것은 항구적인 불멸의 실체가 아니라, 우주를 구성하는 다양한 존재 유형이 무한한 시간의 흐름에 비추어 본다면 극히 짧은 시간에 잠정적으로 조합되어 있는 것에 지나지 않는다. 따라서 그러한 임시적이고 잠정적인 '나'에게 집착하여 삶을 고통으로 만들 필요는 전혀 없다는 것이다.

일반인이 '자아가 실체적으로 존재하지 않는다!'는 불교의 가르침을 쉽게 이해하기는 곤란할 것이다. 그렇다면 이렇게 설명하면 어떨까? 자 [그림 2]를 보자. 이 그림이 무엇인지 묻는다면, 사람들은 어렵지 않게 "컴퓨터!"라고 답할 것이다. 그런데 재미있게도 이 그림이 컴퓨터인 것은 분명하나 그것의 부품은 독립되어 있고, 또 저마다 고유한 이름을 지니고 있다는 것이다. ①은 모니터이고, ②는 메인보드이다. ③은 CPU

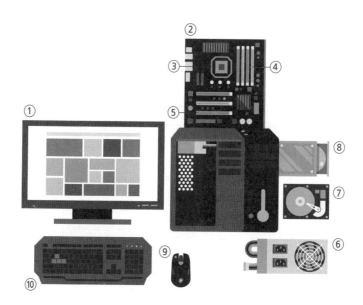

그림 2 무아론과 컴퓨터

이고, ④는 메모리카드이다. 그리고 ⑤는 그래픽카드나 사운드카드일 것이고, ⑥은 전원공급 장치이다. 그렇게 하나하나 헤아려 보면 어느 순간 컴퓨터라는 실체적 존재는 사라지고 만다. 각각의 부품만 남아 있는 셈이다. 그래도 우리는 그 조합을 '컴퓨터'라고 인지한다. 완전히 일치하지는 않겠지만 붓다의 깨달음은 우리가 컴퓨터를 바라보는 것과 비슷한 관점에서 인간을 본 것일 수도 있다. 그렇다면 인간 역시 실체적이라기보다는 집합의 개념으로 풀어 볼 수 있는 존재가 된다. 분명 컴퓨터는 존재하고 있다. 하지만 그 컴퓨터는 여러 개의 부품이 결합되어 우리에게 하나로 인지되고 있을 뿐이다. 이런 맥락에서 보면, 컴퓨터는 존재하나, 또 존재하지 않게 된다. 즉 집합의 개념으로 컴퓨터는 존재하지만, 단일 실체 개념으로 본다면 존재하지 않는 셈이다. 이러한 비유는 오디오 시스템으로도 가능할 것이다. 오디오 역시 앰프, 스피커, 미디어 플레이어, 케이블, 전원 등이 모여서 한 가지 기능, 즉 음악을 들려주는 역할을 한다. 그래서 컴퓨터와 마찬가지로 오디오도 단일 실체로는 존재하지 않는다. 그것 역시 집합적으로, 시스템적으로 실존하고 있을 뿐이다.

이렇게 인간을 바라보면, 인간의 자아 역시 존재하나 존재하지 않게 된다. 그렇다면 컴퓨터가 다양한 부품의 집합체이듯, 인간을 구성하고 있는 것은 무엇인가? 바로 이를 밝히기 위해 싯다르타는 보리수 밑에 앉아 인간을 심층 분석한 것이다. 그리고 그 결과로 자아는 5개의 존재 유형이 잠정적으로 결합된 것이라는 분석을 내렸다. 우리는 이를 '오온에 의한 무아론'이라고 부른다.

오온(五蘊, pañca-skandha)은 색(色, rūpa)·수(受, vedanā)·상(想, samjñā)·행(行, samskāra)·식(識, vijñāna)인데, 각각을 살피면 다음과

같다. 우선 색은 물질로 이루어진 육체를 말한다. 그리고 수는 감각기관이 외부 세계와 접촉함으로써 경험하는 것과 그로 인해 생겨나는 다양한 감정 작용을 말한다. 상은 외부의 대상을 지각함으로써 구성되는 세계에 대한 인식을 뜻하고, 행은 인간의 의지작용을 말한다. 마지막 식은 분별하고 판단하는 작용을 가리킨다.

오온은 첫 번째 색만 육체적이고 나머지 4개는 정신의 영역에 속한다. 인간은, 그리고 그 인간의 자아는 바로 이러한 5개의 다양한 존재 유형이 잠정적으로 모여서 구성하고 있는 집합적 존재에 지나지 않는다. 따라서 자아라고 하는 영구불변하는 실체가 존재한다고 말할 수 없게 된다. 그러니 이러한 임시적 존재 때문에 생겨나는 집착은 마땅히 끊어내야 하며, 그때야 우리는 열반에 이를 수 있게 된다. 이렇게 불교는 인간 혹은 자아를 집합적으로, 시스템적으로 분석함으로써 실체적 자아를 심리적으로 해체해 버린다. 그리고 그를 통해 고통을 넘어 마음의 평안을 얻으려 하는 구도의 종교가 바로 불교이다.

팔정도, 열반을 향하는 8개의 바른 길

무아를 깨달음으로써 평안을 얻었지만 그래도 문제는 계속 남는다. 왜냐하면 우리는 여전히 이 세속에 몸을 담고 살아야 하기 때문이다. 그래서 꾸준히 열반을 유지하고 깨달음을 확증하기 위해서는 반복된 훈련이 필요하다. 불교에서는 이를 8개의 길로 정리해 놓았는데, 그것이 바로 팔정도이다.

팔정도는 다시 크게 세 부류로 나뉘는데, 혜(慧, panna) - 계(戒, sila) - 정(定, samādhi)이 그것이다. 이를 일컬어 삼학(三學)이라고 부른다. 이를 다시 세분하여 보면, 우선 혜에 속하는 것이 정견(正見)과 정사유(正

思惟)이다. ① 정견(바르게 보기)은 사물을 편견 없이 있는 그대로 보는 것을 말한다. ② 정사유(바르게 생각하기)는 치우침 없이 자신과 사물의 본질을 있는 그대로 바르게 생각하는 것을 말한다. 계에 속한 것으로는 정어(正語), 정업(正業), 정명(正命)이 있는데, 우선 ③ 정어(바르게 말하기)는 언어를 바르게 쓰는 것을 말하며, 특히 거짓말, 욕설, 비방, 쓸데없는 말을 하지 않는 것이다. ④ 정업(바르게 행동하기)은 살생, 도둑질, 음행 등을 자행하지 않고 선한 행위를 지향하는 것을 말한다. ⑤ 정명(바른 직업 갖기)은 올바른 생활을 뜻하며 모두에게 유익한 직업에 종사하는 것이다. 정에 속하는 것으로는 정정진(正精進, 바르게 정진하기), 정념(正念, 바르게 관찰하기), 정정(正定, 바르게 집중하기)이 있다. ⑥ 정정진은 올바른 용기와 노력을 가지고 힘쓰는 것을 말한다. ⑦ 정념은 우리 몸과 마음이 어떻게 움직이는지 잘 관찰하는 것으로 사사로운 마음을 버리고 수행에 집중하는 것을 뜻한다. 마지막으로 ⑧ 정정은 마음을 하나로 모아 흔들리지 않고 한곳에 고정되어 있는 상태를 말한다.

이 팔정도는 직선적이지 않고 순환적이다. 따라서 한 단계에서 다른 단계로 완결된 상태로 이전하는 것이 아니라, 계속 반복되고 순환된다. 팔정도는 일종의 수레바퀴처럼 불자들이 꾸준히 수행하여 열반에 도달하고, 이를 유지하는 일종의 자기수련법이다.

불교 경전의 수립

붓다가 죽은 뒤 세 차례에 걸쳐 그의 설교와 가르침을 결집하는 행사를 치렀다. 1차 결집은 기원전 482년 붓다가 입멸한 직후에 있었는데, 이때 마하카시아파(Mahākāśyapa, 한자로 마하가섭[摩訶迦葉] 또는 대가

섭[大迦葉]으로 표기함)가 지도자 역할을 하였다. 그는 붓다의 사촌이자 제자였고, 보좌관 역할을 담당했던 아난다(Ananda)에게 스승의 가르침을 구술토록 하였으며, 또 다른 제자인 우팔리(Upāli)에게는 붓다의 가르침 중 특히 승단의 규범이나 규례에 관계된 것을 암송하게 하였다. 그래서 아난다의 구술 경(經, sūtra)이 형성되었고, 우팔리의 암송은 율(律, vinaya)이 되었다. 2차 결집은 기원전 373년 붓다가 세상을 떠난 지 100년이 지나서 소집되었다. 이때까지 붓다의 가르침은 아직 문서로 기록되지는 않았다. 불경이 문자로 기록되기 시작한 것은 3차 결집이 있던 기원전 247년 이후이다. 이때 경과 율 외에도 론(論, sāstra)이라 불리는 문헌이 수립되었다. 붓다의 법설이 행해진 지 오랜 세월이 지난 뒤라 앞서 정리된 경과 율에 대한 후대 학자들의 세밀한 해석과 주석이 필요하게 되었고, 이렇게 생겨난 해설을 '론'이라 부른다. 이렇게 불경은 '경 – 율 – 론'이라는 체계를 구축하였고, 이를 은유하여 '3개의 바구니'(tripitaka), 즉 '삼장'(三藏)이라 부른다.

상좌부불교

흔히 상좌부불교를 소승불교라 한다. 하지만 이 용어는 대승불교의 가치관으로 평가한 결과물이다. 소승이란 '히나야나'(hinayāna), 즉 탈것이 작다는 것을 뜻한다. 이타성을 전면에 내세운 대승불교와는 달리 개인 구도에 집착하는 상좌부불교는 뭔가 부족하다는 것을 강조하기 때문에 이러한 용어가 생겨났을 뿐이다. 사실 소승불교는 팔리어로는 '테라바다'(theravāda)로 불리며 그 뜻은 '장로들의 길'이다. 이들은 주로 붓다의 가르침에 기초하여 출가자의 수행에 집중하는 자세를 보인다. 그러면서 붓다가 발견한 진리(dharma, 한자로는 法으로 표기됨)를 얻기 위한 수련에 매진하며, 이상적인 인간으로 아라한[2](arhat, 阿羅漢)을 추구한다.

상좌부불교는 팔리어로 된 경전과 더불어 출가한 탁발승[3](托鉢僧)이 중심을 이루고 있으며, 기원전 3세기경 스리랑카 지역으로 건너가 지금은 스리랑카와 미얀마(버마), 태국, 라오스, 캄보디아 등 주로 동남아시아 일대에 퍼져 있다.

대승불교

대승불교는 그들이 폄하하여 부른 소승불교에 비해 '탈것이 큰 것'(mahāyāna)을 내세운다. 무엇보다 대승불교는 상좌부불교의 개인 중심적인 태도를 비판했다. 대승불교의 눈에는 개인의 해탈에 집중된 상좌부불교의 수행태도가 이익을 위해 매진하는 장사치들의 그것과 크게 다를 것이 없어 보였다. 그렇게 대승불교는 미혹에 빠져 윤회의 세계에서 고통받고 있는 이들을 해탈의 길로 인도하는 자신들의 수레바퀴야말로 상좌부의 그것보다는 훨씬 크고 넓다고 자신했다.

대승불교에서는 이상적인 인물상도 아라한보다는 보살(菩薩, bodhi-sattva)이 중요해진다. 산스크리트어 '보디사트바'가 '보리살타'(菩提薩埵)라 한역되었는데 그것을 줄여 부른 것이 '보살'이다. 보디(bodhi)가 '깨닫다'이고, '사트바'(sattva)가 '존재'이니 보디사트바는 '깨달은 존재'이다. 초기 불교에서 이 말은 '깨달음을 향해 나아가는 사람'이라는 의미로 사용되었는데, 대승불교에 이르면 '깨달음을 이룬 존재'로 의미가

---

2) 원래 붓다를 지칭하는 단어였는데, 후에 불교의 수행자들이 도달하고자 하는 이상적인 인간을 의미하게 되었다.

3) 탁발을 행하는 출가 승려를 말한다. 탁발은 음식을 구걸하는 행위를 말하는데, 여기서 '발'(鉢)이란 음식을 담는 그릇을 가리킨다. 수행자가 탁발로 생활하는 것은 생산활동 대신 구도에 전념하기 위해서이다.

확장되었다.

보살의 경지에 이르기 위해서는 '보살행'이라는 수행을 이어 가야 하는데, 그것을 6개의 범주로 묶어 육바라밀(六婆羅蜜)이라 부른다. 바라밀은 산스크리트어 파라미타(pāramitā)의 한자 음역으로 '완전한 상태', '최고의 상태'를 의미한다. 6개의 바라밀은 ① 보시(布施), ② 지계(持戒), ③ 인욕(忍辱), ④ 정진(精進), ⑤ 선정(禪定), ⑥ 지혜(智慧)이다.

어찌 보면 대승불교는 일종의 '불교 신앙 대중운동'이라고도 할 수 있다. 초기 불교가 상좌부와 대중부로 나뉘고, 그 이후에 '설일체유부'(說一切有部, sarvâsti-vāda)를 비롯한 12개 부파가 생겨나면서 그 주장이나 교리에 대한 설명이 점점 대중에게서 멀어졌다. 그리고 상좌부불교는 진리를 체득하기 위해서 끊임없이 수련하고 구도하는 수행의 종교였기에 출가는 필수가 되어 버렸다. 다시 말해 진리를 깨닫기 위해서는 구도와 수행에 전념해야 했고, 따라서 출가를 하지 않고는 해탈의 자리에 들어설 기회가 점점 줄어들 수밖에 없었다. 게다가 전문 수행자의 구도적 학습의 결과로 불교의 교리는 심오해졌으나, 그만큼 준비가 되어 있지 않고 선이해가 부족한 이들이 이해하기에는 점점 더 어려워졌다. 상황이 이러하니 파생되는 문제도 적지 않았다. 무엇보다 대중과 불교의 거리가 멀어졌다. 따라서 좀 더 친근하게, 그리고 쉽게 불교를 대중에게 안내할 필요가 생기게 되었다. 이때 등장한 것이 『반야경』(般若經) 계통의 '공'(空, śūnyatā)사상이다.

유력한 대승불교의 종파
나가르주나의 중론과 공사상
공사상은 2세기경 나가르주나(Nāgārjuna, 150~250)에 의해 주창되었다. 나가르주나의 이름은 한자로 용수(龍樹)로 표기되며, 그는 남인도에서 브라만 가문의 후예로 태어났다. 그는 초기 불교 경전을 연구해서 중관(中觀, madhyamaka)사상을 정립하였고, 후에 『중론』(中論, mūlamadhyamakakārikā)이란 책을 저술하였다.

그가 말한 공사상은 불교의 복잡한 교리를 '연기'(緣起, pratītya-samutpāda)사상으로 설명한 것이다. 산스크리트어로 연기를 뜻하는 '프라티트야삼무파다'라는 말은 '의존하여 생겨나다'라는 의미를 가진다. 이는 우주의 모든 사물이 조건에 의해 생겨남을 빗댄 말이다. 모든 사물은 그에 응당하는 원인과 조건의 결과물이며, 따라서 모든 것은 서로 의존적이다. 스스로 독립적인 본질을 가졌다고 말할 수 있는 것은 아무것도 없다. 어떤 사물이 있다면, 그것은 그것과 관련된 모든 것이 상호작용한 결과물에 지나지 않기 때문이다. 따라서 사물의 본성 자체가 무자성(無自性), 즉 스스로 독립적이고 실체적인 본질을 지니지 않는다.

우리 눈에 보이는 세계의 모든 것이 이처럼 원인과 결과의 관계로 얽히고설킨 결과물이기에 '이것이 그것이다!'라고 딱 잘라 말할 수 있는 것은 하나도 없다. 따라서 존재의 본질은 비어(空) 있다. 하지만 그렇다고 해서 그것이 무의미하고, 허무한 것은 아니다. 우리가 실체적으로 느끼고 감각하는 대상은 모두 원인과 결과라는 관계 속에서 잠정적으로 그 모습을 유지하고 있는 가변적인 것이기에 비어 있다고 표현한 것뿐이다. 따라서 모든 것은 있지만 있지 않은 것이 된다! 바로 그것이 사물의 본연의 모습이다. 이를 산스크리트어로는 '타타타'[4](tathātā)라고

---

4) 흥미롭게도 이 '타타타'라는 말은 1991년에 발표된 김국환의 앨범에 노래 제목으로 쓰였다. 작사가 양인자 씨가 인도를 여행하던 중 '타타타'의 뜻을 알게 되어 그것을 노랫말로 쓰면서 이 노래가 만들어졌다고 한다. 후에 이 노래는 1992년에 큰 성공을 거둔 주말드라마 〈사랑이 뭐길래〉에 삽입곡으로 사용되면서 덩달아 크게 인기를 끌었다.

부르며 이를 한자로 의역하여 '진여'(眞如)라고 한다. 그러니 사물에 집착하는 것은 어리석은 짓이요, 허망한 것이 되고 만다! 이처럼 관계로 세계를 파악하는 것이 바로 공사상이다.

유가학파의 유식설

나가르주나의 중론 이후 인도에서는 5세기경에 아상가(Asaṅga, 無着, 300~390)와 바수반두(Vasubandhu, 世親, 316~396) 형제에 의해 유식사상이 등장하게 된다. 그리고 이들을 일컬어 유가학파라고 한다.

유식설의 주장은 다음과 같다. 우리는 감각기관으로 인지되는 사물이 본래 그렇게 존재한다고 생각한다. 하지만 유식설에서는 그 모든 것이 식의 작용에 지나지 않는다고 본다. 사람에게는 대상을 분별할 수 있는 능력이 있는데, 그것이 식이다. 우리가 지각한다고 생각하는 외부의 세계는 바로 이 식이 만들어 낸 그림자에 지나지 않는다고 보는 것이 유식설의 요점이다. 따라서 유식설에서는 우리가 어떻게 식만으로 세계를 구성하는지에 대해 면밀히 분석하고 파악하고자 하였다. 그리고 그 결과 총 8개의 인식과정을 찾아냈다. 이를 개략적으로 살펴보면 다음과 같다.

우리가 외부의 대상을 만났을 때 처음으로 인식이 생기게끔 하는 식을 유식설에서는 전오식(轉五識), 혹은 오식이라 부른다. 오식을 구성하고 있는 것은 ① 눈(眼識), ② 귀(耳識), ③ 코(鼻識), ④ 혀(舌識), ⑤ 몸(身識)으로 각각 색깔과 형체, 소리, 냄새, 맛, 그리고 촉각을 인식한다. 여섯 번째 식은 ⑥ 의식(意識)인데, 이것은 앞의 다섯 가지 식이 서로 분리되지 않고 하나로 종합되어 인식할 수 있도록 해 주는 작용을 한다. 일곱 번째 ⑦ 말나식(末那識, manas-vijñāna)은 제8식인 아뢰야식과 앞에서 언급한 여섯 가지 식 사이에서 끊임없이 제6식이 일어나도록 하는 마음이다. 그런데 끊임없이 생각하는 작용을 하는 말나식은 두 가지 측면(부정과 긍정)이 있다. 존재의 참된 구조를 깨닫지 못한 상태에서 형성되는 말나식은 자기중심적인 형태로 드러나지만, 번뇌를 끊어 버리고 맑고 밝은 상태에서 발현되는 말나식은 평등심과 대자비심으로 나타나게 된다. 여덟 번째는 ⑧ 아뢰야식(阿賴耶識, ālaya-vijñāna)이라 부르는데, 줄여서 제8식이라고도 한다. 이것은 인간 심연에 자리하고 있는 식이며 인간의 모든 심리활동을 가능하게 하는 근원적 심층의식이다.

아뢰야식은 모든 의식의 저장고로, 이것이 없는 사람은 없다. 모두에게 구비되어 있는 무의식의 세계가 바로 아뢰야식이다. 따라서 이 본래의 순수의식이 제대로 작동하면 누구라도 삶과 우주의 참된 모습을 인지할 수 있게 된다. 그런데 문제는 이 맑은 거울 같은 아뢰야식에 자꾸 먼지가 낀다는 것이다. 이 먼지를 유가학파에서는 종자(種子)라고 한다. 종자는 과거 우리가 행한 행위에 따라 생긴 것들이다. 이것은 우리의 생각과 행위에 영향을 주고, 역으로 우리도 종자에게 영향을 준다. 그리고 이렇게 형성된 영향은 다시 순수의식인 아뢰야식에 반복적으로 영향을 준다. 유가학파에서는 이러한 상호 영향을 주고받는 것을 일컬어 '훈습'(薰習)이라고 한다. 그렇다면 남은 과제는 먼지를 털어 내어 아뢰야식이 본래의 순수함을 유지하도록 하는 것이다. 그리고 이를 위해 필요한 것이 바로 수행이다. 반복적이고 철저한 수행은 아뢰야식을 혼란하게 만드는 우리의 일상적 마음 작용을 멈추게 하며, 그를 통해 확보된 깨달음은 일상의 번뇌를 넘어서게 해 준다. 바로 이것이 유가학파가 추구하는 것이다.

여래장 사상

여래장(如來藏)은 산스크리트어 '타타가타가르바'(tathāgatagarbha)를 의역한 것인데, 이 말은 '타타가타'와 '가르바'라는 두 낱말이 합쳐진 것이다. '타타가타'는 주로 여래로 번역되며 붓다를 의미하고, '가르바'는 '태'(胎)를 가리키기에 '타타가타가르바'를 문자적으로 해석하면 '붓다를 담고 있는 태'가 된다. 이를 뜻으로 풀면 '모든 사람은 붓다가 될 수 있는 가능성을 가지고 있다.'고 할 수 있다. 따라서 여래장은 '불성'(佛性)과 같은 의미로 쓰인다.

모든 사람에게 붓다가 될 가능성이 구비되어 있다는 말은 앞에서 살펴본 유식설의 아뢰야식을 떠올리게 한다. 그래서 한때 여래장사상은 유식사상의 연장선에서 발달한 것이라 여기는 이도 있고, 또 여전히 그렇게 바라보는 학자도 있지만, 최근에는 유식과 여래장 사상은 서로 독립적으로 발전하였다고 보는 관점이 주를 이룬다.

유식설이나 여래장 사상 모두 인간의 가능성이 무한하다고 보는 점에서 많이 닮아 있다. 이 점에서 이 둘은 영지주의적 성향이 짙게 배어 있는 불교 종파라고 할 수 있다. 영지주의는 빛과 어둠, 영혼과 물질 등 세계를 이원론적으로 구분한다. 그리고 육체와 물질은 악한 것이며, 정신적이고 영적인 것은 선한 것으로 본다. 영지주의적 관점에서 볼 때 육신을 지니고 있지만 그 안에 영혼과 정신을 담고 있는 인간은 두 개의 이질적 요소를 공유하고 있는 불안정한 존재이다. 따라서 물질적 요소를 벗어나 순수한 영혼의 상태를 이루는 것이 영지주의적 종교운동의 구원이요, 목표라고 할 수 있다. 구체적인 설명과 용어는 차이가 있지만, 앞에서 살펴본 불교의 사상도 인간 안에 본질적으로 불성이 구비되어 있다는 것을 강조하고, 수행을 통해 왜곡되고 더럽혀진 불성, 혹은 아뢰야식을 다시 원상태로 복원할 수 있다고 주장한다는 점에서 대단히 영지주의적이다.

왜 인도 불교는 쇠퇴했는가?

인도의 불교는 기원전 3세기경 아소카 왕(Aśoka, 기원전 304~232)이 개종하면서 전성기를 맞이한다. 하지만 기원후 8~9세기에 이르러 쇠퇴하기 시작했고, 11세기 이후에는 서서히 인도에서 불교의 힘이 약해지기 시작한다. 그 이유는 무엇일까? 우선 전통적인 힌두교의 부흥 운동을 꼽을 수 있다. 8세기경 힌두교에는 샹까라(Śaṅkara, 700~750)라는 뛰어난 사상가가 등장해서 불교를 힌두교에 흡수하는 작업을 하게 된다. 이에 따라 불교가 힌두교와 차별전략을 펴면서 확산하는 데 상당한 어려움을 겪게 된다. 거기에 11세기 들어 이슬람 세력이 인도를 침공한 것도 불교로서는 큰 악재였다. 특히 이슬람은 알라의 통치 앞에 만민이 평등하다는 것을 내세움으로써 기존 인도 사회의 계급구조에 신음하던 하층민에게는 큰 호감을 주었으며, 이는 그대로 개종으로 이어졌다. 또한 불교가 출가자 중심의 종교가 되어 버린 것도 쇠퇴의 큰 이유가 되었다. 출가자 중심의 불교는 전문가의 종교가 되어 갔고, 일반 서민의 종교생활에는 깊게 뿌리내리지 못했다. 이에 불교는 발상지인 인도보다는 중국과 한국, 그리고 일본을 위시한 대승 전통의 동북아시아와 스리랑카, 태국, 미얀마 등 상좌부불교 계열이 강한 동남아시아 지역에서 더 성행하게 되었다.

교상판석과 중국의 여러 종파

인도에서 중국으로 건너간 불교는 5~6세기에 접어들면서 다양한 종파가 생겨났다. 여기서는 그 대략만을 소개한다. 그런데 중국의 불교 종파를 설명할 때 빼놓을 수 없는 개념이 하나 있는데, 그것이 바로 '교상판석'(敎相判釋)이다.

본디 교상판석은 방대한 양의 불교 경전을 체계적으로 이해하려는 시도에서 비롯하였다. 불교가 중국에 들어온 뒤 많은 경전이 한자로 번역되었다. 그런데 점점 그 양이 늘어나게 되자 더욱 체계적이고 조리 있게 경전을 이해하고 정리할 필요를 느끼게 되었다. 그래서 싯다르타가 설법한 시기를 구분하고, 그에 따라 어떤 가르침을 펼쳤는지를 정리하는 작업을 하게 된다. 그것이 바로 교상판석인데, 줄여서 '교판', '교상'이라고도 한다. 그중 많이 알려진 것이 천태종(天台宗)의 '오시팔교'[5](五時八敎)이다. 그러다 후에는 각 종파에서 자신들이 중시하는 경전을 부각하기 위한 방법으로 교상판석을 사용하였다.

이런 과정을 통해 형성된 중국의 종파 불교 중 대표적인 것은 다음과 같다.

우선 '삼론종'을 들 수 있다. 이 종파는 고구려의 승려인 승랑이 실제적인 창시자로 알려져 있다. 삼론이라 이름이 붙게 된 것은 이 종파가 중심에 둔 경전이 세 권(나가루주나의 『중론』과 『십이문론』, 그리고 그의 제자의 작품인 『백론』)이기 때문이다.

다음으로 '유식종'을 꼽을 수 있는데, 이는 삼장법사 현장이 인도의 유가학파를 중국에 소개함으로써 생겨난 종파이다. 현장의 인도 유학과

---

5) 천태종의 지의(智顗, 538~597)는 싯다르타의 가르침을 화엄시(華嚴時)-녹원시(鹿苑時)-방등시(方等時)-반야시(般若時)-법화열반시(法華涅槃時)의 5개 시기로 구분하였다. 그리고 가르치는 방식을 4개로 묶어 '화의사교'라 불렀고, 설파하는 내용을 다시 4개로 구분하여 '화법사교'라 하였다. 이 모두를 통칭하여 '오시팔교'라고 부른다.

유식사상 소개가 여러모로 중국인에게 깊은 인상을 남겼는지 그의 일 대기는 후에 『서유기』라는 작품 속에 담겨졌다. 흥미롭게도 삼론종처럼 유식종에도 한반도에서 건너간 신라 출신 승려인 원측이 대가로 활동 하였다.

그리고 앞에서 교상판석을 설명할 때 잠시 언급했던 '천태종'은 『법 화경』을 중심경전으로 삼고 있고 지의에 의해 설립되었다. 이 종파에도 고려 출신 승려인 제관(諦觀, 900~975)이 큰 역할을 하고 있는데, 그가 남긴 『천태사교의』(天台四敎義)는 천태종의 교과서로 읽혔다.

'화엄종'은 선재동자가 진리를 좇아 53명의 스승을 찾아가 배움을 청하는 내용을 담은 『화엄종』을 중심 경전으로 삼고 있는 종파이다. 화엄종은 제3대 교조로 알려진 법장(法藏, 643~712)이 실제적인 창시 자이며, 동문수학한 신라의 의상(義湘, 625~702)은 한반도 화엄종의 시조가 되었다. 화엄종은 '쌀 한 톨에 우주가 들어 있다.'는 말과 '일중 다'(一中多), '다중일'(多中一), '일즉다'(一卽多), '다즉일'(多卽一) 등 으로 유명하다. 이것은 모든 사물이 연기의 질서 아래 서로 의존적임 을 나타낸다. 그러니 세속(事法界)과 성스러운 세계(理法界)가 따로 분리된 것이 아니다. 세속이 열반이 되고, 열반이 곧 세속이 된다. 화 엄종에서는 이 이치를 깨달으면 우주의 모든 것을 절대적으로 긍정 하는 위치에 다다르게 된다고 본다.

다음으로 『아미타경』(阿彌陀經), 『대무량수경』(大無量壽經), 『관무량 수경』(觀無量壽經)을 근간으로 하는 '정토종'을 들 수 있는데, 이 종파 는 북위(北魏)의 승려인 담란(曇鸞, 476~542)에 의해 시작된 것으로 알 려져 있다. 정토종은 앞에서 살펴본 종파와는 달리 염불과 염주를 강 조하며 타력신앙적 모습을 강하게 보인다. 즉, 체계적으로 불교 교리를 공부하지 않아도 진실한 마음으로 '나무아무타불'만 암송하면 극락왕생할 수 있다고 주장한다. 이러한 믿음의 연원은 다음과 같은 설화에 기초한다.

옛날 존귀한 신분이었던 이가 출가하여 다르마카라(Dharmakara, 法藏)라는 승려가 되었는데, 그는 서방정토의 붓다가 되어 고통받는 이들을 구제하겠다고 다짐하였다. 그리고 수행을 위해 총 48개의 서원을 하였는데, 그중 가장 중요한 열여덟 번째 서원은 누구든지 진실한 믿음과 한마음(一心)으로 자신의 이름을 부르면 그를 서방정토에서 다시 태어나게 해 주겠다는 것이다.

이렇게 시작된 정토종은 쉽고 간결한 염불 수행을 중심으로 대중의 생활 속에 깊게 파고들었다. 화엄종의 대가였던 원효도 정토종의 영향으로 대중불교운동의 전면에 나섰고, 일본의 경우는 신란(親鸞, 1173~1262)에 의해 소개되었고 그는 일본 '정토진종'(淨土眞宗)의 창시자가 되었다.

마지막으로 '선종'[6]을 살펴보자. 이 종파의 이름은 산스크리트어 '디아나'(dhyāna)를 선나(禪那)로 한역하면서 생겨났는데, 후에 이를 선이라 줄여 부르면서 선종이 되었다. 선종은 '염화미소'(拈華微笑) 혹은 '염화시중'(拈華示衆)으로 대표되는 이야기를 그 시초로 본다. 이는 싯다르타와 그의 제자 마하카시아파의 이야기이기도 하다. 어느 날 스승 싯

---

6) 서구에서는 첸-부디즘(Zen-Buddhism)으로 불린다. 이는 일본인 스즈키 다이세쯔(鈴木大拙, 1870~1966)가 선사상을 서구에 소개할 때 일본식 한자 발음에 따라 '선'을 첸(Zen)이라 옮기면서 그렇게 된 것이다.

다르타가 말없이 연꽃 하나를 꺾어 제자들에게 보여 주었다. 그러자 제자 대부분은 그러한 스승의 행동을 의아하게 생각하고 멈칫거리고 있을 때, 오직 한 사람 마하카시아파만이 스승의 의도를 '마음에서 마음으로'(以心傳心) 알아듣고 미소를 지었다는 이야기이다.

그러나 역사적으로 엄격히 살피자면, 선종은 인도의 불교를 도교라는 안경을 통해 새로이 구성한 전형적인 '중국화된 불교'라고 할 수 있다. 그만큼 선종은 탈인도적 성격이 강하다. 이러한 선종의 목표는 '견성성불'(見性成佛)이다. 즉, 인간의 심연에 자리한 불성을 찾아내어 깨달음에 이르기 위해 경전이 아니라 참선과 공안, 화두 등으로 수행하는 것이 선종이다. 그러니 '문자를 세우지 않고'(不立文字), '경전을 떠나 별도로 은밀히 전해지는'(教外別傳) 가르침을 강조한다. 선종은 후에 중국과 한국, 일본에서 크게 성행하여 대승불교의 대표적인 종파를 이룬다. 선종의 부흥에는 신수(神秀, 605~706)와 혜능(惠能, 638~713)이라는 걸출한 지도자의 역할이 컸는데, 신수는 북종선(北宗禪), 혜능은 남종선(南宗禪)의 시조가 되었다. 이 둘의 차이는 북종선은 점오(漸悟)를, 남종선은 돈오(頓悟)를 내세웠다는 것이다. 말 그대로 점오는 단계적으로 깨달음에 이른다는 뜻이고, 돈오는 단번에 깨우친다는 의미이다.

지금의 불교, 그리고 남겨진 과제

흔히들 불교를 깨달음의 종교라고 말한다. 물론 틀린 말은 아니다. 하지만 밑도 끝도 없이 강조되는 깨달음이란 단어 때문에 무엇을 위해, 왜 깨달아야 하는지라는 정작 중요한 목적과 본질을 지나치는 경우가 많다. 지금까지 살펴보았듯이 불교의 깨달음은 삶의 고통에서 벗어나기 위한 것이다. 윤회의 사슬이 주는 고통과 아픔을 넘어서기 위해서는 나라는 존재가 실체적인 것이 아님을 깨닫는 것이 필요하였다. 이런 맥락에서 보자면, 정작 깨달음은 목표가 아니라 현실의 고통을 치유하기 위한 과정이요, 도구인 셈이다.

그런데 종종 불교의 담론에서는 정작 잊어서는 안 될 현실이 실종되어 버리는 경우가 많다. 이는 방편이요, 해탈에 이르는 길이 되어야 할 깨달음이 무한정 기계적으로 강조되는 탓이다. 그런 점에서 지금 불교가 잊어서는 안 되는 것은 현실에 대한 정확한 이해요, 넘어서야 할 대상이 무엇인지를 제대로 파악하는 것이다. 그런 분명한 현실인식 없이 무작정 수행에만 매몰되는 것은 목적을 잃어버리는 일이며, 이는 현대인의 고민, 고통과는 멀어진 불교만의 문법에 스스로 고립되는 결과를 가져오는 악순환이 될 수도 있다.

10
중국의 종교

중국은 인류의 4대 문명 중 하나로 꼽는 황하문명[1]을 배태한 곳이며, 이집트나 메소포타미아와는 달리 처음 문명이 생겨났을 때의 틀을 여전히 유지하고 있는 매우 독특한 지역이다. 물론 고대 문명의 발상지 중에서 인도 역시 힌두교적 전통을 여전히 유지하고 있지만, 그사이 불교와 이슬람 등 여러 이질적인 사상체계가 공존했던 것과는 달리, 중국문명은 고대의 모습을 대부분 그대로 지금까지 유지하고 있다. 이러한 중국적 특징을 잘 드러내고 있는 종교로는 유교와 도교를 꼽을 수 있다. 따라서 이 장에서는 두 종교에 대해 집중적으로 살펴본다.

---

1) 최근의 고고학적 발굴을 통해 고대 중국문명의 발상지가 오로지 황하 지역만이 아니라 장강, 홍산 등으로 넓게 흩어져 있음이 밝혀졌다. 그래서 지금은 황하문명이란 명칭 대신 '황하 및 장강 문명'이라 부르기도 한다.

유교

유교는 종교인가?

유교에 관해 흔히 받는 질문이 있다. 그것은 바로 "유교가 종교입니까?"이다. 그도 그럴 것이 우리가 흔히 종교라고 하면 절대자와 창시자가 있고, 성직계급과 예배나 제사를 위한 고유한 형태의 건물, 그리고 경전 등이 있어야 한다고 생각하기 때문이다. 그런데 이런 기준에서 보자면, 유교에는 없는 것이 너무 많다. 그리스도교의 야훼나 이슬람의 알라 같은 초월적이고도 절대적인 신을 찾기도 어렵다. 물론 유교에서도 상제나 천(天) 등이 있기는 하지만 다른 종교에 비해서 그것이 가지는 초월성이나 인격성이 워낙 엷기 때문에 신의 존재를 강하게 주장하기 어렵다.

창시자 문제만 해도 그렇다. 우리는 쉽게 공자(孔子, 기원전 551~479)가 유교란 종교를 세운 것으로 생각한다. 서구어로 유교가 컨퓨셔니즘(confucianism)이고, 이 이름이 바로 공자의 라틴어식 표기 'Confucius'에서 온 것이기도 하기에 더욱 그렇게 생각할 수도 있다. 하지만 공자는 유교적 사유체계를 처음으로 체계화하고 생활 속에서 실현할 수 있는 규범으로 만들어 시행했던 사람이지, 그 스스로 유교적 가치를 창출한 사람은 아니다. 이는 자신은 주(周, 기원전 1046~256)나라의 찬연한 문명을 전하여 춘추시대의 혼란스러운 사회질서를 바로잡고자 했다는 공자의 언사를 통해서도 확인할 수 있다. 공자는 이를 '술이부작'(述而不作)이란 말로 요약하고 있다. 또한 공자와 그가 전한 사회 윤리적 가르침에 집중하다 보니 유교는 종교라기보다는 사회철학이요, 도덕적 교훈을 담고 있는 처세술의 하나로 보는 이가 많은 것도 사실이다.

하지만 이와 같은 종교관은 신과 경전이 있고, 그를 섬기는 사제계급이 있는 매우 전형적인 서구적 관점에 매여 있을 때 나오는 것이고, 종교를 시스템적으로 이해하는 현대 종교학에서는 전혀 다른 해석이 가능해진다. 시스템은 한 가지 목적을 위해 다양한 조직이 협력하여 기능하는 것을 말한다. 따라서 종교라는 문화도 특정한 목적을 수행하기 위해 다양한 형태로 기능하는 것으로 볼 수 있다. 그렇다면 종교는 무엇을 위해 기능하는가? 우리는 종교를 통해 세계를 본다. 그리고 종교적 가치관으로 주변의 이웃과 관계를 맺으며 사회적 존재로 살아간다. 또한 종교는 인생의 문제를 넘어서기 위한 시스템으로도 작동한다. 즉, 사람들은 종교를 통해 다양한 삶의 실존적 문제를 해결하려고 한다.

이렇게 '세계설명체계'와 '인생문제 극복체계'로 종교를 이해하고 바라본다면, 유교 역시 분명히 종교로서 제 역할을 해 왔다고 할 수 있다. 그것도 매우 오래도록, 아주 효과적으로! 따라서 유교가 종교냐 아니냐는 물음은 이제 멈추어야 할 것이다. 유교는 제대로 된 종교이고, 그 어떤 것보다도 영향력 있고, 또한 실효적으로 수천 년 동안 동아시아 세계를 지배해 오고 있는 종교전통이다. 실제로 한국, 북한, 중국, 일본 등 동북아시아 국가의 사람들과 심층 인터뷰를 한다면 많은 사람이 스스로 유교적이라고 자각하지 못할 뿐, 실제로는 상당수가 유교적 세계관과 가치관 속에 살아가고 있음을 확인할 수 있다.

참으로 현세 지향적인 유교

죽음 이후와 이 세상을 넘어서는 어떠한 신적 존재를 내세우지 않는다는 점에서 유교는 다른 종교와 다른 길을 택하고 있으며, 그런 점에서 유교는 현세 지향적이다. 그런데 사실 대부분의 종교가 현세 지향적이기는 하다. 어떤 종교전통에 속해 있는 사람이든 지금 바로 여기에서 구원받거나 해탈하게 되면 그것으로 충분하다고 생각하기 때문이다.

구원받고 해탈한 이들은 더 이상 죽음에 대해서 애걸복걸하지 않게 되며, 또한 그 이후의 삶에 대해서도 크게 신경 쓰지 않게 된다. 다만 그러한 체험이 없는 이에게 해당 종교를 소개하기 위해서는 특정한 자극이 요청되는데, 보통 죽음과 내세가 그것을 위한 소재로 종종 사용된다. 인간에게는 여전히 미지의 대상인 죽음과 그 이후가 종교적 체험이 없는 이들에게는 매우 절실한 문제요, 풀어야 할 숙제가 되겠지만, 이미 구원과 해탈, 그리고 깨달음의 체험을 거친 성숙한 신앙인에게는 그건 이미 풀어 버린 과제이지 미래의 문제는 아니기 때문이다. 이러한 맥락에서 대부분의 종교는 바로 '지금', '여기', '현실'에 집중한다. 실제로 여러 종교전통에 속한 진솔한 신앙인을 만나 보면, 그들은 현재에 만족하고 있다. 지금이 행복하고 기쁘니 굳이 미래에 대해 불안해하거나 걱정할 이유가 없는 것이다. 종교에 속해 있으면서도 지금은 불행하고 우울한데, 미래가 좋다고 하니 견뎌 보겠다고 하는 것 자체가 아이러니지 않겠는가. 따라서 종교의 목적은 지금 행복하기 위해서이며, 그러한 점에서 대부분의 종교가 현세 지향적이다. 유교도 이처럼 바로 지금, 여기에 집중하는 현세 지향적 종교이다.

유교에서 말하는 구원
유교의 현세 지향성은 구원에 대한 담론에서도 그대로 드러난다. 보통 그리스도교와 이슬람에서 말하는 구원이나 불교와 힌두교 등에서 말하는 해탈의 증거는 눈으로 확인할 길이 없다. 이것은 대부분 신앙인의 주체적이고 고백적 진술에 근거하기 때문에 객관적 잣대를 가지고 구원받은 이와 해탈한 이를 구분해 내는 것은 간단한 일이 아니다. 그런데 유교적 구원은 육안으로 확인이 가능하다! 그리스도교 전통에서 은유적 표현으로 '생명부' 이야기를 종종 한다. 구원받은 이들의 목록표가 하늘에 존재한다는 것이다. 육안으로는 볼 수 없지만 진짜 구원받은 사람은 그의 이름이 생명부에 기재되어 있다고 한다. 그런데 유교의 생명부는 육안으로 확인할 수 있고, 심지어 대부분의 집에 실물로 보관되어 있다. 바로 '족보'가 그것이다.

보통 구원이라고 하면 우리는 '영원한 삶'을 생각한다. 흔히들 죽지 않고 살아 있는 것을 구원이라고 여긴다. 물론 그 영원한 삶의 양태는 각 종교마다 다르다. 영원무궁한 신에게 귀의하여 그의 자녀가 되었고, 자신에 대한 지배력마저 신에게 속한 것이 되었기에 각자는 신 안에서 영원한 생명을 누릴 수 있다고 보는 종교도 있고, 나라고 하는 실체는 존재하지 않으며, '진정한 나'는 다양한 존재 유형의 임시적 결합의 산물인 것을 깨달아 고통스러운 윤회의 굴레에서 벗어나 지극한 행복을 누림으로써 생의 영원과 절대적 자유로움을 확보할 수 있다고 말하는 종교도 있다. 그렇다면 유교는?

유교에서도 불멸을 말하고, 영원을 주장한다. 어떤 방식으로? 바로 자신은 죽어도 그의 후손은 남아 혈육의 관계를 계속 이어 주는 방법으로! 따라서 유교의 구원은 눈으로 확인할 수 있다. 바로 자신의 눈앞에서 재롱을 피우며 웃고 있는 자식과 손주가 구원의 담지자가 되기 때문이다. 그러니 유교적 가치관이 강하게 뿌리내린 우리 사회에서 자식, 그중에서도 아들에 대해 집착하는 것이 이해가 된다. 아들은 바로 제사를 지내는 당사자이기에 유교적 구원을 이어 가는 데 없어서는 안 될 존재이다. 제사는 유교의 구원을 완성하는 가족 단위의 종교 축제이며, 따라서 제사가 멈추지 않는 한 그 집안은 영생을 이어 가고 있는 것이다.

유교적 사회에서 사람들은 이름이 아니라 성씨로 살아간다. 그래서 개인을 지칭하는 이름보다 성이 앞에 나온다. 가령 '김 갑돌'이라는 사람이 있다면, 그는 '김씨'의 일원으로 살아가고 있는 것이다. 그에게 좋지 않은 일이 생긴다 해도 그와 같은 항렬의 사람들이 살아 있다면 '김씨 가문'은 영속하고 있는 셈이다. '갑돌이'가 죽어도, '을돌이', '병돌이', '정돌이'가 살아 있어 가문의 대표자로서 영생의 맥을 이어 가기 때문이다. 따라서 가문마다 이름에 사용하는 돌림자는 단순히 세대 간의 순서를 정하기 위한 것만이 아니라, 가문의 영속과 영광을 희구하는 종교적 의식이 낳은 문화적 결과물로 보아야 할 것이다.

이러한 세계관 속에서 유교사회는 과도할 정도로 자손에 집착한다. 왜냐하면 자손이 없다는 것은 살아서 종말을 경험하는 것과 다를 바가 없기 때문이다. 살아 있어도 자손이 없으면 죽은 것이다! 그가 속한 가문이 끊어지는 것을 살아서 목격해야 하기 때문에 이는 지옥보다 더 큰 고통을 경험하는 것이다. 그래서 전통적인 유교사회에서는 삼족을 멸하는 것을 가장 큰 형벌로 여겼다. 할아버지와 아버지, 그리고 그의 자식을 멸한다는 것은 이 세상에서 그들이 속한 가문을 없앤다는 의미이기에 유교적 구원의 가능성이 완전히 끊어지는 것이다.

이러한 사정이니 유교에서는 결혼이 매우 중요한 종교의식이다. 따라서 사람은 개인으로 살아가서는 곤란하다. 어느 정도 나이가 들면 반드시 짝을 찾아 결혼을 해야 한다. 좋은 대학을 나오고, 좋은 직장에 들어가 번듯한 사회인으로 살아가고 있다 해도, 결혼하지 않으면 제대로 된 사람으로 받아들이려 하지 않는 것이 유교사회의 특징이다. 그러니 명절 때만 되면 유교사회의 어른들은 가족 중 혼기가 찼으나 아직 짝이 없는 후손에게 집요하게 결혼을 요구한다. 지금 우리는 습관적으로 이런 상황에서 '사귀는 사람 없니?', '결혼 상대는 안 데려오니?', '결혼식은 언제 할 거니?'라는 말을 듣고 또 대꾸하고 있지만, 사실 이 말은 다른 종교에서 말하는 '구원받아야지?', '해탈해야지?' 등과 거의 같은 수준의 종교적 언사로 보아야 할 것이다.

하지만 결혼을 했다고 해서 끝난 것이 아니다. 어느 정도의 시기가 지나면 유교사회의 어른들은 또 무언가를 후속 세대에게 강요한다. 바로 자손이다. '아직 소식이 없니?', '손주는 언제쯤 안아 볼 수 있니?' 이런 유의 말이 연이어 등장한다. 그리고 이 말의 속내는 사실 집안의 영속을 확보할 수 있는 후손에 대한 기대를 표명하는 것이기도 하다. 따라서 이는 유교적 구원의 완성을 향한 종교적 구도 행위의 하나로 해석될 수도 있다. 사정이 이러하니 유교 문화권에서 자식이 먼저 명을 달리하게 되면 부모는 마치 살아서 지옥을 경험하는 것과도 같은 충격을 받게 된다.

이렇게 유교는 매우 상식적이고 현세적인 성격으로 사람들의 에토스 속에 스며들어 있다. 삶과 죽음이 모두 이 세상 안에서 이루어지는 것이라 설명하면서 매우 상식적이고 현실적인 구원과 영원을 강조하는 것이 바로 유교라는 종교이다. 이러한 맥락에서 볼 때 유교의 제사도 매우 현실적이고 현세적이다. 보통 신이라 하면 이 세상의 질서에서는 벗어나 있는 초월적 존재를 뜻하는데, 유교에서 제사를 받는 조상신은 가족의 일원이었던 사람이다. 주희(朱熹, 1130~1200)에 의해 세련되게 정리된 사유체계에 따르면, 인간을 비롯한 만물은 질서(理)와 물적 재료(氣)의 조합으로 이루어져 있다. 기는 알갱이 같은 것으로 특성상 고운 것과 거칠고 탁한 것으로 구분된다. 곱고 질서정연한 기의 조합은 더욱 영령한 존재를 낳고, 거칠고 탁한 기의 조합은 그보다 못한 것을 생성한다. 그리고 그렇게 형성된 사물은 하늘로부터 부여받은 나름의 질서를 갖게 되고, 이처럼 리와 기가 모여야 사물은 제대로 된 존재성을 확보할 수 있다고 보았다.

제사와 초혼재생

이렇게 사물의 존재 원리를 보고 있으면, 죽음이라고 하는 것은 결국 리와 기가 다시 흩어지는 것에 지나지 않게 된다. 인간의 죽음도 이와 다르지 않다. 인간이 죽음이란 현상을 맞게 되면 이기적으로 하나의 인격적 개체를 이루던 리와 기가 서서히 분리되기 시작한다. 리는 다시 하늘로, 그리고 기는 본디 있었던 곳으로 돌아간다. 유교는 이를 혼백(魂魄)의 분리로 이해한다. 그러니 죽었다고 해서 모든 것이 끝나는 것이 아니다. 죽음 이후에 서서히 망자의 리와 기가 분리되는 과정이 이어지는 것이다.

아마도 이는 인간의 주검을 직접 목격한 경험에서 나온 사고방식이 아닌가 추정된다. 현대사회는 죽음을 사회적으로 순식간에 처리해 버린다. 그래서 살아 있는 이들의 삶의 현장에서 망자의 흔적을 철저히 지워 버린다. 물론 이는 이전에도 크게 다르지 않았다. 하지만 우리보다는 훨씬 주검을 목격하는 일이 많았을 것이다. 이전에는 현대사회처럼 발달된 의료 시스템과 병원 시설이 많지 않았기에 이런저런 이유로 죽어 간 이들의 시신이 노출된 채로 방치되어 있는 것을 육안으로 목격하는 경우가 적지 않았을 것이기 때문이다. 그때 오래도록 산 사람의 모습을 유지하고 있는 주검을 보게 된 이들은 어떤 생각을 하게 되었을까? 아마도 일정한 기간 동안 살아 있는 사람과 정상적인 방법으로 소통하지는 못하겠지만, 여전히 죽은 사람의 정체성은 유지된다고 생각하지 않았을까?

그래서 이들을 위해 먹을 것을 차려 올리는 행위를 멈출 수 없었을 것이다. 하지만 살아 있는 이들과는 다른 형태로 존재하고 있으니 매일 밥상을 차릴 수는 없었겠고, 그들이 죽은 날(忌日)이나 생일, 명절 등 특별한 날에 그들을 기억하고 대접하는 행사를 치렀을 것이고, 바로 이것이 유교의 제사이다. 이렇게 유교적 제사란 리와 기의 분리가 진행 중인 가족을 위한 종교적 기억 행위이며, 아울러 가족의 영속을 확인하는 축제로 볼 수 있다. 이러한 유교적 세계관을 일컬어 '초혼재생'(招魂再生)이라고 부른다. 초혼재생은 유교식 영생을 의미한다고 할 수 있고, 따라서 제사는 유교적 구원의 완성을 담보하는 종교행사라고 할 수 있다.

유라는 집단

유교가 이처럼 죽음의 문제와 밀접한 연관이 있다는 것은 유교의 근간을 이루는 '유'(儒)라는 집단의 연원을 봐도 이해할 수 있다. 지금 우리는 '유'라고 하면 '학자'나 '선비'를 떠올리지만, 실제 중국 고대사에서 '유'라는 집단은 주로 장례와 관계된 일에 종사하던 이들을 지칭한다. 요즘은 장의사가 주로 직능적 역할에 국한되어 있지만, 아마도 옛날에는 그러한 일 외에 유족을 위한 상담사, 치유사 노릇까지 했을 것이다.

따라서 단순히 상례를 전문적으로 진행할 뿐만 아니라, 남은 이들에게 죽음에 대해, 그리고 아울러 삶에 대해 이야기하며 그들을 위로했을 것이다. 이때 '유'라는 집단이 죽음을 설명하기 위해 가져온 것이 '초혼재생'이라는 세계관이었을 것이다.

유교의 도덕성과 종교성을 이어 주는 효

생활세계에서 만나는 유교의 모습은 지극히 도덕적이다. 사람들이 예절을 익히고 서로에게 예의 바르며 도덕적으로 살게 되면, 서로가 행복해지고 이를 통해 사회질서가 유지되고 삶을 이어 가기에 안정적이 된다면, 유교적 구원을 이루기에 최적의 조건이 되기 때문이다. 앞에서 밝혔듯이 유교적 구원은 개인이 아니라 가문과 집안의 영속에 있다. 따라서 사회가 안정적이고 평안해야 가문이 영속할 가능성이 더 높아지는 것이다. 사람들은 서로 양보하고 배려하면서 질서를 유지해야 정상적인 경제활동을 하게 되고, 그래야 안정적으로 결혼생활을 영위하며, 그 결실로 자손을 보고 윗세대를 부양할 수 있기 때문이다. 따라서 겉으로 보이는 유교의 모습은 도덕적이고 처세적이나, 그 내면에는 영속적 삶을 향한 강한 종교적 동기가 숨어 있다고 봐야 할 것이다.

유교의 이러한 도덕성과 종교성을 이어 주는 역할을 하는 것이 바로 '효'(孝)이다. 유교에서 말하는 효란 단순히 윗세대를 극진히 봉양하는 것만을 뜻하지는 않는다. 유교의 효에는 부모를 공경하는 것은 물론, 선조의 제사를 정성껏 드리는 것과 아울러 자손을 이어 가는 것이 포함되어 있다. 결국 효는 외양으로는 자신을 낳고 길러 준 부모의 은공에 보답하는 인륜적 성격을 띤 것처럼 보이나, 실제로는 그를 통해 유교의 구원을 이루려는 종교적 에토스의 하나라고 보아야 할 것이다. 따라서 효가 가능한 세계관은 앞서 설명한 '초혼재생'이다. 그리운 가족이 자신이 생활하고 있는 이 세상으로 다시 돌아올 수 있다는 믿음에 기초한 사회적 행위가 바로 효이다. 따라서 효란 생명이 계속 이어지고 있다는 종교적 자각의 산물이며, 지금을 영원히 이을 수 있다는 신앙의 결과라 할 수 있다. 그렇게 유교의 효는 도덕성과 종교성의 양 축을 아우르는 신조가 된다.

이런 맥락에 따르면 유교의 도덕은 윤리로만 국한되지 않는다. 그 뒤에는 반드시 종교적 동기가 들어 있다고 보아야 한다. 효는 가문과 집안의 영속을 위한 종교적 동기이며, 그것을 실제 생활세계에서 실현하도록 해 주는 것이다. 다시 말해 효를 통해 그 가문은 대를 이어 가며 영생할 수 있게 되고, 이는 유교적 구원을 성취하는 일이기도 하다.

공자의 삶과 가르침

유교적 세계관은 춘추전국시대에 이르러 공자라는 걸출한 정치 사상가이자 교육가를 만나면서 더욱 체계적으로 자리를 잡아 가게 된다. 하지만 앞에서도 밝혔듯이 공자가 유교의 창시자는 아니다. 그보다는 유교적 가르침을 가장 잘 실현한 위대한 스승 중 하나로 기억하는 것이 공자에 대한 더 정확한 이해일 것이다.

그렇다면 역사상 실재했던 유교의 큰 스승은 어떤 모습이었을까? 우선 공자는 덩치부터 남달랐다. 약간의 과장이 있겠지만 기록[2]에 나오는 그의 키는 무려 9척 6촌이다. 한나라 때 1척을 지금의 치수로 환산하면 23.1센티미터 정도이니 기록만으로 따지자면 대략 221.76센티

---

2) 『史記』의 「孔子世家」.

그림 1 공자의 초상화

미터가 된다. 이 정도 키면 지금도 찾아보기 힘들 정도의 거인이다. 이 수치를 곧이곧대로 믿기는 어렵지만 적어도 일반인에 비해서 공자의 키와 덩치가 상당했던 것은 분명한 듯하다.

공자의 이름은 구(丘)이고, 자는 중니(仲尼)이다. 이름을 '언덕', '동산' 등을 뜻하는 '구'라고 한 것으로 미루어 보아, 머리가 짱구였을지도 모르겠다. 사람들은 보통 그를 높여 성과 더불어 선생이란 호칭의 부자(夫子)를 붙여 공부자(孔夫子)라 존칭하였고, 바로 여기서 라틴어식 이름인 콘푸시우스(Confucius)가 나왔다.

공자는 노(魯, 기원전 1046~256)나라 출신이고 몰락한 귀족 가문의 후손으로 알려져 있다. 선조는 송나라 공족이었다고 하며, 지금의 산둥 반도 남쪽에 있는 취푸(曲阜)라는 지역에서 출생하였다. 하급무사였던 부친 숙량흘(叔梁紇)은 공자의 나이 3세 때 세상을 떠난 것으로 알려져 있다. 공자가 태어났을 때 그의 나이가 60대 후반이었다는 것을 생각한다면 충분히 예상할 수 있는 사별이었다. 부친의 죽음 이후 공자는 매우 어려운 생활을 이어 간 것으로 알려져 있다. 이런 사정이니 정상적인 교육도 받기 어려웠을 것이다. 알려진 바에 따르면, 공자는 만나는 이들에게 물음을 통하여 배움의 길을 넓혔다고 하며, 아울러 책을 통해 세상의 이치를 터득했다고 한다. 그가 주로 탐독한 책은 고대 중국의 역사와 시가에 대한 것이었다.

공자는 음악에도 뛰어난 능력을 보였다고 전해진다. 섬세하고 뛰어난 음악성으로 스스로 악기를 연주하기도 했고, 노래도 즐겨 불렀다고 한다. 그리고 잘못된 연주나 조율도 바로잡아 줄 정도로 이 거한의 음악에 대한 능력은 상당했다고 한다. 이 때문인지 유교에서는 음악을 매우 중시한다. 특히 음악의 역할 중 사람의 마음을 안정시키고 평안하게 만들며, 조화롭게 하는 것을 중요시했다. 좋은 음악은 사람의 마음을 누그러뜨린다. 그리고 함께하는 음악에서 구성원을 배려하고, 각자에게 맡겨진 의무를 묵묵히 수행해야 하는 점은 유교적 가르침과 많이 닮아 있다. 그러니 사람을 흥분시키지 않고, 비루하지 않은 맑고 정화된 음악이야말로 유교적 가르침의 좋은 비유요, 상징이라고 할 수 있겠다. 바로 이 점에서 공자의 음악은 중요한 요소를 공유하고 있다.

공자는 10대 후반에 이르러 국가의 곡식 창고를 지키고 장부를 정리하는 낮은 급수의 관리가 되었고, 또 이즈음 결혼도 하였다. 이때 공자는 제법 성과를 보여 인정받는 관리로 이름을 올려놓는다. 그러다 20대 후반에 어머니마저 잃게 된다. 그 후 50대에 들어서 노나라의 대사구(大司寇)라는 제법 높은 직책에 오른다. 대사구는 지금으로 따지면 법무부 장관이나 대법원장급에 해당하는 상당히 높은 직위이다. 하지만 공자의 대사구직 수행은 그리 오래가지 못했다고 한다. 그의 출세를 달가워하지 않는 세력의 견제로 관직에서 떠나게 되고, 56세 때 몇 명의 제자와 함께 노나라를 떠나 13년 동안의 정치적 유랑생활을 하게 된다. 그는 위, 조, 진, 채, 초 등 주변 국가를 두루 돌아다니며 자신의 정치적 이념을 정책으로 수행해 줄 기회를 얻고자 했으나 결국 실패하고 67세의 나이에 다시 고향으로 돌아오게 된다. 그리고 73세로 세상을 뜨기 전까지 제자들을 가르치고 책을 펴내며 여생을 보냈다고 한다.

그런데 문헌을 통해 내려오는 공자의 실생활 모습에는 흥미로운 부분이 여럿 보인다. 우선 거대한 덩치와 더불어 매우 예민했던 한 사나이의 모습을 만나게 된다. 큰 몸집에 어울리게 육식을 좋아했고, 반찬으로 고기가 올라오지 않으면 좀체 수저를 들지 않았다고 한다. 그뿐만 아니라 음식이 반듯하게 썰려 있지 않거나 간이 맞지 않아도 먹지 않으려 했고, 옷 역시 깔끔하게 다려 있지 않으면 잘 입지 않았으며, 자리도 반듯하게 정돈되어 있지 않으면 앉으려 들지 않았다고 한다. 한마디로 모든 것이 깔끔하게 잘 정리되어 있어야 마음이 편안한 일종의 정리정돈 강박증을 지닌 사람처럼 행동했다는 것인데, 어찌 보면 그의 행동은 평소 주장하던 사회의 질서 및 안정과 연결된다고 할 수 있어 이해가 가기도 한다.

공자가 활동하던 시대

공자가 활동하던 시기는 춘추전국시대(春秋戰國時代, 기원전 770~221)로 중국 역사상 매우 혼란스러웠던 때였다. 우선 이 시기에는 새로운 농업기술을 통한 경제 변화가 있었다. 새로운 농업기술이란 농사일에 소와 철로 만든 농기구를 쓰기 시작한 것을 들 수 있다. 소는 보통 장정 수십 명의 노동력을 수행할 수 있고, 철기는 이전의 청동기보다 훨씬 강하고 단단하여 오래도록 사용할 수 있었다. 이를 통해 노동

집약적인 농사에 더욱 효율적으로 집중할 수 있게 되었고, 비료를 만들어 사용하기 시작했으며, 관개 시설도 발전하여 안정적으로 농사에 필요한 용수를 댈 수 있게 되었다. 이에 따라 빠른 속도로 경제가 발전했고, 이 때문에 각 나라는 더 많은 농토를 확보하려는 욕구를 가지게 되었다. 농업이 산업의 근간이었던 시대에는 더 많은 부를 얻기 위해서 더 넓은 토지를 확보해야만 했다. 그러니 토지와 노동력에 대한 수요는 갈수록 커졌고, 이는 결국 치열한 정복전쟁으로 확대되었으며, 그 결과 사회는 큰 혼란 속에 빨려 들어가고 말았다. 나라마다 '나라를 부요하게 하고 군대를 강하게 하는'(富國强兵) 이념이 힘을 얻게 되었고, 이는 계속된 정복전쟁으로 이어졌으며, 또 그 때문에 발생하는 전쟁비용을 위해 과다한 세금이 부과되면서 시민의 삶은 갈수록 피폐해지는 악순환이 반복되었다. 매우 아이러니하게도 기술의 발달과 경제의 부흥이 결국 인간의 욕망을 자극하여 삶을 더 혼란으로 몰아간 것이다.

혼란을 넘어서는 길

이러한 혼란의 시기를 살면서 공자는 계속 주나라의 초기를 바라보고 있었다. 왜냐하면 당시 주나라는 인문주의를 근간으로 하여 사람들이 절도와 예의를 지키고 있었기에 사회가 매우 안정적이라고 생각했기 때문이다. 그래서 그는 이러한 주나라의 인문주의를 혼란의 시기에 소개하는 창조적 전수자의 역할을 자임하였다. 예와 악으로 사회질서를 유지했던 주나라의 에토스를 자신이 살고 있던 시기에도 적용하고자 한 공자는 이러한 자신의 과업을 '바른 전통을 전수하나 새로 만들지는 않는'(述而不作)다고 표현하였다.

어짊, 윤리적 예민함

혼란을 잠재우는 것은 질서이다. 그런데 질서의 수행자는 하늘이 아니라 인간이다. 그리고 그 인간은 혼자가 아니라 사회 속에서 생활한다. 따라서 질서는 관계 속에서 이루어지는 사회적 행위가 된다. 그러므로 무엇보다 인간관계의 신뢰를 쌓는 것이 중요해진다. 그렇다면 어떻게 해야 이러한 신뢰가 형성될 수 있을까? 그것은 어짊[仁]을 실천함으로써 가능하다. 그렇다면 어질다는 것은 무엇을 의미하는가?

공자가 말한 인은 도덕적으로 착하다는 의미만 담고 있지 않다. 그보다는 일종의 도덕적 불균형을 감지할 수 있는 '윤리적 예민성'(ethical sensibility)을 말한다고 할 수 있다. 즉, 무언가 윤리적으로 문제가 있는 일을 하거나 보게 되었을 때 마음 깊은 곳에서 일어나는 '저건 아니다'라는 마음, 바로 그것이 '인'이다. 따라서 인은 화석화된 도덕규범과 윤리를 넘어서는 인간다움을 뜻한다. 예를 들어 어른들께 무례한 말과 행동을 하는 젊은이들을 보았을 때 마음속에서 일어나는 불쾌함은 바로 인이 있기에 생기는 것이다. 대중교통 안에서 나이 드신 분이 앉아 있는 자신에게 와서 헛기침을 할 때, 자리를 양보하라고 저 깊은 곳에서부터 울리는 양심의 소리는 바로 우리 안에 인이 살아 있다는 증거가 된다. 바로 그러한 어짊의 씨앗을 가지고 있어 그것을 확장하고 제대로 발현하면 이 사회는 질서 있고 조화롭게 된다고 보았다.

그런데 사람, 지역, 상황에 따라 매번 적용이 달라질 수 있기에 그것을 사회관습이나 기제로 만들면 더 쉽게 사회의 질서를 담보할 수 있게 된다. 그렇게 인을 실현하기 위한 사회약속을 우리는 '예'(禮)라고 부른다. 예를 통하면 굳이 상황마다 각자의 판단에 의존하지 않고도 자연스럽게 인간 안의 어짊을 실현할 수 있게 될 것이다.

공자는 음악을 연주할 때 잘못된 음은 지적하고 교정해 주었으며, 예를 준수하는 데 음악을 중요한 도구로 활용하였다. 그것은 이미 지적했듯이 음악이 가지는 조화로운 성격 때문이다. 그러니 공자가 생각한 인은 사회적 무질서를 감지해 낼 수 있는 능력인 예민한 도덕적(윤리적) 감수성이라 할 수 있다. 그리고 인간은 바로 이 인이 있기에 제대로 된 사람이 될 수 있는 것이다.

사람이 늘 행해야 하는 다섯 가지 덕목

인간 안에 있는 어짊, 그것은 인간에 대한 사랑의 단초이기도 하다. 사람은 사람을 사랑하기 때문에 관계가 비틀어지고 질서가 무너짐을 예민하게 느낄 수 있다. 이제 문제는 이것을 사회관습과 사회제도로 만들어 언제나 고민 없이 시행하고 준행할 수 있도록 하는 것이다. 유대교와 그리스도교가 십계명으로 묶고, 불교에서는 팔정도를 정하며, 이슬람에서는 다섯 기둥을 포고하듯이 유교에서는 다섯 가지 덕목으로 정리하였다. 그것이 바로 '오륜'(五倫)이다. 오륜은 사회관계를 대표하는 다섯 가지 경우의 규범을 제시하고 있다.

우선 아버지와 아들의 관계이다. 이는 유교에서 강조하는 가장 자연스러운 사회관계의 출발점이 되기도 하며, 수직관계를 대표한다. 이 관계에서 중요한 것은 무엇보다 친함이다(父子有親). 아비와 아들은 가족주의의 근간이기에 떨어질 수 없는 친밀감으로 관계해야 한다.

두 번째는 임금과 신하의 관계이다. 이는 아비와 아들의 관계에서 형성된 수직관계를 공적으로 확대한 것이다. 여기에서 중요한 덕목은 무엇보다 의로움이다. 공적 관계에 사사로움이 끼어들면 문제가 커지고 사회를 위험에 빠뜨릴 수 있기에 무엇보다 공정과 의로움이 요청된다(君臣有義).

세 번째도 역시 수직적인데 어른과 아랫사람의 관계에 관한 것이다. 임금과 신하의 관계가 부자관계의 공적 확대라면 어른과 아이의 관계는 사회적 확장이라고 할 수 있다. 이 관계에서는 무엇보다 순서가 중요하다. 하지만 여기서 말하는 어른과 아랫사람은 무조건 나이의 많고 적음을 뜻하지 않는다. 만약 나이의 많고 적음만을 말하려 했다면 '장유유서'가 아니라 '노소유서'(老少有序)라고 했을 것이다. 하지만 오륜에서는 장유유서라고 말하고 있다. 이때 사용된 서(序)에는 차례와 순서뿐만 아니라 '담장', '벽'이라는 뜻도 있다. 이를 염두에 두고 장유유서란 말을 풀면, '어른과 아이 사이에는 벽이 있다.'는 말이 된다. 이를 다시 새기면 아이가 어른이 되기 위해서는 벽을 넘어야 한다는 것이고, 따라서 여기서 말하는 어른(長)이란 생물학적 나이가 많은 것만이 아니라, 아이의 유아스러움을 넘어서 달통한 경지에 이른 이를 뜻한다고 볼 수 있다. 즉, 문제 해결 능력과 한 분야에 정통한 실력을 겸비한 이가 어른이며, 나이가 많다 해도 그러한 수준에 다다르지 못했다면 여전히 아이일 수밖에 없다. 따라서 장유유서는 세대 간의 무조건적 수직관계를 말하는 것은 아니다(長幼有序).

네 번째는 남편과 아내 관계를 규정한다. 이는 차별이 아니라 구별을 말하고 있는 것이므로 수직적이지 않고 수평적이다. 남편은 남편으로서, 아내는 아내로서 각자에게 맡겨진 사회적이고 생물학적 역할이 '다르다'는 것을 강조한 것이지, 남편이 아내보다 위에 있거나, 아내가 남편보다 못한 존재라는 것을 규정한 것이 아니다(夫婦有別).

마지막으로는 친구 사이의 덕목을 규정한다. 이는 친구 사이의 계약과 신용을 강조하는 것으로 사회적 수평관계를 대표한다(朋友有信).

　이렇게 살피면 본디 유교의 오륜은 불평등하고 권위주의적인 내용을 담고 있지 않음을 알 수 있다. 도리어 그 안에는 상호 균형과 질서를 지킴으로써 사회를 안정적으로 유지하고자 하는 따뜻함이 배어 있다. 유교의 덕목이 권위적이고 상하 주종적으로 된 것은 한나라 시절에 국가이념이 된 후 오륜의 정신보다는 삼강[3](三綱)을 강조하면서 생겨난 것이라 하겠다.

도교

　도교는 유교와 더불어 대표적인 중국 종교이다. 유교가 오래도록 중국을 비롯한 동북아시아의 지배이념으로 사람들의 일상생활을 통제했다면, 도교는 불교와 더불어 그들의 종교생활을 책임지고 있었다. 특히 도교는 현세 지향적 성격이 강한 중국적 특징을 고스란히 간직하면서 오래도록 중국인의 생활세계에서 영향력을 유지하고 있다.

　앞에서 종교는 죽음이라는 엄중한 현실 때문에 인간의 선택에서 멀어질 수 없는 것임을 지적하였다. 도교도 그 점에서 볼 때 크게 다르지 않다. 도교 역시 그 죽음을 넘어서고자 하는 갖가지 방법을 제시하고 있기 때문이다. 그런데 흥미롭게도 도교는 매우 상식적이고 분명한, 눈

---

3) 삼강은 다음 세 가지로 이루어져 있다. 첫째, 임금은 신하의 근본이 되고(君爲臣綱), 둘째, 아비는 아들의 근본이 되고(父爲子綱), 셋째, 남편은 아내의 근본(夫爲婦綱)이 된다. 오륜이 사회를 구성하는 기본 관계의 역할분담을 강조하고 있는 것에 반해 삼강에서는 확실히 주종적이고 상하적인 권위적 위계가 강하게 드러난다.

에 보이는 길을 선택하는 경우가 많았다. 보통 다른 종교는 죽음의 문제를 형이상학적으로 해체하거나, 실존적 종교체험을 통해 극복하는 등 심리적으로 처리하려고 드는 것과 달리, 도교는 매우 구체적으로 죽음을 넘어서는 방법을 찾고자 했다. 그래서 불사약에 집중하고, 신선이 되는 길에 몰두하였다. 도교는 이렇게 죽음을 피할 수 있는 방법과 더 풍요롭고 행복하게 사는 길을 구체적으로 제시하려고 하였다. 그러다 보니 보통 사람의 입장에서는 도교만큼 요긴한 종교도 없었을 것이다. 그래서 실제로 일반인의 생활 세계에서 도교는 매우 중요한 대접을 받았다.

도교와 도가

그런데 '도교'(道敎) 하면 어김없이 뒤따라오거나 앞서는 용어가 '도가'(道家)이다. 보통 중국학자들은 두 용어의 차이를 분명히 구별해 낸다. 우선 도가는 기원전 5세기부터 기원전 2세기의 이른바 제자백가 시대에 유가, 묵가, 법가 등과 함께 사상적 경쟁을 벌였던 학파의 하나이다. 당시 주나라 붕괴 이후 크고 작은 나라가 치열한 경쟁을 벌이던 전국시대에 등장했던 여러 학파 중의 하나가 도가이고, 대표자로는 노자(老子, 기원전 6세기경에 활약했을 것으로 추정)와 장자(莊子, 기원전 369~286)를 들 수 있다. 이들은 인위적 행위를 거부하고 자연스러움으로 돌아가는 것이 시대의 문제와 틀어진 인간관계를 회복할 수 있다고 보았다. 그래서 '사물의 타고난 길'(道)을 강조하였다.

이와는 달리 도교는 오래전부터 중국인의 심성에 자리 잡은 토착종교로 독립된 공동체와 제도를 유지하면서 유교, 불교와 더불어 중국의 대표적인 종교이다. 도교는 부분적으로 도가의 핵심 인물인 노자와 장자의 사상을 받아들이고 있지만, 그렇다고 도교와 도가가 동일한 것은 아니다. 물론 어느 도교의 교단에서는 창시자로 노자를 꼽기도 하고, 심지어 태상노군(太上老君)이라 신격화하기도 하지만, 도교와 도가의 길이 같은 곳을 지향한다고 보기는 어렵다.

왜냐하면 도가는 정신적 초월을 강조하며 사변적이고 철학적인 특징을 강하게 드러내는 반면, 도교는 육체적 영생에 집중하는 태도를 버리지 않기 때문이다. 그 점에서 도교는 도가의 사상적 외피를 어느 정도 인용하고 있으나, 전통적인 중국의 무속신앙과 영생에의 추구 등이 결합된 대중적인 종교운동의 하나로 이해하는 것이 더 합리적일 것이다.

서구에서는 이러한 도교와 도가의 차이를 수식어로 구별하고 있다. 즉, 도교는 종교적인 것(religious Taoism), 그리고 도가는 철학적인 것(philosophical Taoism)으로 부른다.

도교의 형성과정

도교에는 창시자라 할 만한 사람이 없다. 물론 앞에서도 언급했듯이 노자를 개조로 언급하는 경우도 있으나, 이는 후대에 필요에 따라 정한 것이지 어디에서도 노자가 지금의 도교라고 하는 종교조직을 만들었다는 믿을 만한 기록은 없다. 추정하건대 도교는 고대 중국의 샤먼을 중심으로 이루어지던 민간신앙의 총체라고 할 수 있다. 점을 치고, 꿈을 해석하며, 무교적 의술을 펼치던 이들이 후에 도가의 사상을 흡수하면서 서서히 도교의 도사로 변신하게 되었고, 여기에 육체적 영생을 지향하는 신선술(神仙術)이 자리를 잡으면서 지금의 도교로서 모습을 갖추게 되었을 것이다. 알려진 바에 따르면, 신선사상이 등장한 것은 기원전 3세기경인 전국시대 말기였다고 한다.

이후 기원전 1세기경 황제[4](黃帝)신앙과 도가사상의 결합인 '황로(黃老)사상'이 나타나게 되었고, 이때부터 도교는 본격적으로 유교, 불교와 대립각을 세우며 중국의 종교사에서 한 축을 담당하기 시작하였다. 유교는 사회의 지배이념으로, 불교는 지식인층이 선호하는 종교로, 그리고 신선설에 기초한 도교는 귀족의 종교로 각자의 세력을 확장하였다. 무병장수와 영생을 구체적으로 추구하는 도교는 귀족의 관심을 사기에 충분했고, 이는 중국뿐만 아니라 한반도에도 고스란히 전해졌다. 그래서 고려 중기까지만 해도 한반도 전역에서 왕족과 귀족을 중심으로 도교가 성행하였다. 그러다 강력한 유교 종교 국가인 조선이 건립된 후 지배층에 의한 주도적인 도교 지우기 운동이 진행되면서 한반도에 도교의 흔적은 거의 남아 있지 않게 되었다.

그 후 도교는 민중의 종교생활 속에 파고들었고, 사회가 혼란스러워질 때마다 교단을 결성하였는데, 여기서는 그중 대표적인 몇몇 교단을 살펴본다.

태평도

태평도(太平道)는 중국 최초의 도교교단이다. 2세기 전반부에 우길(于吉)이라는 인물이 창시했다고 알려져 있다. 하지만 실제로 태평도를 유의미한 교단으로 발전시킨 인물은 장각(張角, ?~184)이다. 태평도는 우길이 『태평청령서』(太平淸領書)라는 신서를 얻게 됨으로써 시작되었다고 한다. 그리고 이 책에 의거하여 부적을 태운 후 그것을 마시게 하

---

4) 중국의 건국신화에 등장하며 최초로 중국을 통일하고 문명을 전해 준 존재로 알려져 있다. 삼황오제(三皇五帝)에서 오제에 속한다. 보통 삼황은 신농(神農), 복희(伏羲), 여와(女媧)를 말하고, 오제는 황제(黃帝)·전욱(顓頊)·제곡(帝嚳)·요(堯)·순(舜)을 꼽는다.

는 방법으로 병을 치료하면서 세력을 확장하였다고 한다. 후에 우길이 처형당한 뒤 장각 역시 같은 방법으로 태평도를 전했고, 마침 후한 말기에 사회가 불안정해지자 많은 유민이 발생하게 되어, 이들을 중심으로 10여만에 이르는 신자를 확보하게 되었다. 그 후 장각은 자신을 따르는 사람들을 중심으로 군대를 만들어 후한에 도전하는 전쟁을 일으키는데, 이것이 바로 '황건적의 난'이다. 하지만 한나라의 상징색인 파란색을 태평도의 노란색으로 대체하겠다는 그들의 저항운동은 1년도 채 못 되어 평정되었다.

오두미도와 천사도

오두미도(五斗米道)는 장릉(張陵, 34~156)에 의해 태평도보다 조금 늦게 설립되었다. 안휘성(安徽省) 출신의 장릉은 본디 태학의 학생이었는데, 유학이 장생(長生)에 도움이 못 된다고 생각하여 장생법 연구에 전념하였다. 금단(金丹)[5] 제작법을 익힌 장릉은 사람들에게 주문을 통한 치병행위를 베풀었고, 이후 많은 신도를 얻게 되었다고 한다. 시간이 흐른 뒤 이 교단운동은 그의 손자인 장로(張魯, ?~216)에 이르러 더 크게 성장하였다. 장로는 치병을 위해 찾아온 이들에게 자신의 죄를 반성하고 참회하도록 하였다. 그 후 세 통의 자백서를 쓰게 해서 하나는 산꼭대기에 두어 '하늘의 신'(天神)에게 바치고, 하나는 땅속에 파묻어 '땅의 신'(地神)에게 바치며, 남은 하나는 강물에 띄워 '물의 신'(水神)에게 보냈다고 한다. 이를 일컬어 '삼관수서'(三官手書)라고 한다. 장로는 치병의 대가로 5두의 쌀을 받았는데, 이것에서 교단의 이름이 유래

---

5) 신선이 만든다고 하는 장생불사의 영약이다. 선단(仙丹)이라고도 한다.

하였다고 한다. 오두미도는 꾸준히 성장하다가 215년 위(魏, 220~265)
나라의 조조(曹操, 155~220)에게 정복당하였다.

그 후 장로의 셋째 아들인 장성(張盛)이 아버지의 뜻을 받들어 네 번
째 천사가 되어 무너진 오두미도를 다시 추슬러 천사도(天師道)로 일
으켜 세웠다고 한다. 천사라는 명칭은 오두미도를 설립한 장릉의 호칭
에서 나온 것이다. 천사도는 1271년 원(元, 1260~1368)나라 때 공인을
받아 정일교(正一敎)로 이름을 바꾸었고, 지금은 대만, 싱가포르, 말레
이시아, 홍콩 등에 남아 있다.

상청파

상청파(上淸派)는 3세기 전후에 강소성(江蘇省)의 모산(茅山)을 중
심으로 결성된 도교 교단이다. 그래서 '모산파'라고도 불린다. 위화존
(魏華存)이라는 여인에 의해 시작된 것으로 알려져 있는데, 제9대 종
사인 도홍경(陶弘景, 456~536)에 의해 크게 성장하였다. 도홍경은 관료
였을 때 걸린 병을 치료하고자 도교 수행에 접어들었고, 지식인답게 상
청파 교리를 합리적으로 체계화하는 데 큰 공을 들였다. 도홍경 이전에
상청파 이론을 체계화하려 한 인물로는 육수정(陸修靜, 407~477)을 들
수 있다. 그는 오나라 대신의 자손으로 471년에 『삼동경서목록』(三洞
經書目錄)을 편찬하였는데, 이것은 후에 『도장』(道藏)의 기초가 되었다.

신천사도

신천사도(新天師道)는 도교에 대한 불교의 비판에 대항하여 구겸지
(寇謙之, 365~448)가 설립하였다. 구겸지는 불교의 비판을 받아들여 치
병의 대가로 곡식이나 돈을 받는 것과 방중술을 없앴다. 그리고 유교의

예와 불교의 종교 의례적 요소를 수용하여 도교교단의 변화를 꾀했다. 신천사도는 424년에 북위(北魏, 386~534) 태무제(太武帝, 408~452)의 신임을 받았고, 440년에는 국가 종교의 반열에 올랐다.

전진교

전진교(全眞敎)는 왕중양(王重陽, 1112~1170)에 의해 설립된 도교교단이다. 왕중양은 유교, 불교, 도교의 근본은 하나라는 삼교합일사상을 주장하였고, 대승불교의 선을 받아들여 출가와 좌선을 강조하였다. 그의 이러한 사상은 『입교십오론』(立敎十五論)에 잘 나타나 있다.

도교의 양생술

앞에서도 살펴보았듯이 도가와 달리 도교는 육체적 영생을 추구하는 종교이다. 따라서 양생술(養生術)은 도교 수행에서 매우 중요하다. 여기서는 대표적인 도교의 양생술만을 간략히 살펴보도록 하자. 먼저 '벽곡'(辟穀)은 불로 익힌 음식을 금하고 자연식을 하는 것을 말한다. 이는 장을 비워 정신을 맑고 깨끗하게 하는 수행이다. '복이'(服餌)는 '복약'이라고도 하며 풀이나 나무, 금속으로 만든 장생을 위한 약을 먹는 것을 말한다. '조식'(調息)은 '복기'(服氣)라고도 불리는데, 원기를 받아들인 후 체내에 저장해서 불사(不死)에 이르도록 하는 수행법이다. '도인'(導引)은 지금의 마사지나 요가처럼 몸을 움직여 기의 순환을 조정하는 수행법을 말한다. 이를 통해 체내에 기를 보존하여 충실하도록 하는 것이다. 마지막으로 '방중술'(房中術)은 앞에서 살펴본 조식이나 도인술같이 몸속에 기를 축적하여 원기를 보존하는 장생법의 하나이다.

그림 2 1840년에 세워진 홍콩의 도교사원인 원우먀오(文武廟)

지금의 도교

도교는 대만과 홍콩을 중심으로 여전히 많은 이의 종교생활에서 중심 역할을 하고 있다. 무엇보다 도교가 가진 육체적 영생에 대한 추구는 현실을 사는 현대인에게도 무시할 수 없는 매력적인 요소이다. 사실 도교는 한반도에서도 오랫동안 영향력을 유지하고 있었다. 고려시대에만 하더라도 상층부를 중심으로 도교신앙이 성행하고 있었다. 하지만 주자학을 국가이념으로 하는 종교 국가 조선의 등장 이후 서서히 힘을 잃게 되었고, 지금은 민간신앙이나 샤머니즘과 습합되어 그 명맥만 유지될 뿐 생활세계에서 종교로서의 도교를 찾아보기란 쉽지 않다. 그러나 여전히 '신선', '도사' 같은 용어나 개념, 그리고 '점술', '부락제' 등 여러 문화 현상 속에 도교적 요소는 살아 숨 쉬고 있다. 지금의 도교는 단독 종교로서의 위상은 상당히 꺾여 있지만, 동학과 증산

교 등 민족적 성향이 강한 여러 신종교 속에서 '부수치병'[6](符水治病)
과 '주문', '부적' 등으로 끈질긴 생명력을 유지하고 있다. 그리고 이는
육체적 영생을 추구하는 도교가 지닌 현세 지향적인 특징에 기인한다
고 하겠다. 바로 이 현실에서 죽음을 넘어 영원한 삶을 성취하겠다는
도교의 열망은 인간이 생존하는 한 계속 이어질 것이고, 무병장수의
기대가 사라지지 않는 한 도교라는 종교의 생명력은 계속 이어질 것
이다.

---

6) 부적을 태운 뒤 그 재를 물에 타 마심으로써 병을 치유하려는 종교 행위를 말한다.

읽어볼 만한 책

◆ 세계종교 전반을 다루고 있는 책

J. B. 노스(윤이흠 역), 『세계종교사』(상)(하), 현음사, 2009.

M. 엘리아데(이용주 등 역), 『세계종교사』 전 3권, 이학사, 2005.

귄터 란츠콥스키(박태식 역), 『종교사 입문』, 분도출판사, 1997.

니니안 스마트, 『세계의 종교』, 예경, 2004.

슐라미트 암발루(이시은 역), 『종교의 책: 인간의 신앙을 이해하는 위대한
　　종교학의 성찰들』, 지식갤러리, 2014.

아르빈드 샤르마 등(박태식 등 역), 『우리 인간의 종교들』, 소나무, 2013.

오강남, 『세계종교 둘러보기』, 현음사, 2013.

이찬수, 『종교로 세계 읽기』, 이화여자대학교출판부, 2009.

정양모 외, 『종교의 세계』, 분도출판사, 2003.

존 바우커(박규태 등 역), 『세계종교로 보는 죽음의 의미』, 청년사, 2005.

최준식, 『최준식 교수의 세계종교 이야기』, 모시는사람들, 2012.

프랭크 웨일링 등(김한영 역), 『종교: 지도로 본 세계종교의 역사』,
　　갑인공방, 2004.

프레데릭 르누아르 & 마리 드뤼케르(양영란 역), 『신의 탄생: 우리가 알지
　　못했던 믿음의 역사』, 김영사, 2014.

한국종교문화연구소, 『세계종교사입문』, 청년사, 2003.

1. 왜 종교를 공부해야 하는가?

M. 엘리아데(이은봉 역),『성과 속』, 한길사, 1998.

니니안 스마트(김윤성 역),『종교와 세계관』, 이학사, 2000.

러셀 T. 맥커천(김윤성 역),『종교연구 길잡이』, 한신대학교출판부, 2015.

에밀 뒤르케임(노치준 등 역),『종교생활의 원초적 형태』, 민영사, 1992.

유요한,『종교, 상징, 인간』, 21세기북스, 2014.

이길용,『종교학의 이해』, 한들출판사, 2007.

최준식,『종교를 넘어선 종교』, 사계절, 2005.

한스 유르겐 그레샤트(안병로 역),『종교학이란 무엇인가?』, 북코리아, 2011.

2. 원시시대의 종교: 문자 이전의 종교

M. 엘리아데(이은봉 역),『샤마니즘』, 까치, 1992.

W. 리처드 콤스톡,『종교학: 방법론의 제문제와 원시종교』, 전망사, 1983.

게라르두스 반 델 레에우(손봉호 역),『종교현상학 입문』, 분도출판사, 2007.

캐서린 벨(류성민 역),『의례의 이해: 의례를 보는 관점들과 의례의 차원들』,
    한신대학교출판부, 2007.

3. 고대사회의 종교: 문자 종교의 시작

H. 프랑크포르트 외(이성기 역),『고대 인간의 지적 모험』, 대원사, 2002.

S. N. 크레머(박성식 역),『역사는 수메르에서 시작되었다』, 가람기획, 2000.

강성열,『고대 근동 세계와 이스라엘 종교』, 한들, 2003.

강성열,『고대 근동의 신화와 종교』, 살림출판사, 2006.

김산해,『최초의 신화 길가메쉬 서사시』, 휴머니스트, 2005.

노세영, 박종수,『고대근동의 역사와 종교』, 대한기독교서회, 2000.

서규석 편,『이집트 사자의 서』, 문학동네, 1999.

이길용, 『고대팔레스타인의 종교세계』, 프리칭아카데미, 2008.

조셉 캠벨(이윤기 역), 『세계의 영웅신화』, 대원사, 1996.

조철수, 『수메르 신화』, 서해문집, 2003.

테오도르 H. 가스터(이용찬 역), 『세상에서 가장 오래된 이야기』, 대원사, 1994.

4. 자라투스트라의 종교: 윤리적 유일신관의 등장

나종근 편, 『조로아스터』, 시공사, 2000.

안나 반잔(송대범 역), 『페르시아』, 생각의 나무, 2008.

유흥태, 『고대 페르시아의 역사』, 살림출판사, 2008.

유흥태, 『페르시아의 종교: 조로아스터교, 미트라교, 마니교, 마즈닥교』,
    살림출판사, 2010.

5. 이스라엘의 종교: 유대교라 불린 종교

노먼 솔로몬(최창모 역), 『유대교란 무엇인가』, 동문선, 1999.

마르틴 헹겔(박정수 역), 『유대교와 헬레니즘』 전 3권, 나남, 2012.

조셉 블렌킨소프(소형근 역), 『유대교의 기원』, 대한기독교서회, 2014.

조지프 댄(이종인 역), 『카발라』, 안티쿠스, 2010.

조철수, 『잠언 미드라쉬』, 성서와 함께, 2007.

최인식, 『유대교 산책』, 예루살렘 아카데미, 2008.

6. 그리스도교

김균진, 『역사의 예수와 하나님 나라』, 연세대학교 출판부, 1994.

박태식, 『왜 예수님이어야 하는가?: 하느님 나라의 윤리』, 생활성서, 2001.

앨버트 놀런(정한교 역), 『그리스도교 이전의 예수』, 분도출판사, 2010.

에케하르트 슈테게만 등(손성현 등 역), 『초기 그리스도교의 사회사』,
    동연출판사, 2012.

오강남, 『오강남의 그리스도교 이야기』, 현암사, 2013.

이신건, 『예수의 정체와 의미』, 신앙과지성사, 2013.

파울 탈리히(송기득 역), 『그리스도교 사상사』, 대한기독교서회, 2005.

한스 큉(이종한 역), 『그리스도교』, 분도출판사, 2002.

7. 이슬람

김정위, 『이슬람 사상사』, 민음사, 1991.

데이비드 프롬킨(이순호 역), 『현대 중동의 탄생』, 갈라파고스, 2015.

안네마리 쉼멜(김영경 역), 『이슬람의 이해』, 분도출판사, 1999.

이희수, 『이슬람 문화』, 살림출판사, 2003.

카렌 암스트롱(장병옥 역), 『이슬람』, 을유문화사, 2012.

한스 큉(손성현 역), 『한스 큉의 이슬람: 역사 현재 미래』, 시와진실, 2012.

해밀턴 알렉산더 깁(이희수 등 역), 『이슬람』, 주류성, 1997.

8. 힌두교

길희성 역, 『바가바드기타』, 서울대학교출판문화원, 2013.

길희성, 『인도철학사』, 민음사, 2001.

류경희, 『인도의 종교와 종교문화』, 서울대학교출판부, 2013.

베르너 숄츠(황선상 역), 『힌두교』, 예경, 2007.

수렌드라나트 다스굽타(오지섭 역), 『인도의 신비사상』, 영성생활, 1997.

이재숙 역, 『우파니샤드』 전 2권, 한길사, 1996.

정광흠, 『인도의 신화와 종교』, 살림출판사, 2006.

9. 불교

가오이 하야오 & 나카자와 신이치(김옥희 역), 『불교가 좋다』, 동아시아, 2007.

오강남, 『불교, 이웃 종교로 읽다』, 현암사, 2006.

우에다 요시부미(박태원 역), 『대승불교의 사상』, 민족사, 1989.

제이미 허바드 & 폴 스완슨(류제동 역), 『보리수 가지치기』, 씨아이알, 2015.

케네스 첸(길희성 등 역), 『불교의 이해』, 분도출판사, 1994.

틸만 페터(김성철 역), 『초기불교의 이념과 명상』, 씨아이알, 2009.

10. 중국의 종교

● 유교

KBS 인사이트 아시아 유교 제작팀, 『유교 아시아의 힘』, 예담, 2007.

가지 노부유키(이근우 역), 『침묵의 종교, 유교』, 경당, 2002.

가지 노부유키(김태준 역), 『유교란 무엇인가』, 지영사, 1999.

금장태, 『귀신과 제사: 유교의 종교적 세계』, 제이앤씨, 2009.

금장태, 『유학사상의 이해』, 한국학술정보, 2007.

김승혜, 『유교의 뿌리를 찾아서』, 지식의 풍경, 2001.

줄리아 칭(변선환 역), 『유교와 기독교』, 분도출판사, 1994.

● 도교

구보 노리따나(최준식 역), 『도교사』, 분도출판사, 2000.

장스촹(안동준 등 역), 『도교문화 15강』, 알마, 2012.

쿠보 노리타다(정순일 역), 『도교와 신선의 세계』, 법인문화사, 2007.

홈스웰치 & 안나자이넬(윤찬원 역), 『도교의 세계』, 사회평론, 2001.